I0787852

Segunda edición: abril 2019
desdeelbar.com

Diseño de la portada: Joan Planas
© 2019 Joan Planas
joanplanas.com
info@joanplanas.com

ISBN: 9781797509648

Joan Planas
España desde el bar

*Dedicado a quienes ponen en duda sus propias ideas y sentimientos,
y escuchan y reflexionan lo que los demás piensan y sienten.*

Índice

Nota del autor 11
Cómo leer este libro 15
Comunidad de Madrid 19
   En Madrid: madrileños, andaluz y catalana 21
Galicia 59
   En Santiago de Compostela: gallegos, madrileño, castellano-
   manchego e inglés 61
Asturias 79
   En Oviedo: asturiano y canario 81
   En Langreo: asturiano 101
Cantabria 105
   En Santander: cántabros, vascos y catalán 107
País Vasco 127
   En Getxo: vasco 129
   En Bilbao: vasco 139
Navarra 145
   En Pamplona: navarro, murciana y riojana 147
La Rioja 159
   En Logroño: riojanos 161
Castilla y León 173
   En Valladolid: castellano-leoneses, gallego y vasca 175
Aragón 195

En Zaragoza: aragonesas y castellano-leoneses 197

Comunidad Valenciana 209

En Valencia: valencianos y catalanes 211

Región de Murcia 241

En Murcia: murcianos y valenciano 243

Melilla 259

En Ciudad Autónoma de Melilla: melillense, colombiano y estadounidense 261

Ceuta 273

En Ciudad Autónoma de Ceuta: ceutíes 275

Andalucía 285

En Sevilla: andaluces y madrileña 287

Extremadura 311

En Mérida: extremeños 313

Castilla-La Mancha 323

En Toledo: castellano y manchegos 325

Islas Baleares 333

En Mallorca: balearicos 335

Canarias 353

En Santa Cruz de Tenerife: canarios 355

En Las Palmas de Gran Canaria: canarios 369

Cataluña 375

En Manresa: catalanes 377

En Barcelona: catalanes, madrileña y checa 389

En Manresa: andaluza y catalana 445

Diario de viaje 453

Nota del autor

Me llamo Joan Planas y soy catalán. En España a algunas personas se le ponen los pelos de punta al escuchar este gentilicio, exclaman como si algo muy grave hubiera hecho: «¡Es cataláaan!», aunque otras personas no le dan la menor importancia. Los dos tipos de españoles me los he encontrado por toda España, y con los dos hemos terminado sentados en el bar charlando amigablemente sobre nuestros orígenes.

Soy nacido en un pueblo del centro de Catalunya, Sant Fruitós de Bages. Crecí con padres catalanes y abuelos andaluces, que siempre me hablaron en catalán y me transmitieron el cariño de su tierra natal. Recuerdo ver llorar de emoción a mi abuelo cuando la familia le mostramos en un vídeo la casa de Linares donde había vivido de joven. Hoy, los políticos salen en vídeos pidiendo la independencia, y casi la mitad de Catalunya parece que llora por no poder separarse del resto de España.

De adolescente recorrí España entera con mis padres, viajé solo por Andalucía para conocer la tierra de mis abuelos y viví dos años en Madrid donde me sentí como en casa. Mientras, en Catalunya se alzaban cada día más banderas marcando la catalanidad en ventanas y terrazas, al mismo ritmo que los políticos y los medios marcaban sus diferencias en periódicos y televisiones. Las redes sociales, por supuesto, eran y son campos de batallas ideológicas de los ciudadanos, donde todos se proclaman vencedores de opinión pero ninguno lo es, porque donde no hay entendimiento no hay vencedor, sólo uno con más poder que el otro. Y así, entre poderes y egos que no quieren entenderse, los catalanes se unieron para pedir una votación por la independencia. Si me preguntas si quiero que Catalunya se independice, preferiría que no, pero si no nos podemos entender…

¿De verdad no podemos entendernos? ¿Tan diferentes somos? Tantos años juntos y parece que nunca nos hemos escuchado. Por esta razón recorrí el país para entrevistar a los ciudadanos, para preguntarles qué piensan y sienten sobre España, intentado comprender cómo se vive y percibe desde los bares. Qué mejor lugar para escucharnos que donde nos sinceramos entre cervezas, cafés o el sabroso té de Melilla; y sacamos nuestros miedos e ilusiones, nuestras penas y alegrías en una España con las emociones a flor de piel.

Cierto que hoy en día con los catalanes más pendientes de recordar sus orígenes y el resto de España aparentemente intentando españolizarnos, un catalán recorriendo España consultando a los ciudadanos podría parecer ciencia ficción, pero es real, y aquí os traigo el resultado de mi periplo.

Sorpresa la mía cuando en la primera entrevista en un bar de Madrid, un joven auditor nacido en el año de la Constitución, me dice que se siente madrileño pero no orgulloso de ser español. Creía que este sentimiento era sólo cosa de catalanes y vascos, pero a lo mejor en realidad no somos tan diferentes, aunque desde los medios de comunicación y los políticos nos den esta percepción. Al final, este libro no ha sido un viaje para intentar entendernos entre catalanes y el resto de España, ha sido un viaje para entendernos entre todos los españoles.

A continuación viajarás entre fragmentos de los pensamientos y sentimientos de las más de cien personas que he entrevistado sobre España, recorriendo de bar en bar —cuarenta y ocho, en concreto— las principales capitales de cada comunidad. Hablan sobre la cultura de su tierra, los tópicos y prejuicios, la política, la monarquía, la religión, la independencia e infinidad de temas que tejen la sociedad española en su día a día. No juzgo a nadie, sólo he pretendido escuchar y dar voz. A lo mejor si escuchamos y reflexionamos lo que los demás piensan y sienten, podremos vivir juntos respetando las diferencias de cada uno, tanto en España como en el resto del mundo.

Deseo que este sea un pequeño paso para sentarnos y entendernos amigablemente, sin tópicos ni prejuicios, en los bares y fuera de ellos.

Contacto: info@joanplanas.com · Twitter: @joanplanas
Youtube / Instagram: Joan Planas

14

Cómo leer este libro

A continuación podrás leer 49 entrevistas a más de 100 españoles. Cada entrevista es una conversación de entre una y dos horas —a veces incluso más— grabadas en audio en los bares de España, entre octubre de 2014 y septiembre de 2015, y transcritas en este libro.

En una conversación el entrevistado puede hablar de muchos temas que se entrecruzan. Por ejemplo, al inicio puede hablar sobre monarquía, luego sobre cultura, sigue con política y más tarde vuelve a hablar de monarquía. Por esta razón, con la idea de que este libro sea como una enciclopedia de pensamientos de los españoles, la transcripción ha consistido en juntar por temáticas todas las reflexiones de cada entrevistado. Por ejemplo, en cada entrevista juntamos todos los comentarios que se han dicho sobre monarquía en la temática «MONARQUÍA», e igual con las demás temáticas, haciendo más fácil la consulta de las opiniones. El resultado son entrevistas que parecen un monólogo de pensamientos del entrevistado, ordenado y fluido.

En el libro podrás leer tres formatos de entrevista: entrevista a una sola persona, entrevista a dos personas y entrevista a tres o más personas. Todas ellas comparten una misma pauta: cada separación entre párrafos sirven para separar las declaraciones y diálogos que han dicho en momentos diferentes. Por ejemplo, en las entrevistas entre dos personas una conversación sería así:

Marina: Mallorca está dividida, están los independentistas que se quieren juntar con Cataluña.
Bernat: Estos son muy pocos.
Marina: Luego están los mallorquines.
Bernat: La gente normal, que ni fu ni fa.
Marina: Y los otros que son mallorquines y no catalanes.

En las entrevistas de tres o más personas no se especifica quién habla, por ejemplo:

—La riqueza de nuestro país son las diferencias culturales.
—Somos todos españoles, pero es bonito que cada uno tenga una cultura.
—Recálcalo, «somos todos españoles», eso te encanta.
—Ja, ja, ja.

Cuando hay un espacio entre párrafos significa que son declaraciones o diálogos que han dicho en momentos diferentes de la conversación, pero que tienen relación con la temática. Por ejemplo, en una entrevista a una sola persona hablando sobre «MADRID»:

En Madrid no te vamos a preguntar de dónde eres, sino qué bebes.

Yo soy de los madrileños enamorados de Barcelona, y cuando fui a Barcelona conocí a una pareja de catalanes que eran catalanes enamorados de Madrid.

Otro ejemplo, una entrevista de tres o más personas hablando sobre «POLÍTICA»:

Estamos en una sociedad que está mal visto ser de derechas. Ser de izquierdas está bien visto porque quieres el bien común.

—Los políticos son en todo el mundo unos corruptos.
—Decir que todos los políticos son corruptos es como decir que todos los curas son pederastas, eso no se puede decir.
—Generalizamos muchísimo.

Cada entrevista empieza con los nombres y la fotografía de los entrevistados en el bar donde conversamos. Los nombres están ordenados por orden de aparición en la fotografía, de izquierda a derecha, con su año de nacimiento, gentilicio, ciudad de nacimiento y profesión.

Y para que el viaje por los pensamientos de los españoles sea más auténtico, se mantienen las peculiaridades del habla de cada entrevistado para denotar la intensidad de sus intervenciones. También, por petición de algunos entrevistados, en sus respuestas se ha mantenido Catalunya escrita en catalán.

Por último, no des por bueno todo lo que dicen. La información histórica y otros datos que cuentan los entrevistados no han sido verificados, es la información que ellos conocen, que les ha llegado y expresan. Este libro sólo hace de mensajero para que todos podamos conocer y reflexionar sobre España. Es tarea de cada uno de nosotros no dar por hecho todo lo que nos cuentan, e informarnos para saber qué es verdad y qué no sobre lo que nos cuentan, en el libro y fuera del mismo.

Comunidad de Madrid

Anónimo – 1978 – Madrileño (Madrid) – Auditor

Me siento orgulloso del año en que nací: nací en el año de la Constitución.

NACIONALISMO

Me siento muy madrileño, y me sentí muy español en Estados Unidos; allí me sentí inferior.

Hay cosas que no elijo, como ser español. Yo no me puedo sentir orgulloso de ser español, me siento español por accidente, como si soy rubio, soy rubio por accidente.

No tengo una opinión muy positiva del español, aun sabiendo que hay españoles muy válidos, el español es botellín, tapa, fútbol y toros.

MADRID Y BARCELONA

En Madrid no te vamos a preguntar de dónde eres, sino qué bebes.

Yo soy de los madrileños enamorados de Barcelona, y cuando fui a Barcelona conocí a una pareja de catalanes que eran catalanes enamorados de Madrid.

Barcelona es como Madrid, pero coño, con mar.

Tengo un hermano con quien nos dimos de hostias de pequeños, y me gustaría mucho que Madrid y Barcelona se dieran un abrazo como yo y mi hermano, que nos hicimos mayores y ya no nos pegamos.

Si Madrid y Barcelona dijeran «coño, si separados somos dos ciudades de cojones, vamos a juntarnos, a ver qué pasa, ¿no?».

Estamos en el mismo barco, en el mismo planeta, creo que los brazos están para abrazar y las manos para escribir.

CATALUÑA

Tenéis que votar. Los únicos que pueden votar sobre Cataluña sois vosotros. El derecho a votar sobre el futuro de un pueblo que no es el tuyo… Eso no existe. Esto es como una familia, un grupo de amigos, y quien no quiera estar… me duele, pero es mejor no tener a alguien a disgusto que tener el gran disgusto. Es un derecho vuestro, yo no pinto nada allí.

MONARQUÍA

A día de hoy prefiero poner mi pasta a la honorabilidad de nuestro rey y no pongo ni un euro por los políticos. A día de hoy, para mí el mejor español es el rey.

Soy consciente de que no todos somos iguales.

ESPAÑA

Creo que no tiene mucho que ver un andaluz con un vasco o con un gallego. Es de las cosas que me gustan de este país, me gusta el vasco «vasco», el gallego «gallego», el catalán «catalán» y el andaluz «andaluz», pero el madrileño «madrileño»… no tenemos esencia, no tenemos personalidad.

Somos unos manguis, no sólo los políticos.

España está mal, pero no debe estar tan mal cuando no hay revueltas sociales.

Europa se está hundiendo. No recomendaría ni Europa ni España para vivir; si pudiera escoger donde nacer, nacería en Estados Unidos.

Laura Sánchez–Vizcaíno Flys – 1978 – Madrileña (Madrid) – Terapeuta

Yo me siento totalmente madrileña. No por algo en concreto, como que pongan las mejores cañas, simplemente porque es mi hogar. Es una ciudad muy barrio, con ambiente casi de pueblo.

MADRID

El madrileño es de todas partes y de ninguna. Creo que es la gracia de Madrid, no hay un prototipo, aquí te puedes encontrar cualquier cosa.

Cuando llegas a Madrid a las dos semanas te sientes madrileño, eso o te vas porque te agobia el caos de la ciudad.

En Madrid se toman menos cañas de las que deberían, porque si vas al sur de España allí sí saben disfrutar de las cañas, aquí trabajamos demasiado.

ANDALUCÍA

Mi familia es de Murcia y en Murcia se vive muy bien, en Madrid los ritmos de vida son estresantes.

El andaluz de primeras es más abierto, aparentemente más hospitalario, pero en realidad no llegas a profundizar. Con un catalán es al revés, de primeras son bastante bordes y secos, pero luego, a poco que ellos hagan el clic, genial, hay más profundidad.

ESPAÑA

Cada provincia es muy diferente, e incluso dentro de Andalucía cada sitio es diferente, no puedes meter a todo el mundo en el mismo lado. Creo que una de las grandes riquezas de España es la gran diversidad de gente.

La diferencia te permite abrirte, aprender mucho de los demás, que las cosas no son como las has aprendido en tu barrio, según dónde estás son diferentes. Incluso cómo se dice un café con leche, que es totalmente diferente en un sitio de España que en otro, eso te hace cambiar el chip, y creo que enriquece a las personas, te hace abrir la mente.

ESPAÑOLES

No sabría definirte el español, yo diría el mediterráneo. Hay características en común que no son sólo de los españoles, son también del sur de Francia, de Italia, de Grecia y la parte norte de África, y que suelen ser gente a la que básicamente les gusta disfrutar de la vida, y eso sí se ve mucho comparado con un mundo anglosajón. Ese amor por estar al aire libre, por disfrutar del sol, de la vida… Sí, trabajar hay que trabajar, pero a ser posible lo menos posible. Somos más familiares, más sociales, es como un sí a la vida.

No sé si me siento española, vengo de familia de inmigrantes por todos lados; mediterránea sí, mediterránea mucho.

No me siento orgullosa de la chapucería, en este país somos muy chapuzas, muy cutres.

En España somos muy críticos, a veces excesivamente porque nos tiramos piedras sobre nuestro propio tejado, y no nos valoramos, nos hundimos a nosotros y nuestros colegas antes que a cualquier otra cosa que viene de fuera, pero también te permite que no te camelen tan fácilmente.

No nos escuchamos nada. Para poder escuchar primero tienes que reconocer tus propios errores y nadie está dispuesto a hacer eso.

Decía Alfredo Landa que somos dramáticos, en lugar de quitar aristas a la vida añadimos más.

TRABAJO

Creo que trabajamos muchas horas pero somos poco eficaces.

Yo soy autónoma, y creo que si todo el mundo fuera autónomo con derecho a paro y demás derechos sociales, el mundo iría mucho mejor, porque trabajarías lo que debes trabajar pero sin perder el tiempo.

Creo que hoy en día ya no tiene sentido lo de las 2 horas de comida, la gran mayoría preferirían salir de trabajar antes para poder estar con su familia.

Creo que interesa más tener la gente ocupada porque así no pueden quejarse tanto, ni pueden plantearse tantas cosas.

Los padres están todo el día trabajando, no tienen tiempo de educar a sus hijos.

Los niños tienen falta de motivación, tenemos un sistema de educación obsoleto que no evoluciona a nuestro ritmo.

Una cosa buena que tenemos en el mediterráneo es la flexibilidad, te permite ser más creativo, resolver cosas al estar acostumbrado a cambiar. Trabajando con alemanes me ha pasado que si cambiaba sus planes se quedaban completamente bloqueados, no eran capaces de reaccionar y cambiar de plan.

POLÍTICOS

Los políticos en general, en todo el mundo, son lo peor del ser humano. Según llegan al poder algo pasa que se echan a perder todos.

Para mí la corrupción es un reflejo de la picaresca española a una escala superior. ¿Quién no intenta pagar menos a Hacienda? Para poder evitar un problema como la corrupción, que además hemos tenido el feo detalle de extenderlo a toda América latina, tendríamos que empezar cada uno por nosotros mismos. Pero claro, cuando la picaresca está bien vista… En España cuando copiabas en un examen, es a ver quién copia mejor, tienes que tener estilo.

Soy extremadamente escéptica con los cambios, porque veo según llegan al poder que se asienten en él y se pierde todo ese espíritu de lucha, de cambiar las cosas y hacer un mundo un poco mejor.

MEDIOS DE COMUNICACIÓN

Tengo buenos amigos periodistas y no pueden hacer su trabajo porque hay mucha censura por parte de los altos cargos de los periódicos correspondientes. Ven una cosa y tienen que decir otra, y eso mata cualquier vocación.

CATALANES E INDEPENDENCIA

Me gusta mucho negociar con catalanes porque las cuentas están muy claras, cosa que con otras muchas personas no pasa, parece que no puedes hablar del dinero, que es un tema tabú. Poder hablar claro de dinero me gusta mucho de los catalanes.

Me parece absurdo que no se pueda votar, me parece lógico que si hay una población que quiere cosas diferentes que voten, que se consulte su opinión me parece básico. Otra cosa es lo que yo pueda pensar de esa teórica separación, a mí me gustaría que el mundo no tuviera fronteras, añadir más fronteras me parece absurdo.

«La tarea pendiente con el ser humano es la convivencia», decía el doctor Padilla Corral.

Creo que los políticos usan el tema catalán cada vez que quieren desviar la atención de otros problemas. Porque eso enciende a la gente, es como animar a los hinchas de un partido de fútbol u otro, los políticos pueden aprobar lo que sea por detrás porque estamos demasiado ocupados con ese tema.

La mayoría de veces es un debate visceral que no atiende a razones, creo que tiene más que ver con todo lo que se sufrió con la época de Franco, que no se ha hablado como corresponde, no se le ha dado la importancia que se debía, y sigue allí.

Creo que no interesa hablar claro, porque se vive del drama, del conflicto. Si no hay conflicto ¿a quién le tiramos piedras?

TOROS

Antes era antitaurina, sin embargo hice un trabajo en el que tuve que visitar fincas de toros de Lidia, y llegué a la conclusión que si tuviera que elegir ser un animal sería un toro. Porque se le respeta como animal, se le cuida exageradamente bien. Lo que sí es maltrato animal es lo que hay en las granjas de vacas lecheras, de gallinas, de cerditos...

La campaña contra los toros es la campaña menos importante, me parece mucho más importante respetar la vida de los animales en todos sus campos; el toro es el que mejor vive.

MONARQUÍA

Me preocupa más hacer una ley electoral más justa. Que sea una cosa familiar tiene una ventaja, y es que se les está educando por y para, y hacen cosas tan simples y obvias como que sepan inglés, que sepan hablar en público, que tengan una cierta cultura. Si tengo que elegir una persona para representar al país y puedo elegir democráticamente, pero me sale cualquier papanatas como los políticos que tenemos…, pues prefiero alguien que sepa hablar. Cuando haya políticos que se tomen su profesión en serio entonces diré sí. Yo quiero elegir quién me representa, pero mientras prefiero la monarquía.

La monarquía me parece que está fuera de esta época y no tiene sentido, pero en la realidad de España prefiero mil veces que me represente Felipe que Rajoy. Escogemos fatal y al que no podemos escoger por lo menos se toma en serio su trabajo.

Victoriano Izquierdo – 1990 – Andaluz (Granada) – Informático y fotógrafo

Madrid es un batiburrillo de España. Hay pocos que de verdad sean de aquí, es muy raro encontrar a alguien que sus cuatro abuelos sean de Madrid, casi todo el mundo tiene parientes repartidos por todas las provincias de España.

MADRID, BARCELONA Y GRANADA

Me cuesta mucho decir cómo es un madrileño, tienen algo de vocabulario propio: debuti, qué renta…, pero soy de la opinión que un madrileño de la calle Fuencarral se parece mucho más a un barcelonés de las Ramblas, que un barcelonés a uno de Martorell, o que el madrileño a uno del último pueblo de Madrid.

Un pijo de Madrid se parece más a un pijo de Barcelona que a alguien de Carabanchel.

En Granada no eres tan anónimo, si me doy un paseo es raro que no me cruce con alguien que conozca. En Madrid sales con una chica y no es tan fácil que te topes con la chica de anoche. Ese tipo de cosas te permite ser distinto a cómo serías en una ciudad pequeña.

UNIVERSIDAD

Llegué a Madrid porque quería salir de Granada. Es muy importante salir de casa, volar del nido. Pero en España lo normal es que si naces en una ciudad donde hay una universidad, y encima grande como la de Granada, te quedes allí. Ojalá hubiera sido de otra ciudad para estudiar en Granada, porque mola mucho como ciudad universitaria.

No creo que la experiencia universitaria sea equiparable cuando vas a la facultad y luego vuelves a casa de tus padres a dormir, creo que la mentalidad es muy distinta.

En España hay poca costumbre de movilidad dentro del país, y menos en estos tiempos en que hay 50 universidades públicas, una por provincia. Como mucho emigran los chicos de pueblo a la capital de provincia más cercana.

NACIONALISMO

Los españoles se mueven poquísimo. Creo que la falta de movilidad interna es clave del problema de concepto de nación, del paro y la capacidad de España para recuperarse.

Hay falta de conciencia de que tú no eres de Granada, Madrid o Barcelona, no eres un árbol con raíces, eres algo capaz de moverte a donde tengas mejor sustrato, y ese arraigo es parte del problema.

¿Me siento español? Quizá para saber si uno se siente de un lugar sea como preguntarse si uno entiende un chiste muy local. Yo creo que entiendo el chiste que es España pero el americano que acaba de bajar en Barajas a lo mejor no lo termina de pillar porque no ha estado aquí en su vida y no reconoce nada de la broma.

La gente que dice que no se siente española y entiende el chiste también lo es; es que no es una cuestión de que te quieras o no sentir español.

Decir por el mundo que eres español no creo que sea algo muy negativo, todavía. Intuyo que todos preferimos decir que somos españoles, antes que llevar un pasaporte del 90 % de países del mundo donde se vive bastante peor que aquí.

En España han pasado romanos, moros, judíos… y si existiera algo así como una raza ibérica de verdad, seguramente tendrías que tener una mezcla de todo eso. Si no, no serías español 100 %. En la mezcla está la pureza.

Eres a lo que has estado expuesto. El nacionalismo creo que viene de la montaña, si no te llega información de más allá te conviertes en la información que te llega, que es tu pueblo, tu Alpujarra, tu Valle de Arán. Está clarísimo que el nacionalismo es más fuerte en lugares mal comunicados con el resto del mundo. Por suerte nací en un momento en el que Internet ya jugaba un rol muy importante en mi época de instituto. Cuando me fui a Nueva York ya había visto miles de horas de la serie de televisión Friends, y claro, reconocía determinadas conductas, hábitos, códigos culturales, ya los entendía. Me he sentido mucho más en casa en Nueva York que en Roma, porque la entendía mejor a través de las series a las que estuve expuesto.

Se podría decir que me sentía un poco neoyorkino cuando estaba en Nueva York. Ahora algo madrileño e incluso cuando voy a Barcelona un poco catalán.

Más que las ciudades y los territorios, creo más en los ecosistemas urbanos y las clases. En una residencia de estudiantes no hay tantos grupos de canarios o catalanes, más bien se hacen pandillas de hombres o mujeres, de pijos, de padres de izquierdas, de derechas, y esas son las cosas que de verdad unen y separan más a la gente y marcan identidad.

Lo que nos separa es creer que somos distintos.

Yo me siento mucho más cercano a ti sobre nuestras formas de ver la vida, que eres de Manresa, que seguramente con el 94 % de la gente de Granada.

No me siento andaluz porque nadie me ha dicho que tenga que ser andaluz, ni siquiera estoy muy seguro de lo que significa sentirse español. En España el franquismo se apoderó del nacionalismo español, los que hayan nacido en familias no franquistas todavía verán en la bandera española la sombra del aguilucho y le tendrán algo de recelo. Quizá con el mundial de fútbol la bandera ya es más de todo el mundo y no da tanta vergüenza ponerla en el balcón.

SEVILLANOS Y GRANADINOS

Un andaluz sevillano y uno granadino se parecen menos entre sí que un granadino y un manchego. Desde el acento a la manera de ver la vida, son muy distintos. A un sevillano si le quitas su Feria de Abril, su capillita y su Semana Santa, muere, y a un granadino le puede gustar la Semana Santa y la feria, pero de manera muy distinta.

ESPAÑOLES

La gente en España es diferente, pero no las distinguiría a nivel de regiones. Que haya metro, El Corte Inglés, que seas más anónimo… Creo que eso te define más en cómo eres.

Creo que la picaresca no es tan exclusiva de los españoles, si ser pícaro consiste en aprovecharte al máximo de los que te rodean con algo de malicia. Por ejemplo en la película El Lobo de Wall Street pasa algo de eso, el tipo explota sus oportunidades al máximo hasta para ir más allá de la legalidad, y eso es el sueño americano también.

Cuando aquí tenemos un 11-M en lugar de pensar «¿qué le pasa a esta gente, por qué nos atacan?» decimos, «¡uyyyy! esto es de los socialistas, o de ETA, o la culpa es de Aznar por llevarnos a la guerra». No hay una piña de salir decididamente a la calle para decir «vamos a luchar contra el terrorismo y contra estos locos», hay una piña para echarle la culpa a otro. En Estados Unidos hay un 11-S y el país se vuelve una piña, nadie sale al día siguiente a decir que Bush es un hijo de puta, eso lo dejan para más adelante.

Los españoles hemos sido muy religiosos pero nos estamos quitando la religión más rápido que ningún país, tan rápido que creo vamos a ser los más ateos de todos.

ESPAÑA

Somos el país occidental que ha tenido una guerra civil hace menos tiempo y mejor está. Y una guerra civil es horrible, rompe al país en dos.

En España tenemos un sistema operativo algo antiguo, no el más moderno, como el que tienen los nórdicos. Pero por muy mal que creamos que estamos aquí, lo que pasa en África, la mayor parte de Asia, Sudamérica... eso sí que son problemas, el sistema operativo de España hay que actualizarlo, está mal pero es de lo mejorcito que hay, hay que evolucionarlo.

No tengo una muestra tan significativa de españoles como para definir qué es España, si son 10 gramos de hipster, más 20 gramos de chico pijo de nuevas generaciones del PP y 30 de perroflautas. Te podría decir los gramos de mi contexto social, del mundo en el que yo me muevo, pero eso no es España, es mi realidad.

España es un país que aun con nuestros pecados se puede vivir bien, la gente no es menos feliz que en otras partes.

INMIGRACIÓN

A pesar de que entre nosotros nos matamos, sabemos tratar bien a los inmigrantes. En España no he visto los ecos racistas que hay en Inglaterra, Francia u otros países que a priori parecen más avanzados en todo.

POLÍTICOS

Claro que creo en lo de que los políticos no son mucho peores que el pueblo, son el reflejo de la sociedad.

Todavía tenemos Real Madrid vs. Barça en política, también lo tienen otros países, pero aquí a veces parece que todavía lo retenemos con la Guerra Civil, con ese sentimiento de odio, de pensar con las tripas.

MONARQUÍA

Me parece que salvaguarda pecados del sistema, errores endogámicos de la democracia que sesga una parte de la población. Ahora te gobierna un presidente de izquierdas aunque seas de derechas, y creo que un rey puede apelar a lo que es común, no transmite una ideología.

Me gusta que desde el minuto uno su misión sea representar a todos los españoles, no proponer soluciones, y por tanto se les educa en cosas como saber muchos idiomas o apelar a la unión, cosa que nuestra democracia ve imposible sacar de las urnas.

El nuevo rey diría que es un embajador del que me puedo sentir orgulloso, creo que sintoniza bien con lo que es España y Europa.

Si me dices que Froilán va a heredar la corona después, pues seguramente saldría el primero a la plaza a manifestarme. El hecho que sea de sangre es un peligro.

IDIOMAS

En el País Vasco hacen el programa de televisión Vaya semanita en castellano y nadie pone la voz en el cielo, y en TV3 no hay ningún programa en castellano. Hay una discriminación positiva al catalán y lo podría entender porque en el franquismo hubo una discriminación negativa.

Lo que no tiene que ser es esta obsesión para marcar diferencias, esta obsesión doblando películas en catalán pagadas de subvenciones. En España se dobla porque la gente paga por verlas en castellano, porque mis padres no saben inglés, pero no por una subvención.

La Vanguardia y El Periódico tienen una versión en catalán no por demanda, sino por una subvención de la Generalitat.

CATALUÑA

Ese territorio es tan tuyo como mío.

Creo que ninguna persona que nazca en un sitio debería sentir el derecho de que ese sitio es más suyo que del resto de españoles.

Tengo tanto derecho en la soberanía de Granada como a la de Barcelona. No he vivido en muchos barrios de Granada, sólo en uno y sin embargo, parece que nadie discute mi derecho a decidir sobre el resto de barrios: voto al mismo alcalde que administra los mismos barrios.

En un papel refrendado por todos, pone que Barcelona también es de cuarenta y tantos millones de españoles, ese papel se llama Constitución y el primer artículo dice que la soberanía de España reside en todos los españoles; y España es Cataluña, eso también lo dice.

¿Te parece justo que una casa que heredas de tus padres se la quedara Cataluña? No, ¿verdad? Pues el resto de españoles se supone que también tenemos legitimidad para considerar Cataluña como nuestra casa. ¿Qué he hecho yo para que me puedan arrebatar, sin preguntarme siquiera, ese derecho y sentimiento que tengo por este territorio?

Creo que hay cosas que no se deben preguntar a unos pocos para que decidan por los derechos de otros. El hecho de plantearlo no es democracia, estás poniendo una posibilidad al preguntar algo que no debe ser una posibilidad. Como creo que no puedes preguntar a los hombres si quieres que las mujeres no voten.

Me preocupa que las nuevas generaciones de catalanes estén expuestas a tanta propaganda, a tanta bandera, a que les digan lo que tienen que sentir. Ese no es el ambiente en el que quiero que se eduque un catalán, ni un andaluz, ni un manchego, ni nadie.

Hay que españolizar a los niños catalanes y catalanizar a los madrileños.

TRABAJO

Se dice que trabajamos más que el resto de los europeos pero producimos menos.

Gracias a las rentas de los padres, en las clases medias de mi generación hay un colchón mullidito, que aun con esta crisis hace que se pueda resistir en pueblos y pequeñas ciudades, aunque estés en el paro. Creo que en parte por eso una ciudad como Granada tiene el 30 y tantos por ciento de desempleo, no ya el 25 % que es la media nacional, sino 30 y tantos. Entre la gente de mi edad pasa del 50 %.

Hay demasiada envidia por el gran tío rico que se lo curra y triunfa. Todavía hay poco amor a los Amancio Ortega, entre otras cosas porque las redes de clientelismo heredadas del franquismo no han dado muchos más emprendedores que den el salto a gran empresario.

TOROS

Ninguna persona sufre porque se mate una mosca y también es un ser vivo.

Una cosa es el dolor, otra el sufrimiento. El sufrimiento está en el señor que tienes abajo durmiendo en el cajero. Los antitaurinos van a 500 km donde hacen el Toro de la Vega, oye que a mí también me parece horrible el espectáculo medieval que dan, pero esos mismos no bajan corriendo al cajero a ponerle el termo al señor. Además conozco al tipo de gente que sí van con el termo por las noches ayudando a la gente y muchos de esos sí son taurinos.

Los antitaurinos tienen que abogar por la antitauromaquia no imponiendo su moral o diciendo a la gente que va que son unos hijos de puta. Con el tiempo la gente va dejando de ir a las plazas de toros, y al final desaparecerá, pero que ocurra de manera natural.

FÚTBOL

Está bien que nos distraigamos con fútbol, no podemos estar todo el día preocupados. Yo me agobio, me duele la cabeza, si sigo con esta entrevista me muero.

Anónima – 1987 – Catalana (Manresa) – Consultora

Estoy en Madrid trabajando en una consultoría en tecnologías de la información. Apliqué por el puesto en Barcelona pero ya estaba cogido y me ofrecieron ir a Madrid.

ESPAÑA, MADRID Y CATALUÑA

Mis padres son de fuera de Cataluña, por lo que no tengo un tópico definido de la gente de España, me he criado en Manresa y fuera de Cataluña. Suelo pasar las vacaciones en Castellón y Andalucía.

Veo mucha diferencia entre Cataluña y el resto de España. Es muy diferente la manera de pensar y de ver la vida, para mí la gente madrileña es bastante más abierta que los catalanes.

En Madrid echo mucho de menos el mar y hablar catalán.

No veo a los madrileños tan diferentes de cómo podría ser un catalán o un vasco.

Me tratan bien porque no se me nota el acento catalán, pero si se me notara creo que se meterían conmigo.

Tengo un poco el sentimiento de que si digo que soy catalana me van a mirar mal o decir algo. Y a veces, sin que sepan que soy catalana, algún comentario despectivo si que he escuchado.

ESPAÑOLES

Es gracioso que cuando vas a un país extranjero, los primeros que están en piña, unidos haciendo guetos, son los españoles. Pero luego cuando volvemos al país nos damos de hostias unos con otros.

No sabemos debatir, el español es muy visceral, muy de saltar, de levantar el tono y de querer ser más que tú.

NACIONALISMO

Los madrileños son chulos y muy orgullosos de ser españoles, y me sorprende mucho, porque yo no me siento orgullosa de ser española. No es una cosa que me hayan inculcado desde pequeña, no me han dicho que me tenga que sentir orgullosa de ser española.

No me siento española pero sí catalana. No me siento española ni un 50 %, pero tampoco 100 % catalana.

No me han dicho que tenga que ser catalana, creo que la educación ha sido bastante justa, hemos estudiado la historia de España, de Cataluña, de Europa y del mundo en general.

Tampoco me han dicho que sentirme española era algo bueno. Para mí sentirme española significa que soy una facha, y ponerme una bandera de España me incomoda, las banderas en general me incomodan.

Cuando viajo jamás digo que soy de España, no soy capaz de decirlo, siempre digo que soy de Barcelona.

Sentirse de un lugar es un sentimiento que tienes, es lo que te hace estar orgullosa de ser de ese sitio y me siento súper orgullosa de ser catalana. Considero que son gente muy trabajadora con unos ideales.

A mí a veces me gustaría ser andaluza porque son súper abiertos, naturales y muy simpáticos, y los catalanes o vascos somos más cerrados.

Te hace sentir mucho menos española la gente que quiere que te sientas española. Si una persona me quiere hacer sentir catalana no tengo esa reacción de rechazo porque yo ya me siento catalana.

La gente radical creo que son los que hacen que más se separen las dos culturas, te queman poniéndote en duda: «¿Por qué te sientes catalana? ¿Por qué tienes esa cultura propia? ¿Por qué queréis votar y por qué, por qué y por qué?». Al final no dejar a la gente decidir, tener sus libertades. Tiras tanto de la goma que al final se rompe.

TRABAJO

Si me dicen que los catalanes trabajan mucho y los madrileños no, mienten, ni de coña, en Madrid estoy trabajando un montón.

No creo que sea un problema cultural, habrá madrileños que trabajan mucho y otros poco, e igual en Barcelona.

Creo que se está en la oficina más horas de las que se debería estar, sólo calentando la silla. Creo que podríamos ser más productivos trabajando menos horas, trabajar 8 horas justas o 7 y ser lo máximo productivos posibles, y no tener que estar hasta las 10 de la noche para hacer el papelón.

POLÍTICOS

Todos los políticos son corruptos, es un reflejo de la sociedad española. Viví en países nórdicos como Finlandia y Dinamarca y la corrupción es muy poca.

El fútbol o la consulta de Cataluña, creo que se utilizan para intentar tapar lo que realmente está pasando.

En el momento que dejas de dar libertades cuando tienes culturas tan diferentes se convierte en un problema.

Hay falta de entendimiento. Si nadie es capaz de ponerse en el lugar del otro es difícil entenderse.

Creo que el Gobierno no debería tener tanto miedo a dejar a los ciudadanos tener libertades. El Gobierno de derechas en general suele tener miedo a dar libertades más que a un Gobierno de izquierdas.

INDEPENDENCIA

La gente de Manresa es muy catalana, mis amigos son independentistas, y yo, al tener padres fuera de Cataluña, me siento un poco en el medio, tengo el corazón dividido.

Creo que la consulta se debería hacer, pero legal. Creo que el Gobierno central debería dejar que se hiciera la votación.

En Madrid todo el mundo opina que la votación es sólo para los independentistas, y para mí la votación es tanto para la gente que quiere votar un sí, como para los que quieren votar un no.

España no es democrática: en el momento que no deja votar una decisión importante, no es un país democrático.

Creo que se debería votar para muchas más cosas importantes que se deciden en el Gobierno, como para la Ley del Aborto o el matrimonio homosexual.

RELIGIÓN

Creo que en el sur son más religiosos, cuando los ves llorando emocionados en Semana Santa, ves que lo llevan dentro, y los del norte menos.

MONARQUÍA

Creo que puedes preparar mucho mejor a una persona de la calle para representarnos.

ESPAÑA

España no es un mal país para vivir, lo recomiendo. Poder ir a tomarte tus cañas, las horas del sol, pocos días de lluvia… Es una sociedad muy abierta.

Recomiendo a un catalán vivir fuera de Cataluña siempre y cuando no se hable de política o de fútbol, e igual a la inversa.

David Esteban – 1979 – Madrileño (Madrid) – Emprendedor

Me siento madrileño. Soy madrileño y español y eso es un hecho, no implica nada con respecto a mi vida fuera o dentro de España.

MADRID

No me siento identificado con los tópicos de los madrileños, que son: chulo, soberbio, engreído… En general, no me gustan los tópicos, evidentemente los madrileños tenemos un acento, un deje, algunos más marcados, depende del barrio, pero yo no me considero chulo.

NACIONALISMO

Creo que es una opción personal sentirse o no español. A lo mejor hay un español en Japón que se siente japonés, u otra persona que se siente unicornio rosa con alas, es una opción personal, es un sentimiento, los sentimientos no pueden o no deberían ser controlados.

No entiendo muy bien el término españolizar, pero si es obligar a alguien a sentirse de cierta manera, está mal.
A veces me he sentido más identificado con gente que no es española que con gente española. Llevo 10 años viviendo en el extranjero y con algunos españoles no tengo nada en común, nada más que el pasaporte, y con otra persona que no ha estado en España me he sentido muy identificado y mucho más cercano.

Creo que el ser humano en general en todo el mundo es más cercano de lo que pensamos, la gente en China, Japón, África, U.S.A., Colombia y en España busca lo mismo, buscan ser felices y tener gente alrededor.

Si mañana me dices que tu país ya no se llama España, se llama Estados Unidos de Europa y en tu pasaporte pone lo mismo, pues yo diré «bueno, pues ahora soy de los Estados Unidos de Europa, comunidad autónoma España y provincia Madrid», no me importará.

ESPAÑOLES

Sé que existen tópicos sobre los españoles pero cada español es un mundo. Cada uno se desarrolla conforme a la educación que ha recibido, tanto en el colegio, como en casa, como en su entorno y por las experiencias que ha vivido, y creo que así vamos definiendo cómo somos cada uno.

No sabemos debatir, el español es cabezón, pasional, visceral, hablamos todos a la vez, subimos la voz y al final es un diálogo de besugos.

Gran parte de nuestro valor es que somos viscerales. Si me apetece dar un beso te doy un beso, si te doy un abrazo pues un abrazo, se nos ve venir de lejos, es un valor que a veces es bueno y a veces es malo, y lo importante es canalizar esos valores para hacer una sociedad mejor.

ESPAÑA

Es un país muy rico, con una gastronomía variada, con un montón de culturas y lenguas. Te vas al sur y es árabe, te vas al norte y es celta; es un país del que me siento muy afortunado de pertenecer, pero no utilizaría la palabra orgulloso.

El gran cáncer de la situación actual de España ha sido la política, pero a nivel individual dudo que haya una persona en cualquier punto de la península ibérica que no valore las diferencias culturales. Cuando veo los *castellers*, o un baile típico vasco, o algo de los antiguos celtas o de los árabes en Andalucía, lo flipo en colores.

Valoro mucho más mi país cuando no estoy en él. La comida, el ambiente, los amigos, tomarse un chocolate con churros en un bar…, no echo de menos España en sí, echo de menos las cosas que tiene España.

España es un país de puta madre para vivir.

TRABAJO

Vivir de la pensión del abuelo, o vivir en casa de los padres, o tener un trabajo de mierda pero que te da lo justo para tomar la caña con los amigos, te da una sensación de estado de bienestar falsa, y esto facilita que te cueste más dar el salto a una opción radical. Llámame conspiranoico, pero creo que está todo pensado.

POLÍTICOS

Creo que al español le gusta la política, pero le gusta más hablar que ejecutar. El español es muy criticón pero realmente poner medios le cuesta más.

Creo que los políticos son los que se están cargando el país y la poca creencia en la democracia. Nos utilizan para su mayor beneficio.

El problema de las gestiones políticas en España es que no son transparentes, vamos a ciegas, la gente no tiene una referencia para decidir.

Las elecciones usan un sistema electoral confuso.
España no es democrática porque los políticos hacen lo que quieren pasando olímpicamente del pueblo. La democracia es la gente que participa en el Estado, es la que tiene libertad para elegir, pero aquí nadie elige nada, sólo cada cuatro años, y luego no tienes ningún derecho. Lo más que puedes hacer es elegir a otro partido que va a hacer lo mismo o empeorar la situación, eso no es democracia.

FÚTBOL Y MEDIOS DE COMUNICACIÓN

El fútbol está tan politizado y mediatizado que me parece parte del pan y circo de los políticos.

Los medios están politizados, sólo tienes que leer los titulares de un periódico u otro, es descarado.

MONARQUÍA

De la monarquía he pasado bastante, como si no existiera.

Creo que la monarquía en sí misma no es mala, pero que como todo lo que huele a podrido en España está mal gestionada. Todo lo que se gestione con dinero público tiene que tener una gestión transparente y útil.

Es mejor tener un jefe de Estado que ha sido entrenado y educado desde niño, para ser un buen jefe de Estado justo, que conozca de leyes, de diplomacia, que conozca idiomas. Si es una persona que ha sido educada para ese puesto durante años, debería funcionar bien.

CORRUPCIÓN

Creo que es un problema educacional, es muy español, pero en China y Japón también hay corrupción.

Tenemos los gobernantes que nos merecemos porque la gran mayoría de los españoles a su escala son corruptos. No pueden robar un montón de dinero de las arcas generales del Estado pero te hacen chapuzas en negro, o en un banquete de bodas no ponen el IVA, etc. Siempre ha habido tejemanejes, cada uno a su nivel para intentar chupar del frasco.

No hay consciencia de fin común, en España lo importante es el individuo, no la sociedad.

Los empleados de banca sabían que hacían cosas mal, pero mientras salvaran su culo… «Cuando explote ya veremos». El español medio no piensa a largo plazo, si se pensara a largo plazo muchas cosas se hubieran podido evitar.

INDEPENDENCIA

La consulta debe hacerse, pero dentro de la legalidad. Hay una necesidad de consulta y debería ser nacional. Si hay que hacer unas elecciones generales y luego hacer una consulta, pues se hace. No puedes prohibirla.

Esa consulta afecta al futuro de España, por eso los españoles deberían poder opinar por el futuro de su país.

El tema de los catalanes visto desde Madrid…; están metiendo tanta presión que ahora se dice que es cansino.

En Madrid nos llegan cosas como que en Cataluña se dice que los españoles somos nazis, una realidad tergiversada, e igual sucede al revés. Y ahora, cosas que creíamos que tenían sentido en lo que piden los catalanes, cosas que causaban cierta simpatía y entendimiento, pues se desvirtúan, generando más rechazo entre dos sociedades que no necesariamente se odian.

No nos entendemos porque es muy difícil empatizar con una realidad que no conoces, estamos recibiendo impactos de un entorno y de medios de comunicación muy diferentes.

Me da pena por las circunstancias que se están dando, creo que se está haciendo sin diálogo, y porque Cataluña la siento parte de España. Me he sentido siempre muy acogido en Cataluña. Creo que toda la cultura catalana es parte de la riqueza de la cultura española.

La independencia la veo una opción muy radical y creo que es una opción que se está aplicando como recurso político, como parte del pan y circo que se da en Cataluña. Creo que hay soluciones más acertadas como una España federal.

Considero un atraso querer crear nuevas fronteras en pleno siglo XXI, deberíamos avanzar en dirección a un organismos supranacionales y que, a lo mejor, España siga existiendo, pero que ya no sea un país, sino un Estado de los Estados Unidos de Europa.

IDIOMAS

Pienso que en Cataluña hay más represión al castellano, no hay igualdad de condiciones entre el catalán y el castellano, y en la actualidad el catalán no está siendo atacado.

Es positivo para tu hijo que estudie catalán si estás en Cataluña.

En general, cuando he dicho que no hablo catalán me han hablado en castellano.

FUEROS VASCOS

Pienso que si no se le da un modelo financiero a Cataluña como al País Vasco, debería verse por qué se les niega. Se debería explicar a toda la ciudadanía por qué a los vascos sí y a los catalanes no, y que el pueblo opinara.

A lo mejor prefiero que los catalanes estén en el marco español con los mismos derechos que han tenido los vascos, o a lo mejor después de explicármelo no quiero. Pero deberían abrir un debate y mostrar a la ciudadanía la verdad.

FRANQUISMO

Todavía se asume que hay gente que por ciertas opiniones es franquista o fascista, España está traumatizada por el franquismo y somos incapaces de superarlo. Pasará mucho tiempo antes de que lo superemos.

Fernando Álvarez González – 1973 – Madrileño (Madrid) – Empresario / Coach

Me siento de Madrid porque es donde he vivido toda mi vida. Pero no lo siento en plan propiedad, si en un momento dado tengo que vivir en otro sitio y me encuentro a gusto, no tendría mayor problema.

SUR, NORTE Y MADRID

Cuando me he planteado irme de Madrid a Menorca o Cádiz era por el estrés que genera una ciudad como esta; la comparo, salvando la distancia, con Nueva York. Son ciudades que están organizadas para que siempre tengas algo que hacer y algún sitio donde ir corriendo. De hecho los *spa* triunfan porque vivimos estresados.

El cachondeo y la guasa están genial, pero cuando he tenido que trabajar con gente del sur a veces he tenido la mala suerte de que me resultara más complejo: poca seriedad. No digo que todos sean así, pero sí que me lo he encontrado más en el sur que en el norte. En el norte suelen ser más serios y rígidos.

Creo que nos conocemos muy bien los tópicos de los demás pero desconocemos mucho nuestros propios tópicos. Me fijo en el acento del otro pero no de mi propio acento. «Guasones y los vagos de andaluces, cabezotas y fuertotes de los vascos», y los madrileños, que no sé de qué nos tildarán, pero seguro que de algo. Pero no conocemos la esencia de por qué el andaluz es como es, o el vasco, o el catalán.

NACIONALISMO

Cuando voy a una ciudad, por ejemplo a Roma, al cuarto o quinto viaje hay un momento que hace clic y me siento de la ciudad, porque ya *callejuelo*, y aunque no he vivido en Roma con eso ya es suficiente para que me sienta de la ciudad o la sienta mía.

Siento que soy de un lugar cuando me reconozco en ese lugar, no porque haya nacido en ese lugar. Si hubiera nacido en Madrid y no hubiera vivido en Madrid, no me sentiría de aquí.

No tengo ningún inconveniente en sentirme español. Hay veces que no me enorgullezco demasiado cuando ves la casta política que tenemos.

ESPAÑOLES

Creo que no hay un español, creo que sería injusto definir un español. En general es de carácter abierto con excepciones en algunas regiones, que son más cerrados. Y creo que somos creativos, para buscarnos la vida pocos nos ganan.

Aquí esperamos a que nos echen, que nos den la indemnización y luego cobrar el paro. Creo que nos acomodamos.

Estoy convencido, firmaría ante notario que por definición estadísticamente el español no es un hombre viajado. Sí es verdad que con las nuevas generaciones es posible que esté cambiando, con las

Erasmus y los intercambios que hacen con los institutos. Y eso da otra visión, otra cultura.

POLÍTICOS

Es triste que no tengamos verdaderos políticos al frente de este país, pero sí es bueno que estemos ejerciendo la limpieza. Una gran parte está en tribunales y otra en la cárcel. Hay países en los que su situación es la misma que la nuestra y están en la calle.

Es casi un dicho popular que robar no es que esté mal, lo que está mal es que te pillen. Esto que en Alemania es para tirarse de los pelos, aquí es bastante normal.

España tiene una democracia a medias, yo te elijo a ti para que me representes y a partir de aquí ya dejo de votar hasta dentro de 4 años que pueda volver a opinar. Si te he elegido bien, ¡suerte!, si te he elegido mal… Ya no te puedo cambiar.

Me interesa más el modelo suizo, que se pueda hacer cada dos por tres un referéndum de forma sencilla, y que no parezca que se va a parar el mundo cada vez que tenemos que hacer uno.

RELIGIÓN

No he sentido que me la impusieran aunque estuviera en un colegio y universidad religiosa, pero en parte sí, porque cuando nací me bautizaron, no me preguntaron.

Creo que es lógico que el Gobierno esté desvinculado de la religión. ¿Por ser cristiano tendría que ser de derechas o izquierdas? No.

MONARQUÍA

La monarquía como concepto no me estorba. Creo que la monarquía de hoy no es la monarquía de hace 500 años. Creo que tiene que estar muy claro qué hace y cuánto cuesta lo que hace, y creo que es un trabajo que un profesional puede hacer. Por lo tanto, ha de ser un trabajo competitivo como cualquier otro sector empresarial, con presupuestos y aprobaciones de los mismos.

TOROS

¿La tradición lo justifica todo? Entiendo que haya una cierta afición a un tipo de festejo, pero cuando ese festejo conlleva el sufrimiento de un animal porque sí, porque nos apetece, considero que no es propio de un ser humano evolucionado.

EMPRESARIOS

Hasta hace muy poco no me he atrevido a utilizar conmigo mismo la palabra empresario, porque se me iba a ver como un imbécil, explotador que quiere machacar, etc. He dado trabajo, sigo generando empleo, proyectos, 19 años con mi propia empresa… No digo que no haya empresarios que no se aprovechen, pero también los hay funcionarios, fontaneros, políticos… El que es mala persona es mala persona sea moreno o rubio, sea cristiano o no, no tiene nada que ver con la profesión.

Galicia

Adrian – 1948 – Inglés
José Antonio Casado – 1948 – Castellano y manchego (Ciudad Real) – Piloto

José Antonio: He hecho el Camino de Santiago desde Roncesvalles con mi amigo Adrian. Nací en Campo de Criptana, en Ciudad Real, estudié el bachiller en Granada, después viví en Valladolid, después 14 años en Cataluña y ahora llevo 23 años viviendo en Palma de Mallorca. Y me siento español y muy cómodo en todos los sitios.

ESPAÑOLES

José Antonio: España cambia el carácter por regiones o comunidades, como le quieras llamar, pero en general somos gente muy amable, bastante educada, especialmente los que tenemos una cierta edad. Y tratamos muy bien a los invitados o extranjeros.

José Antonio: No es que el catalán trabaje más, es que habla más del trabajo, que no es lo mismo. Pero todo el mundo trabaja porque los españoles en la época de los 60, de la inmigración, iban a Alemania y trabajaban más o mejor que los europeos.

Adrian: Veo grandes diferencias, los catalanes son más reservados, más como ingleses, a diferencia del sur de España.

José Antonio: El bar es como el centro social donde nos reunimos, donde la gente opina, y si tiene dos copas pues opina con más libertad, como antiguamente en las barberías.

CORRUPCIÓN

José Antonio: Creo que es un factor absolutamente humano, también pienso: ¿cuál es mi precio? Si pudiera ponerme en el bolsillo un millón de euros no sé si sería honrado como me ha enseñado mi padre, yo creo que sí, pero la verdad es que es muy tentador manejar dinero en grandes cantidades.

INDEPENDENCIA

José Antonio: Me cansa el tema. Nací en el 48, he vivido una España completamente diferente a la actual y recuerdo la primera vez que fui en*autostop* a buscar trabajo a Barcelona con 22 años. Me dijeron que era castellano, no de manera peyorativa, «aquest noi castellà», y me extrañó mucho porque a mí nunca nadie me había dicho castellano. Venía de Valladolid, era español sin ningún tipo de patriotismo.

José Antonio: El otro día caminaba con catalanes que querían ser autogobernados, les dije que me *refanfinfla*, era una cosa que me da igual, a lo mejor es mejor, seremos una España más pobre según ellos, pero más tranquila sin tener que luchar cada mañana en hacerles una *felatio* buena o mala a los nacionalistas para ver si se encuentran más cómodos. Por lo cual, la verdad, un poco me harta esto.

José Antonio: Cuando estaba en San Cugat, que no había ningún tema de nacionalismos incipiente, a mi hija pequeñita la llevaba a una escoleta catalana, porque como vivíamos allí quería que aprendiera català. No sé si ahora lo haría.

José Antonio: Un carácter muy español, es que de un pueblo a otro hay 5 km y se tienen manía unos a otros, y entre comunidades más. El querer hacerse independiente es el carácter más español que pueden demostrar.

José Antonio: Para mí, que los dejen votar.

Adrian: No está en la Constitución, así que a lo mejor no pueden votar.

MONARQUÍA

José Antonio: Soy partidario de la monarquía, que es muy raro en estos tiempos. He viajado mucho por el mundo y tiene un prestigio grandísimo. Ha tenido sus problemas, pero contempla qué tipo de países son los que tienen monarquía en Europa: los ingleses tienen una reina desde el 53, Noruega, Dinamarca, Suecia, Holanda, son monarquías, prefiero tener rey que tener metido cualquier otro *cebollo*.

TOROS

Adrian: Deberíamos tener un futuro donde no se maten animales, ¿no? En Inglaterra hemos tenido lucha de perros como tradición… Las corridas de toros parecen crueles.

RELIGIÓN

José Antonio: España es religiosa por tradición, no por convicción. La Semana Santa, el Rocío, la Moreneta…, que cuando ganaba el Barça iban allí con la copa.

ESPAÑA

José Antonio: España es el mejor sitio del mundo, y conozco todo lo demás. Y me fastidia que esté cambiando con las normas europeas la manera de vivir de los españoles.

Adrian: Muchos turistas ingleses vienen por las puestas de sol, el precio del alcohol, buen tiempo y la hospitalidad de los españoles. Es un bonito sitio para vivir.

64

Anónimo – 1966 – Madrileño (Madrid) – Reportero
Juan Moreira Suárez – 1973 – Gallego – Albañil

Anónimo: Soy huérfano de militar, me casé con una vasca abertzale y soy reportero, nacido en Madrid, y estoy en la calle. Vengo de hacer el Camino de Santiago por el norte. No me siento madrileño, me siento español y del planeta Tierra. Para mí lo importante son las personas.

Juan: Me siento gallego, amo a mi tierra, creo que somos afortunados de tener una tierra tan bonita como tenemos, que nos da de todo. En Galicia no seremos muy ricos, pero tú no pasas hambre.

GALICIA Y PAÍS VASCO

Juan: Somos muy buena gente, lo que no somos es unidos. En el País Vasco sí he sentido eso, vi una lucha por los valores del trabajo, de tu esfuerzo. En Galicia trabajas mucho, pero yo trabajo para mí y tu *pa'* ti, y si a ti te va mal yo tengo que mirar lo mío y allí no, y eso te fortalece.

Juan: En Galicia había para comer pero no para crecer: había miseria.

NACIONALISMO

Juan: Me siento español. He estado 8 años en Italia, pero yo no era italiano, me lo pasé muy bien pero no era mi tierra. No deseaba casarme con una italiana, yo quería lo mío, añoré mi tierra, he llorado por mi tierra.

IDIOMAS Y ESPAÑA

Anónimo: ¿Cuántos idiomas se hablan en España? Galego, bable, cántabro, euskera, aranés, valenciano, catalán, castellano y los canarios se comunicaban en Lanzarote a través de las montañas con sonidos.

Juan: Yo hablo un gallego y la televisión de Galicia habla otro gallego. Creo en el gallego de toda la vida, y eso no se puede perder, no se debe perder porque es nuestro, es algo que me identifica. Mi hermana tiene una hija y siempre le habla en castellano, y yo siempre tuve una lucha con ella porque no le hablaba gallego. «Es que a ver si va por allí», si va por allí va con la cabeza bien alta porque es de Galicia.

ESPAÑOLES

Anónimo: Los españoles somos muy nobles, humildes y confundidos con la opinión pública.

Anónimo: Tendríamos que echarnos una huelga general indefinida en la calle. En 1919 hubo una huelga general indefinida que duró 44 días, para conseguir una jornada de 8 horas laborales, y se consiguió.

POLÍTICOS

Anónimo: Soy un enamorado de mi país, me gusta todo, menos los putos políticos de mierda. No son políticos, no miran por nosotros, miran por ellos.

Juan: Los políticos me han destrozado la vida. Son una panda de ladrones y cobardes. Se protegen entre ellos, son todos iguales, derecha e izquierda.

Anónimo: ¿Por qué tenemos por cada 104 españoles un político? Si Alemania con todo lo federal que es tiene menos.

CORRUPCIÓN

Juan: Creo que listillos hay en todos lados, aquí entre nosotros que estamos en la calle puede haber de cien uno que te viene a robar tu equipaje. ¿Robar entre nosotros? No tiene perdón. Aquí pasa, pasa en todos lados.

DEMOCRACIA Y MONARQUÍA

Juan: No entiendo mucho la palabra democracia, me hicieron entender que es libertad. Libertad la hubo, pero aquí ya no hay libertad. Han jugado con nosotros; yo tuve un familiar que tenía un bar, primero le hicieron gastar reformas para fumadores, después eso no valía... La democracia es un negocio, punto. Hoy te la presentan de una manera y en cuanto no les conviene te la presentan de otra.

Anónimo: La monarquía es una mierda, España no es democrática, es una tecnocracia amplificada por el sistema americano. Pero vamos a ver, me he criado en un colegio de huérfanos de oficiales del ejército en Madrid, con 8 años cuando muere Franco a mí me dan el último mensaje de Franco y el primero del rey. Juan Carlos I de España venía para una monarquía absoluta no parlamentaria, pero claro, desde Estados Unidos y Alemania le crean presión.

INDEPENDENCIA

Juan: ¿Cómo van a independizarse el País Vasco y Cataluña? Qué morro tienen, si Franco les dio la riqueza que tienen, si Franco se lo llevó todo para Cataluña y para Bilbao. Los catalanes deberían estar orgullosos de ser españoles porque España les ha dado lo que tienen, y a los vascos igual. Cataluña no debería poder votar.

Juan: No creo que los catalanes sean muy malos como dice la gente, muy tacaños. Creo que a los catalanes les han inculcado unas ideas que a mucha gente de Cataluña la tiene muy confundida.

Juan: Tienes muchos canarios, todos hacen ruido pero uno canta diferente, y creo que se está escuchando ese que canta diferente, pero no se está escuchando lo que es Cataluña, porque he conocido catalanes que no piensan eso.

INMIGRACIÓN

Anónimo: Tú has visto un pájaro que cuando vuele diga «coño, la frontera, me doy la vuelta». ¿Entonces qué estamos haciendo con las fronteras?

EDUCACIÓN

Anónimo: Es una lástima que se desaproveche la situación, no se puede consentir que la generación mejor preparada, con 2 o 3 carreras, hablando idiomas, os tengáis que ir a Alemania por 1.200 €. ¿De qué puede vivir Alemania, Francia o Inglaterra si no es por España? Por el sur, por Italia. ¿A dónde vamos a llegar?

Juan: Ya no puedes estudiar lo que te gustaría, tienes que mirar de estudiar lo que tiene un futuro.

RELIGIÓN

Juan: Los curas han hecho mucho daño, mis padres nunca me dieron un «reglazo» y el cura sí. Para aprender catecismo, yo aprendía con miedo.

Anónimo: Creo en Dios, creo en algo. Aconsejo a la gente que practique reiki, que busque su paz interior y seas honesto contigo mismo, y que no vayas de prepotente.

Juan: Creo en Dios, pero tengo 2 hijas y no las quería bautizar. Bautizamos una porque los abuelos y tal… Pero dentro de 20 años o menos mis hijas pueden tener otras ideas.

TOROS Y ETA

Juan: No me gustan los toros, pero viven mejor que un becerro. El toro está al aire libre, vive la vida y después sí, pasa un mal momento, pero creo que es nuestro, de toda la vida. Los mantendría porque favorece a España, a mi España. Viene gente de fuera a verlos, van a los restaurantes y dejan el dinero, que es lo que interesa.

Anónimo: Conozco algunos toreros, pero no permito ni la muerte a una mosca. No te creas que a un torero le guste matar un toro, pero a un etarra tampoco le gusta matar una persona, pero es el mercado…

ESPAÑA

Anónimo: ¿En qué país del mundo puedes estar esquiando y en media hora estás en la playa? En España, en Granada. Eso lo tiene España *na* más.

Juan: Los españoles hemos sufrido mucho, aquí ha habido muchos cambios en muy poco tiempo. Recuerdo que aquí veía un coche cada tres o cuatro días, y de repente ha venido una tecnología que a mí me cuesta asimilarlo. Ha crecido de una manera desorbitada.

Anónimo: Lo más duro de vivir en España es ver a los niños pasar hambre. Los niños no tienen culpa de nada.

Isabel – 1995 – Gallega (Lugo) – Estudiante de Historia del Arte

Lucía – 1995 – Gallega (Coruña) – Estudiante de Farmacia

Sabela – 1995 – Gallega (Vigo) – Estudiante de Educación Social

Nines – 1995 – Gallega (Coruña) – Estudiante de Medicina

Nuria – 1995 – Gallega (Vigo) – Estudiante de Químicas

—No podría nacer en otra ciudad. Vivo justamente en frente de la playa, y ver todas las mañanas el mar, la comida, el clima de Coruña… ¡Me encanta!

—Yo también. Tengo las Cíes en frente de casa y no las cambiaría por nada.

—Yo la muralla de Lugo tampoco la cambio.

GALLEGOS

—Somos muy *riquiños* y agradables, acogedores, gritamos mucho, nos gusta mucho la fiesta.

—Nos gusta mucho viajar.

—Igual porque el gallego siempre tuvo que emigrar.

Somos muy de morriña, tienes morriña de casa, la echas de menos.

La mayoría de los gallegos son nacionalistas pero no independentistas.

NACIONALISMO

—España no está muy unida últimamente.
—Cuando juega la selección española sí está unida.
—Pero sólo allí.
—Ya, una pena.

No todos los que viven en España se sienten españoles.

—Yo me siento gallega más que española.
—Yo también.
—Yo me siento gallega y española, estoy contenta de dónde nací.
Me gustaría que todo el mundo se sintiese de su comunidad tanto
un catalán como un vasco o un gallego, pero que también reconozca
que es español, que ha nacido en España y que le gusta.

Tengo familia de Asturias y ellos sí se sienten más españoles, y mi
padre y abuelos de León se sienten españoles, no leoneses.

Hay mucha corrupción, son cosas que hacen sentirme menos española.

Hay cosas de España que no me gustan, cosas culturales, los toros no
me parecen bien. Sí, nací en España, vivo en España, pero la cultura
no la comparto.

TOROS

Me parece una tontería que se considere como arte.

—Me invitaron a un evento de Coruña y me puse a llorar, me tuve
que ir, dije, «mira, no puedo juzgar algo que no entiendo realmente,
me invitan, voy, disfruto si puedo, y si no me voy», pero realmente
me pareció un asesinato.

—No comparto lo mismo. Yo fui a ese mismo evento porque me gusta, voy con mi padre y su primo que nos invita y me gusta. Entiendo que no puedan gustar, pero también entiendo que hay gente a la que le encante y tiene derecho a ir.

—Y en muchos países de África del sur también es tradicional la ablación del clítoris y no por eso deja de vulnerar los derechos. Si quieres disfrutar del evento en sí podría hacerse como en muchos países de América latina, se torea pero no se mata el toro.

Es un arte que implica un riesgo, está bien hasta el momento que estás pinchando a un animal que está vivo.

No le veo belleza, pero no me importa verlo. A mí me gustó y ya llevo dos años yendo.

INDEPENDENCIA

Creo que Cataluña tiene todo el derecho a escoger. Es anticonstitucional, sí, pero bueno, creo que no debería serlo y creo que saldría que no. Por lo que realmente no va a tener ningún efecto haberlo hecho y ellos se quedan contentos, ¿no?

Ellos tienen un sentimiento que los une que es diferente al español, y me parece totalmente lícito y respetable. Creo que la negativa se lleva en función a un tema más económico que ideológico.

A mí no me importaría que ahora Cataluña se independizara si en el referéndum sale más de un 80 % que dice que sí, me parece lo más lógico. Creo que hay gente que es muy reticente al cambio, y les da miedo.

Me parece que lo que hace Cataluña es un paso, aunque luego no les sirva para nada, pero al menos se les está escuchando, toda España sabe lo que quieren. Aunque luego no lo consigan saben por lo menos que un alto porcentaje de esa población quiere algo.

—Creo que es contraproducente que alguien que no quiere seguir formando parte de algo siga formando parte de algo.

—Sí, creo que es muy contraproducente que Wert, el ministro de educación, salga diciendo que hay que españolizar a la gente. Allí es cuando más cabreas a esa gente, es lo peor que les puedes decir.

CORRUPCIÓN

La normalidad con la que se trata la corrupción me parece lo peor.

Creo que hay en todas partes pero no en este nivel.

Creo que es cultural, esto es el país de la picaresca, el que puede saca de donde puede.

EDUCACIÓN

—No se enfoca hacia un tema social, que es realmente lo que importa, porque estás trabajando con personas, estás educando a personas y de allí van a salir personas, que es lo que forma una sociedad. Si quieres tener un político que no sea corrupto le tienes que educar en esos valores, en esa ética, esa moral. Damos mucha matemática y mucha química, y realmente hay muchas asignaturas que no están representadas en el sistema educativo, y encima las legislaciones cambian cada 4 años.
—Sí, eso es vergonzoso, que cada cambio de gobierno tenga que hacer una ley sobre la educación no le encuentro ningún sentido.
—Y que esas leyes encima sean promulgadas por economistas, por políticos… En el consejo no ves reflejado a un educador, no ves a un psicólogo, a un profesor de Ciencias Sociales; tú lo que estás viendo es cómo influye el sistema educativo en la economía de España pero no cómo influye en la sociedad.
—Están más preocupados por los informes PISA que por la sociedad.

En casa no nos educan en unos valores buenos, que a lo mejor en el resto de Europa no hace falta que se inculquen en la escuela porque ya los llevan desde casa.

UNIVERSIDAD, MEDICINA Y TRABAJO

—Es increíble que para ver el trasfondo de una carrera tenga que esperar a tercero.

—Estoy completamente de acuerdo porque estudio farmacia y mi primero fue química, mi segundo está siendo de medicina y hasta el año que viene no doy cosas de farmacia.

—Hay otras carreras como odontología que en segundo tienen prácticas, y veo que ya están en ello. Y están más contentos.

Todos los que estudian medicina te van a decir que lo que no aprendieron en 6 años lo aprenden en el MIR. Es muy triste estar 6 años a ello para acabar aprendiéndolo todo deprisa y corriendo en tres años.

Conozco gente que hace guardias de 24 h en Inglaterra yendo dos o tres fines de semana a un hospital cualquiera, y se sacan casi el mismo sueldo que lo que ganan aquí como residentes en un hospital.

IDIOMAS Y EDUCACIÓN

—Actualmente tiene que haber un tercio de las materias impartidas en gallego, obligatoriamente, que no se cumple la mayoría de las veces. En los públicos a lo mejor sí, pero los concertados se lo pasaban por el…

—Tenía un profesor de religión que el libro estaba en castellano y él hablaba en gallego, y viceversa.

—Tenía un profesor que nos daba las asignaturas en gallego a pesar de que estaban en castellano, y el de químicas y matemáticas en castellano, a pesar de que la asignatura estaba en gallego.

—En mi pueblo todo el mundo habla gallego, y allí daban todas las asignaturas en gallego salvo lengua castellana. Por una parte me parece bien que pongan un tercio, porque hay gente que si no oye gallego en el colegio no lo oye en ningún lugar.

—Creo que tenemos que ser totalmente ambivalentes, mis amigos de mi aldea les mandas hablar en castellano y se «atrancan» cada cuatro palabras.

—En la facultad tengo gente que no sabe hablar el castellano. Si hay que hacer un trabajo en grupo, lo lógico es que el trabajo esté entero hecho en un idioma, y hay gente que lo hace en castellano y una parte en gallego sí o sí, porque no saben hablar de otra manera.
—La intención es buena pero está mal gestionado.
—Como todo.
—Deben enseñarse los idiomas por igual, un tercio me parece poco.
—A nosotras nos mandas hacer un trabajo en gallego y yo no te lo sé hacer bien.
—Si se perdiera el gallego nos molestaría mucho.
—Hasta a la española le molestaría.
—Ja, ja, ja.
—Jobar, no soy la española, ya dije que yo me siento de las dos.

PAÍS VASCO, GALICIA Y ESPAÑA

Fui de vacaciones al País Vasco y lo pasé fatal. Vas con buenas intenciones hablándoles en gallego, y se pillan unos mosqueos… A mí no me hablaban en castellano, el catalán más o menos se entiende, pero el vasco…

Creo que en otras áreas de España hay una calidad de vida mucho mayor que aquí. Por ejemplo, en el País Vasco es una pasada, la política es muchísimo más cercana, allí sí que ves que tienen voz y voto.

Ojalá Galicia también tuviera el control económico del País Vasco, porque aportamos cosas a la economía española que no aporta ninguna otra comunidad, entonces también es injusto que nos metan a todos en el mismo lote aunque no todos somos iguales, aunque formemos parte de lo mismo.

No hay diálogo entre los españoles, hay muchas diferencias entre todos nosotros y realmente se le presta atención sólo a cuatro: Cataluña, Madrid y el sur, la zona de levante, Andalucía… Lo que trae dinero.

La tercera edad es un porcentaje muy alto de la población de Galicia, por lo tanto tendremos unos problemas sanitarios que son diferentes a los que tienen en Madrid. Eso es algo que se tiene que escuchar, que se tiene que cambiar.

No se escucha a los gallegos porque no hacemos una aportación económica importante. Hay muy pocas empresas establecidas y las que hay están bastante mal, Pescanova… Aparte de Inditex.

MEDIOS DE COMUNICACIÓN Y REVOLUCIÓN SOCIAL

El que dirige la cadena está afiliado a un partido, sabes que estás viendo La Sexta y va a ser lo más de izquierdas que encuentres.

La gente que tiene un cierto nivel para seguir tirando para adelante no va a iniciar una revolución social, yo ahora no me voy a poner a eso. Sin embargo, a la gente que de verdad necesitaría un cambio los medios de comunicación los tienen absorbidos.

En Galicia nos quejamos mucho pero luego no luchamos nada, todo el mundo pide huelgas y luego no se secundan.

FUNCIONARIOS

Los pobres funcionarios están bastante mal vistos socialmente, pero creo que ocupan una labor necesaria, «hace más ruido un árbol que cae que un bosque que crece».

MONARQUÍA

La monarquía debería acabarse, no me parece un buen sistema, no es democrático.

RELIGIÓN

Me considero una persona cristiana, pero estamos en un estado aconfesional, en teoría, y nadie se tendría que posicionar en ese aspecto, ni el Gobierno, ni la escuela, ni las entidades públicas.

ESPAÑA

—No recomendaría España para vivir. Para trabajar aquí no, yo me iría.
—Yo cuando pueda me escapo. Me siento de aquí pero en todos los países europeos el esfuerzo tiene mucha más recompensa. Creo que si eres una persona trabajadora y ambiciosa deberías irte. Yo me iría a Inglaterra, pero por el tema de la medicina.
—Yo espero no tener que irme, creo que uno de los problemas es que no nos sentimos orgullosos de lo nuestro. Si tú no quieres lo tuyo, si no luchas por lo que tienes, te vas a estancar, parte de nuestra labor como estudiantes y trabajadores es quedarse y tirar para adelante.

—Tengo claro que cuando salga de la universidad no voy a empezar trabajando en el ámbito que me gusta, ni empezando a cobrar lo que me gusta, y no creo que por eso me tenga que ir. Si estoy estudiando cuatro años algo que me apasiona y tengo que acabar de cajera durante dos años en un supermercado...
—Yo eso no estoy dispuesta a pasarlo.
—Obviamente me va a joder, pero en eso también está el esfuerzo, el sacrificio, creo que el que algo quiere algo le cuesta.

Creo que en los países nórdicos se vive mejor que aquí, España tiene mucho que aprender aún.

—La riqueza de nuestro país son las diferencias culturales.
—Somos todos españoles, pero es bonito que cada uno tenga una cultura.
—Recálcalo, recálcalo, «somos todos españoles», eso te encanta.
—Ja, ja, ja.

Asturias

Adriano Berdasco – 1947 – Asturiano (Somiedo) – Empresario de turismo rural

Yo me siento de donde estoy. Soy asturiano, estoy en Asturias y me siento asturiano, pero me siento del mundo. Si voy a Cuba me encanta Cuba y me siento cubano, si estoy en Canarias me encanta Canarias y me siento canario. Y cuando viví en Bélgica me sentía belga, español también, pero también belga; de hecho a día de hoy si alguien la critica me duele.

NACIONALISMO Y ASTURIAS

Nunca me hizo falta cantar: «¡Soy español, soy español!», nunca vi a los belgas cantar: «¡Soy belga, soy belga!», ni a los franceses; se da por hecho que lo son. ¿Por qué tenemos que reivindicar que somos españoles? Lo somos y ya está, sin más.

Asturias para mí es lo más guapo que existe, no se parece a nada de lo que hay en la península, y los asturianos no apreciamos lo que tenemos, no lo sabemos valorar. Tenemos el mayor capital que puede tener cualquier comunidad autónoma, el agua, ¿le damos valor alguno? No. Tenemos un patrimonio increíble de todas las civilizaciones que pasaron por aquí, cosas ancestrales. En una hora estás a 1.700 metros de altitud y en una hora estás mojando los pies en el mar, esto no lo tiene nadie. Clientes suizos me dijeron que esto era un paraíso, ¡con lo que es Suiza!

INMIGRANTES Y ESPAÑOLES

No sé cómo es ser español, como tengo una mentalidad cuadriculada de tipo europeo no sé qué sienten. El español es diferente; me crié en Bruselas y fui por toda Europa. En el grupo de amigos que éramos había turcos, marroquíes, argelinos, tunecinos, italianos, griegos, el primero que llegaba te daba los buenos días en griego, o en árabe, o en francés, o en español y nadie decía nada, hablabas como te daba la gana y al final todos entendíamos todo. Entonces, a día de hoy no entiendo el racismo, ¿por qué nos molestan los extranjeros? Yo fui inmigrante también.

Creo que el español trata al inmigrante un poco despectivamente. Y ahora mismo están marchando los jóvenes fuera del país, y no es movilidad externa no, los jóvenes van a pringar, a trabajar de lo que encuentran, igual que los extranjeros cuando vienen aquí, entonces seamos un poco más sensatos.

¿Por qué a los españoles fuera nos dan tanto valor y por qué aquí nos maltratamos unos a otros? Porque doy fe que en Bruselas los españoles estaban mucho mejor valorados que los italianos, que estaban en la Comunidad Europea y nosotros no, sin embargo el español tenía preferencia siempre ante un italiano. ¿Y por qué aquí nos infravaloramos unos a otros?

CANARIAS

Cuando volví del centro de Europa fui a Canarias, y el canario es muy tolerante, adorable.

Me preguntaba por qué nos llamaban godos a los peninsulares. Y resulta que cuando estaba de jefe de camareros recuerdo que llega un chico peninsular y nos dice que nosotros los canarios estábamos aplatanados. Me llamó mucho la atención porque claro, yo era peninsular también, pero los chicos que estaban trabajando, que eran todos canarios, me miraron diciendo «mira este cómo te pone». Entonces, cuando se marchó el chico me dijeron «ves, este es un godo, ¿viste qué maneras traía y como te trató? Este es un godo».

Yo también estaba aplatanado al final. Cuando llegué recuerdo que iba al ayuntamiento y me decían «ay, mi niño, vente mañana que no está la persona». Tienen una tranquilidad, pero es que eso lo da el clima. Al año siguiente estaba yo más aplatanado que ellos.

Pero cuando llegué a Asturias me parecieron aplatanados aquí, porque ibas a arreglar un papel y tampoco nunca terminaban de arreglarlo.

CATALANES, VASCOS Y ESPAÑOLES

Al catalán que te reservaba una habitación de tal fecha a tal fecha, no hacía falta ni pedirle una señal, el catalán venía, sí o sí, venía, cosa que a lo mejor el resto de españoles somos más de «bueno, si no voy no pasa nada». Nunca me pasó con los catalanes. Hay mucho español que venía sin dar una señal, claro que sí, pero en general…

El vasco también es bastante serio. El vasco económicamente es mucho mejor que el catalán, el catalán trae una libretita con sus rutas y te dicen cuando desayunan: «Esta noche no venimos a cenar», te avisan siempre. Y el vasco está entre el catalán y el resto de los españoles: el vasco no te avisa siempre, el vasco puede venir, se sientan siete u ocho y te dicen «bueno, ¿qué tenemos de comer, qué nos das? Pon aquí todo lo que tú quieras». El catalán sabe lo que quiere, y cuando desayuna y te dice que viene a cenar, ya te dice lo que quiere para cenar para no hacerte perder tiempo, el vasco te echa la carga encima: «Y pon aquí cuatro botellas de vino del bueno, ¿y cuánto te debo?», y ya está, y el catalán lo tiene todo muy medido.

El español quizá sea el mejor cliente de toda Europa económicamente hablando, porque gasta, se sienta en una mesa y se toma el aperitivo, el menú, el café, la copita, pero para trabajarlo agárrate. Sin embargo, el europeo no deja tanto dinero a la empresa pero es muy práctico para el trabajador. Si soy yo el que tiene el negocio, evidentemente quiero al que gasta mucho, pero si eres el camarero lo que quieres es lo práctico, no echar una hora en la mesa.

Estoy encantadísimo de trabajar con los catalanes, porque son los que menos trabajo me daban, y me daban el dinero igual que los demás. Nunca entendí el porqué de esa etiqueta que se les pone: «Es catalán». También soy yo asturiano, ¿y? Son todo malentendidos.

ESPAÑOLES Y EUROPEOS

No conocía Cataluña y un día me fui a Barcelona y empecé a conocer gente, y parecía que estaba en el centro de Europa. Entonces es cuando pude entender la diferencia de los catalanes, que son más europeos, una mentalidad más abierta. Y eso luego también lo encontré cuando viajé al País Vasco. Quizás están más abiertos hacia Europa.

Como yo he venido de Europa y las cuentas siempre eran cuadriculadas, un franco belga era un franco belga, pues como dicen los catalanes «la pela es la pela». Quizás los Asturianos seamos un poco más de «bueno hombre, no importa, un café vale 75 céntimos pero toma, te doy un euro», y el catalán no, el catalán paga los 75 céntimos, lógicamente, y un europeo también.

Pagar cada uno lo suyo es muy europeo.

Si el catalán tiene una cosa que reclamar, la reclama como tiene que reclamarla, a través de una hoja de reclamación, de eso doy fe. El español me monta el número padre, eso me pasaba donde trabajaba en Canarias. El extranjero pedía la hoja de reclamación, la rellenaba, la firmaba y la metía en la urna que había; sin embargo, el español nunca pedía eso, el español montaba el pollo padre, y luego allí quedaba todo. ¡Hombre no!

En Bélgica recuerdo que fuimos a la discoteca, éramos cuatro parejas y le dije a una amiga belga que guardaba el bote, que cada chico iba a poner 20 francos, y ella va y me dice: «¿Cómo que los chicos?», dije «sí, claro, pagamos los chicos», y dice ella: «Pero es que yo voy a tomar igual de cerveza que tú, voy a beber lo mismo que tú, entonces yo también tengo que pagar. ¡Ay, cómo sois los españoles!», y yo: «Pero es que en España tengo entendido que es así la costumbre». Yo me lo creí en los bares, porque me decían «tú como hombre debes pagar, la mujer no paga». Para que veas cómo se pasaban las cosas. A partir de allí ella me impuso que todos tenemos que pagar, y ya siempre lo hice así. Y era lógico, íbamos todos a comer juntos y hacíamos un bote, o pagábamos cada uno lo que consumiéramos. Pero el españolito tiene tendencia a «yo soy el macho ibérico, soy el que pago y aquí la mujer no paga».

TOROS Y FÚTBOL

Está pasado de moda, parece que utilizamos aquella imagen de cuando yo venía a España de vacaciones y veía en casa de amigos ese televisor en blanco y negro con los cuernos encima y la bailarina, el toro y el torero. Aquella imagen que luego se llevaba al extranjero. ¿Pero qué es aquello? ¡Eso ya pasó! Si eso es ser español yo no lo soy.

Los toros dicen que es cultura. Los celtas aquí eran cultura; pues que vuelvan otra vez por esa regla de tres. En mi pueblo se hacía fuego en el suelo, pues anda a volver a eso. Si todo es cultura…

El fútbol es la droga nacional. ¿Por qué a todo el mundo le gusta? Yo soy el bicho raro porque no me gusta.

POLÍTICOS Y CORRUPCIÓN

No sé hasta qué punto España es democrática.

No hay políticos en España, nos engañaron a todos.

¿Por qué dicen mentiras? ¿Que no se dan cuenta de lo que está clamando la calle? Y no se bajan del burro, ellos están por encima del bien y del mal, esa es la sensación.
La gente quiere ser político para situarse, no para cambiar España. A lo mejor esta gente joven quiere cambiar, pero lo tradicional es un trabajo a perpetuidad.

La corrupción quizá la llevamos en los genes. En Europa también hay picaresca pero no a la escala que tenemos nosotros aquí.

Si estabas trabajando y te echaban al paro, buscabas trabajitos que hacías estando en el paro y en lugar de denunciar, que es lo que se haría en Europa, te aplaudimos, decimos: «¡Y qué listo que eres!», no inteligente, eres listo, «cobrando del paro y haciendo chollos por allí, chollos que te doy yo porque espero que me lo hagas mas barato que uno legal…». Entonces estamos todos en la misma trampa. Tengo mucha ilusión en que los jóvenes esto lo cambien.

Hay que meter gente joven, y que se quiten los de mi edad, al carajo, que se jubile todo Dios, de 55 para arriba no tiene que haber nadie porque tienen ideas de antes y tienen que ser gente joven con visiones de ahora. ¿Esperamos a que tengan 60 para que gobiernen? ¡No hombre, no!

Tenemos un país de los mejores de Europa, pero no sabemos cómo tenemos que funcionar. Tenemos que viajar para ver lo que hay fuera y abrir los ojos.

MONARQUÍA

Son gente joven, creo que están muy al corriente de todo lo que pasa, ¿pero no será peor lo que está alrededor?

A mí me gusta que estén allí, pueden dar una imagen muy buena. Y si hay un presidente de República luego hay que volver a seguir pagándole otra vez, y al que viene después también otra vez, y así toda la vida. Creo que es mejor pagar la monarquía.

INDEPENDENCIA

¿Tu crees que Cataluña se quieren separar o es un «¡y tú más!»?. No lo sé, tendría que vivir allí para verlo y sentir lo que ellos sienten. Pero tampoco veo un problema que ellos quieran hacer ese tipo de votaciones. Que lo hagan, es como si nosotros queremos hacerlo aquí por saber, es una curiosidad por saber, y creo que el Gobierno central no supo actuar, no supo tener mano izquierda, nunca mejor dicho, tiene toda del lado derecho. Y a lo mejor hacerse querer más que el propio Mas, el presidente de Cataluña.

Yo les diría que no se vayan, pero les dejaría votar. Me parece muy bien que reclamen, y que no se vayan, que no quiero tener que ir a Cataluña con un pasaporte.

Además me sentí muy bien cuando fui, me encantó y no me sentí desplazado para nada, me sentí en casa.

Alguien me contaba que la única comunidad que podría independizarse sería Asturias por ser principado.

IDIOMAS

En Asturias tenemos la lengua bable, pero dependiendo del sitio de la región es distinta. Quisieron unificarlo, pero por ejemplo, cuando oigo la oficial hay cosas que no las entiendo. Es una mezcla de castellano y gallego. No se estudia en la escuela.

Con el régimen que había, había que hablar castellano sí o sí. Pero curiosamente en los pueblos de Asturias, en el mío, pues se hablaba como toda la vida. Como allí no llegaban los poderes, pues se habló siempre. Pasó como en el País Vasco, que en los caseríos aislados se seguía hablando el vasco.

Con mi madre sigo hablando bable igual que toda la vida, y es que el saber no ocupa lugar. ¿Por qué queremos borrarlo? ¡A mí me encantaría hablarlo todo!

¿Qué hay que españolizar? ¿Estamos en la época de la reconquista o qué? ¡Hombre, por Dios! Además, por esa regla de tres la única comunidad que es España es esta, el principado, lo demás es tierra conquistada según la historia, según Don Pelayo. Es un dicho que hay mucho en Asturias: «España es Asturias, y el resto, tierra conquistada». ¿Entonces ahora qué hacemos? ¡No hombre, no!

Bélgica es un país pequeñísimo, me parece que es como la provincia de Badajoz, y es un país federal donde se hablan tres idiomas oficiales. Hay un pueblo, solamente un municipio, en el que hablan el alemán y es oficial ese idioma.

Creo que en Cataluña deberían estudiar castellano y catalán a la par, si no es discriminar, y los dos obligatorios, porque están dando cultura a la gente.

ESPAÑA

A pesar de todo recomendaría España para vivir y sobre todo Asturias. Se vive bien.

Víctor Gómez – 1983 – Canario (Las Palmas de Gran Canarias) – Fotógrafo y blogger

Soy canario adoptado asturiano. Nací en Canarias, donde viví 4 años. Mi familia es gallega, de Orense, y entonces se mudaron para Asturias, que era donde pudieron, por trabajo. Y les debió gustar aquello porque mira, desde entonces sigo aquí. Llevo 27 años viviendo en Asturias.

Cuando estoy de viaje digo que soy de España, y cuando preguntan «¿Madrid o Barcelona?», digo no, de donde Fernando Alonso, el de la Fórmula 1.

ASTURIAS, NORTE Y SUR

Se nota mucho la diferencia del norte con el sur, sobre todo la forma del humor y de ver la vida, cambia mucho. La gente del norte es más fría, el humor es como un poco más seco, hay que pillarles el punto, son más irónicos, gastan bromas más bestias. En el sur son más de la broma fácil, la broma directa, te ríes y ya está. En el norte son más rebuscados.

En Andalucía coincides en un ascensor con alguien y es amigo tuyo de por vida, y aquí cuesta un poquito más eso.

Y las costumbres. Por ejemplo, aquí hay una costumbre en Semana Santa que es la del bollo, que es ir a casa de los padrinos a que te den un regalo. Yo, como no soy de Asturias, nunca viví eso. En Galicia no se hace y estamos al lado… Para estar tan cerca nunca he oído hablar de ellas, no sabes que existieron y te hacen sentir que no eres de aquí del todo.

Se cree que en todos lados es lo mismo, pero en 200 km se notan mucho las diferencias.

Creo que la gente normal sí sabe vivir con estas diferencias, quienes no lo saben son los políticos. A la gente le gusta, es la forma de sentirte de un lugar.

Toda la gente dice que los asturianos somos muy simpáticos. En Asturias hay una cosa maravillosa que se llama sidra, que es una bebida social, porque se bebe con un vaso para varias personas. Es una bebida para la que hay que estar en grupo. La caña une mucho, pero la sidra es la bebida que más une. Y es una bebida que sube muy rápido, hace a todo el mundo reír, y sin estar borracho desinhibe mucho a la gente, y los que vienen de fuera ven esa parte y les encanta.

Hay un dicho en Asturias: «Cuenca minera, borracha y dinamitera». Aquí es muy cultural lo de beber mucha sidra. A la gente de Madrid le parece una salvajada beber una botella entera, pero la mitad de la botella va fuera, así que tampoco es tanto. Es como beberse una cerveza y media. Al ser una zona fría, como Galicia, que se bebe bastante más que en Asturias, entra fácil.

En Madrid saldrán más de cañas, pero en cantidad… Gijón es la ciudad con más bares por ciudadano.

Hay mucha cultura de ir a un sitio cerrado, porque en invierno no puedes estar en la calle. El punto de encuentro de la gente son los bares.

Como el norte es un terreno muy montañoso está todo muy separado. Entonces aquí hay zonas que cuando fue la Guerra Civil no llegaban los ejércitos, los pueblos perdidos en la montaña casi no se enteraron de que había una guerra. Y cuando hubo conquistas romanas no se metían porque había mucha montaña y no compensaba. En Asturias vinieron porque había oro, pero por ejemplo, en Euskadi no se metieron porque no encontraron oro.

El relieve hace mucho por que los pueblos sean mucho más cerrados. Luego nos encanta que venga la gente de fuera porque queremos enseñarle cómo es nuestra tierra, que eso ocurre mucho en España, nos gusta mostrar lo bueno de nuestra tierra.

ESPAÑOLES

Al español le encanta ir a los bares, salir de fiesta, comer bien, vivir bien y en contra de lo que digan, trabajan mucho. Creo que trabajan demasiado, por el sentirse a gusto al cumplir con su deber. Eso pasa en todos los lugares, hasta los andaluces son los más serios al trabajar. Muchos en Asturias dicen: «¿Cómo puede la gente trabajar allí a 35 grados en verano con el solazo cayendo a las 12 del mediodía?», y los camareros curran a una velocidad que ya les gustaría en Estados Unidos. Como hay mucha gente en el bar parece que nadie trabaja.

Hablamos mucho pero hacemos muy poco, somos poco de pelear por nuestros derechos, las empresas nos torean mucho. Te bajan el sueldo un 10 % y decimos, «bueno, sigo teniendo trabajo». Te despiden del trabajo y «bueno, sigo teniendo el paro». Siempre puedes estar peor, nos apañamos enseguida con poquita cosa.

Mucho andaluz vino a Asturias por la minería, por falta de mano de obra, como también fue a Cataluña por trabajo. Mucho asturiano tiene familia en Andalucía. En Galicia no, Galicia tiró por América de cabeza, por eso se desperdigaron menos por España, pero son muy de la tierra.

EDUCACIÓN Y CRISIS

En España el objetivo de vida es estudiar, hacer la carrera, echarse novia, tener hijos, comprarse un monovolumen, comprarse la casa y vivir. Y eso no funciona. Lo que hacen los anglosajones para buscar el camino de la vida, cuando aún no sabes todavía qué estudiar o qué hacer, es hacer un año sabático. Viajan mucho, con dinero pero en plan hippie, y vas viendo lo que te gusta y lo que no. Hay gente que hace el Camino de Santiago. Estás dos meses andando pensando en tus cosas y te centras. Es muy difícil con 18 años decir: «Voy a estudiar esto y tener toda la vida planeada».

En Asturias se vendía mucho el coche Clio Sport, que era una plaga. Ahora ya no existen, porque había gente con 25 años con sueldos de 2.000 € al mes, sin cargas familiares, que podían pagarse un coche de 1.000 € al mes. Pero con la crisis no tienen trabajo y ya no se puede pagar, porque es un coche comprado por capricho. Hubo ese problema de gente sin tener la vida pensada, tener demasiado dinero y gastarlo tontamente. Por eso ahora mucha gente, que habiendo cobrado muchísimo, se siente pobre porque lo malgastaron, porque creyó que eso iba a durar por siempre. Cuando alguien con dos dedos de frente dice «a ver, esto es imposible que dure». Pero nos vendieron que sí, que iba a durar, porque España mola.

MARCA ESPAÑA

En España no sabemos vender, ni de coña. Aquí se hacen cosas muy buenas, pero no sabemos venderlo. Decimos que lo de fuera siempre es mejor. Por ejemplo, en fotografía los dos únicos Pulitzer españoles son de Asturias, y decimos que la fotografía en España no es tan buena, pero los mejores fotógrafos ahora en el mundo son españoles y curiosamente todos trabajan para agencias americanas y francesas, española ninguna. No sabemos apreciarlo, decimos que «si el fotógrafo tiene nombre alemán, es mejor porque es alemán, si es español, este me va a querer trabajar menos, vender mal...». Pero internacionalmente en todos los premios gordos siempre hay un español, siendo un país pequeño comparado con Estados Unidos.

POLÍTICOS

En España todo está politizado. Conozco mucha gente que trabajando en algo medio público no progresan en el trabajo hasta que su partido político, su sindicato, no está en el Gobierno.

La política es buscar el bien común; lo que se debería votar son las ideas.

¿Por qué sólo tenemos que votar cada 4 años? Yo quiero decidir si quiero que la sanidad sea llevada por mi comunidad o el Gobierno central. Quiero decidir si los militares pueden aumentar su presupuesto o reducirlo. ¿Por qué no podemos decidir esas cosas? ¿Por qué tiene que hacerlo un político que has votado un año? Y que encima su programa político no lo respeta, y no pasa nada.

¿Por qué el ministro de Sanidad no es un experto sanitario? ¿Por qué es un abogado? Puede saber de medicina, pero no tanto como alguien que esté en medicina al pie del cañón.

El político no nos hace confiar en el sistema para pagar los impuestos. En Escocia la gente paga un 40 % de impuestos, pero bien contentos, porque saben que a cambio tienen buenas cosas. En España decimos: «España me roba, los impuestos son un robo». Hay que demostrar que los impuestos se gastan bien.

RELIGIÓN

La religión que consiga su dinero de sus creyentes. Si crees en eso, paga tú, no yo.

Mantenemos las costumbres por tradiciones, porque las fotos de la boda son bonitas, pero aquí la religión es de cara a la galería.

La religión ha influido mucho en la política en España desde siempre. Tenemos una reina que fue Isabel la Católica: todos los reyes han estado muy relacionados con la religión. Aquí la Inquisición fue lo peor del mundo.

MONARQUÍA

¿Por qué no podemos escoger al que más manda de España? Si estamos en democracia, hay que escoger al que manda, al que es el jefe del ejército.

DICTADURA

Creo que ha quedado mal resuelta.

En Asturias hace dos años se desenterró una fosa común. Hay periodistas que siguen peleando por que se abran más fosas comunes. De una cosa que ha pasado hace 30 años, ¿por qué todavía quedan esos resquemores? Cuando se empezaron a quitar las estatuas de Franco, ¿por qué la gente se sublevaba por que quitaran la estatua? En Rusia cayó la dictadura y al año estaban tirando las estatuas al suelo. Aquí no, aquí seguían, por si acaso.

Muchas empresas gallegas surgieron en la dictadura. Intentan borrar ese pasado porque no queda bien de cara a los accionistas y al público, pero internamente siguen siendo las mismas.

FUNCIONARIOS Y EMPRESARIOS

Nos enseñan que el empresario es malo. Hay buenos empresarios, pero esos no son los famosos. En España el rico siempre ha sido el cacique, el que maltrataba.

En España está como mal visto mandar. El que es el jefe siempre es el malo. No se culturiza a la gente para que dirija. En U.S.A. a la gente se la enseña para ser emprendedora, para hacerse un negocio, y si falla hacer otro, y hacer otro… Para un estadounidense lo peor del mundo es trabajar para el Gobierno, ser un funcionario. Un funcionario no te dice que es un funcionario, te dice que trabaja para el Gobierno, pero no te dice «de funcionario». Es muy feo. En España ser funcionario es el trabajo chollo, de por vida, y cobras siempre y sin falta de rendir cuentas.

Aquí trabajamos bien, pero se nos dirige muy mal y a la gente se les explota demasiado. Un montón de amigos cobrando por debajo de lo estipulado. Las horas extras son como básicas, ya no se cobran por si acaso nos despiden y lo aceptamos.

NACIONALISMO

Cuando sale Rajoy, Zapatero, Aznar o Ana Botella, no me siento español. ¿Por qué tenemos que hacer paletadas? ¿Por qué nos hemos quedado tanto en las películas de Pajares y Arturo Soria?

Me siento de Asturias. Por el acento se nota que soy de aquí, pero también tengo muchas costumbres gallegas. No me siento del todo asturiano, tampoco gallego. De canario, a ver..., me hace ilusión decirlo, pero no tengo nada de allí. Entonces se puede decir que me siento de España un poco, del norte, suelo decir más del norte.

Me siento español, a lo mejor de otra manera. A lo mejor uno de Andalucía se siente de otra manera, pero yo me considero español.

En toda España todo el mundo se siente muy orgulloso de su provincia, no como en Estados Unidos, que primero son estadounidenses y luego son de Nueva York o de California. En España es al revés. Aquí primero se es asturiano, catalán o madrileño, y luego español.

«España es Asturias, y lo demás, tierra conquistada», cada uno tiene su piquilla. Por ejemplo, los de Cataluña defienden que Colón es catalán, y persona que hizo más por España que Colón... Campeón de liga, el Barça. «¡Oh! ¡Es un honor!», pero luego puedes decir «que no, que no, que huimos de España, pero si somos campeones de liga, ¡qué bien!».

INDEPENDENCIA

Galicia también tiene movimiento independentista, Asturias también, León quiere anexionarse a Asturias y Canarias también quiere independizarse de España. Yo soy más de «la unión hace la fuerza», y el claro ejemplo es Estados Unidos. Están muy separados entre ellos: hay estados con pena de muerte y otros no, pero lo que es la base, la economía, la llevan unida. Es mucho mejor tener 44 y pico estados juntos que tener uno solo pequeñito.

Creo que a la gente le interesa más vivir bien y tener un buen trabajo que si Cataluña se independiza.

A la gente le gusta Cataluña y les da pena que se independicen, pero últimamente hay tanto rollo político y tanto jaleo, que mucha gente ya está opinando diciendo: «Que se independicen de una vez y que me dejen en paz».

Me parece bien que voten, pero creo que España también debería votar. Esto es como cuando diez amigos preparan un viaje, y cuando hay que hacer el viaje dos amigos dicen: «Pues ya no vamos, nos devolvéis el dinero», y los otros dicen: «Vale, ya no vais, pero si algo no se puede cancelar hay que pagarlo». Algo tendremos que decir los demás.

Que la gente en Cataluña diga por qué está descontenta. Después seguro que coinciden con la mitad de España o con toda España, porque seguro que va a ser trabajo, dinero, sanidad… Y luego lo arreglamos entre todos. Porque tampoco se puede pretender arreglar Cataluña pero putear Extremadura. No, hay que mejorar el nivel de vida de todos.

FUEROS VASCOS Y SANIDAD

¿No tienen lo mismo el País Vasco y Cataluña? Pues si lo tiene el País Vasco que lo tengan los demás.

No entiendo que con la tarjeta sanitaria de tu zona sales a otra región de España y te dicen, «no, esta tarjeta no vale aquí». ¿Cómo que no vale? Soy español, ¿no? ¿Por qué no vale igual?

CANARIAS Y EL NORTE

Ellos de coña dicen que son africanos. Creo que se sienten muy apartados del Gobierno central, y Asturias y las regiones del norte también se sienten muy apartadas. Cuando oyes una gran obra, por ejemplo el AVE, primero se hace en Sevilla, por la Expo, vale; luego en Barcelona, normal, es la segunda ciudad más grande, vale; Valencia, ciudad de vacaciones, vale; y luego cuando siguen planeando, Galicia, ¡ay! los políticos que son de allí… Luego Asturias: «¡Uy!, es que va a ser muy caro, hay que hacer muchos túneles». Cantabria, pasamos palabra… País Vasco, a ver, siguiente. Zaragoza, bueno…, ¡allí sí!

IDIOMAS

Me parece muy triste ir a un pueblo de Cataluña, por ejemplo Solsona, y que una chica de 20 y pico años, que además trabaja de cara al público, te diga «perdón, pero mi español no es bueno». Y creo que mucha culpa de eso es de la educación tan radical que están haciendo, pero eso también te pasa en Galicia. Los niños de 15 años te hablan gallego y mal castellano. Me parece muy peligroso que se quieran independizar idiomas minoritarios en una economía globalizada, en un mundo globalizado, y además con el español, que es un idioma potente. No estamos hablando de un idioma que hablan 5 millones de habitantes.

A mí me han contado que el catalán surgió del castellano antiguo, como el gallego. Pero a lo mejor salió del latín. Pero es muy parecido al castellano.

El bable no está considerado lengua, sólo dialecto. Pones a hablar un asturiano de cada esquina y no se entienden. Es un idioma no regulado, un castellano antiguo.

TOROS

En Asturias los toros se hace una semana al año, ¡y ya!

Yo dejaría que eso siguiera su curso, es una tradición que creo que poco a poco se va a ir perdiendo. La gente joven cada vez está menos en ello.

Es una tradición fea, vale, está mal matar animales, pobrecillos, vale, pero está peor que la gente se muera de hambre y que los niños no tengan calefacción en los colegios.

Te guste o no, el toreo es una marca de identidad que se vendió de España, aunque luego sólo se haga de Madrid para abajo durante todo el año.

Tengo un amigo al que le da vergüenza decir que le gustan los toros por lo mal que le mira la gente. Su padre fue taquillero en una plaza de toros y él vivió muy de cerca el mundo de los toros. Los admira porque lo ha vivido muy de cerca y porque fue sustento de su familia por un tiempo. Entonces, ¿cómo negarse a eso que a sido tu forma de vida?

FÚTBOL

El fútbol es un deporte, espero que a quien le guste, le guste por el deporte, no por la pelea que hay alrededor. Que le guste el equipo y no por si este equipo «es de esta región y por eso me cae mal».

En Asturias, Oviedo y Gijón son peleadas a muerte, es más bestia que el Barça y el Madrid.

ESPAÑA

Yo viajo mucho y una cosa que siempre dice el español es «que como en España en ningún lado». Eso no es verdad, en otros lados se vive igual o mejor.

Recomendaría España para vivir; para trabajar no.

José Manuel Valles Álvarez – 1949 – Asturiano (Langreo) – Minero

Me siento más que asturiano, ¡hasta la médula! Los asturianos son la gente más noble, más humilde, de atender a todo el mundo venga de donde venga. Asturias lo tiene todo.

ASTURIAS

A Asturias nos atienden poco, no nos atienden tanto como en Madrid, en Valencia y en Barcelona. Y Asturias lo ha merecido de toda la vida, porque en tiempos del franquismo, ¿de dónde vinieron todos a refugiarse? De Andalucía, de Galicia, de Castilla y León, de todos los sitios a refugiarse a las cuencas mineras. Porque fue donde se dio el trabajo y se los atendió muy humildemente.

ESPAÑOLES

Los españoles para mí somos gente buenísima toda la vida. Es verdad que tuvimos que emigrar por lo que hubo, y siempre los atendieron humildemente porque eran gente buenísima, gente trabajadora; al puesto que los mandaban nunca se negaron a nada. No se puede pedir más.

NACIONALISMO

Que alguien diga que no se siente orgulloso de ser español… yo le pregunto, ¿tú de qué te sientes orgulloso, chico?

Lo que hay que ser es españoles, eso en primer lugar. Catalán, vasco y lo otro, lo respeto todo, pero español hasta la médula.

CATALANES, ANDALUCES Y GALLEGOS

Mira, de los catalanes estamos viendo, y lo está viendo todo el mundo, lo que son y cómo están respondiendo. Se sienten diferentes de todos los españoles porque quieren ser independientes y no quieren ser españoles… En una palabra, no me parece gente concreta. No sé lo que quieren, ¿esa gente qué puede pensar? Para mí no son personas.

Yo trabajé con muchos andaluces, y son maravillosos, viendo la gaita y el baileteo, ¡son fenómenos para eso!

En el trabajo los andaluces, la verdad dicha sea, muy poco. Yo trabajé con muchísimos y no son muy agradables para el trabajo, no; ahora para la murga, el baileteo, para eso son fenómenos.

Los gallegos para mí, que trabajé con muchísimos y tengo amigos, ¡son fenómenos! Y los vascos, porque tengo amigos también.

No he trabajado con catalanes. ¿Los catalanes a la mina? ¡No! Los catalanes son gente muy suyos, muy especiales.

LA MINA

La mina es lo peor que hay en el mundo.

Mis padres, pobres. Como éramos todos, claro, no pudimos estudiar ni en la escuela: a los nueve años tuve que trabajar. A los 16 años ya entré en la mina. Para la mina estuve 31 años, por desgracia, vamos eso es lo peor del mundo: enfermedad, peligrosísimo, la jaula bajando a 1.000 y pico metros, ahora métete *pa'* la mina 6 km y después métete en las rampas donde se tiene que picar carbón, encerrado allí, entras pero no sabes si sales.

De todos los sitios de España deberían entrar en la mina para que supieran lo que es la mina, es lo peor que hay en el mundo para ganar un miserable céntimo.

Renovar los mineros ¿cómo? ¡Si es lo que hemos vivido toda la vida! ¿Cómo renovamos?

Mi hijo lleva 23 años de minero.

CORRUPCIÓN

Toda la corrupción que salió en España la sacó el PP, y ningún otro partido.

No saben lo que es trabajar, robando a toda la clase trabajadora y a todo el mundo sin hacer ¡nada de nada! ¿Son inteligentes? ¿Inteligentes en qué sentido? ¿Inteligentes *na'* más que para robar a todos los españoles? Eso no tiene perdón de Dios. A esta gente que es así les viene de herencia, porque lo vieron en su propia casa.

MONARQUÍA

Que la gente pueda escoger. ¿Por qué hay que vivir siempre de una monarquía? Heredar y heredar, pues no. Y no tengo nada en contra de los reyes de ahora, me caen maravillosísimamente.

CATALUÑA

Me parece perfectísimamente que no dejen votar; no respetan las leyes, no está en la ley. ¿Es democrático lo que están haciendo? Pues no.

Los catalanes, esa gente que quiere ser independentista, es que quieren ser los amos de España y de Europa.

No sé qué es lo que piensa esa gente, me gustaría hablar con ellos: ¿qué es lo que pensáis? ¿Qué es lo que queréis hacer? No sé que pensamientos tendrán.

Si no son españoles que ahuequen de España, que se vayan. Esta gente que son un millón que se vaya, pero no toda Cataluña, porque no tienen que pagar todos por ese millón.

¿Quién convence a ese millón y medio? Yo les diría que siguieran como estamos los demás, luchando, tirando, trabajando por el país y sintiéndose español como todos.

FUEROS VASCOS

Ni para uno ni para otro me parece bien. No me parece justo. Porque nosotros queremos lo nuestro, Castilla y León querrá lo otro... No me parece justo.

ESPAÑA

Recomendar para vivir, lo mejor para mí es España, ¡claro! Habiendo trabajo, ¡eh!

En la mina tuvieron alemanes, franceses, rusos, y para ellos aquí..., vamos..., ¡buf! Era la gloria para ellos, por la gente, para comer.

Cantabria

Manuel – 1963 – Vasco (Bilbao) – Comercial del pescado

Antonio – 1971 – Cántabro (Santander) – Comercial del pescado

Jesús – 1960 – Cántabro (Santander) – Comercial del pescado

Quique – 1974 – Cántabro (Santander) – Comercial del pescado

Julián – 1954 – Vasco (Bermeo) – Comercial del pescado (No aparece en la foto)

Juan – 1955 – Cántabro (Santander) – Comercial del pescado (No aparece en la foto)

Cantabria lo tiene todo, tiene playas dentro de la ciudad y a una hora tienes nieve para esquiar, eso no lo tiene casi ninguna ciudad.

CANTABRIA Y BILBAO

Una compañera canadiense alucinaba de que podíamos estar en Cantabria surfeando y en menos de una hora esquiando.

¿Sabes lo que falta a Cantabria? Te lo voy a decir yo, industria. ¿Y sabes dónde está la industria? Aquí la gente de dinero se la ha llevado a Bilbao. Porque casi todas las industrias que hay en Bilbao son capital cántabro, no vasco.

—No echo de menos Bilbao.
—No lo puede echar de menos porque allí sólo hay mierda.
—Di que no.
—¿Cómo que no? Está lleno de fábricas, contaminación…
—Bilbao no tiene nada que ver el de ahora con el de hace 30 años. De cuando yo estudiaba allí a ahora, es la hostia.
—Ahora está muy bonito.

NACIONALISMO Y CORRUPCIÓN

—Nos sentimos cántabros.
—Y yo vasco, bilbaíno, cántabro y español. Mis hijos son cántabros, mi mujer también; estoy muy a gusto aquí. Empecé a venir por aquí a los 14 años.
—Yo soy español pero no me siento español, porque sólo hay *mangantes*, es un país de ladrones.
—No tiene nada que ver una cosa con la otra.
—Dime los países que están en ruinas actualmente en Europa: todos son latinos. Grecia, Italia, España, Portugal, todos los latinos, ¿sabes por qué? Porque llevan robando desde que nacieron, los padres, los hijos y el espíritu santo. Los escandinavos y toda esta gente lo llevan bien porque tienen empresas y han visto al padre cómo trata a los obreros, a las mujeres, los derechos que tienen que tener, y eso lo llevan adelante luego los chavales. Aquí el hijo ha visto robar al padre a los obreros, a este y al de la moto.
—No tiene nada que ver que una persona haga algo que no está bien para sentirte español o no.

CÁNTABROS Y GALLEGOS

—La gente de Cantabria ha mejorado pero era muy particular. Los que tienen dinero te miran por encima del hombro.
—Hemos mejorado porque hemos salido mucho de la región, éramos un pueblo muy cerrado, como que lo nuestro era lo mejor, nuestra casa era lo mejor, y nos hemos dado cuenta de que fuera de nuestra región lo hay igual o mejor, como en todos los sitios.

Ser cántabro te voy a decir yo lo que es. Porque yo he estado en Galicia, que tengo amigos de cuando la mili, fíjate. A la gente en Galicia le viene de visita dos o tres y no hay ningún problema, están acostumbrados, porque desde niños están todo el día en familia, se meten todos en las casas. Aquí, yo por ejemplo, le digo a mi mujer: «Oye, que mañana van a venir unos amigos de fuera», y nerviosa perdida, como no está acostumbrada… Pero una vez que entras en el círculo, lo que quieras.

CÁNTABROS Y ANDALUCES

El cántabro con un andaluz, del agua al vino, aunque nos llevemos de puta madre. Pero vamos, es que es diferente hasta con el trabajo, porque yo lo de trabajar estoy trabajando, no estoy pegando palmas.

—En Andalucía no se trabaja porque son unos gandules y unos caraduras, joder.
—Yo no estoy de acuerdo, las cosechas no salen solas, las carreteras no se hacen solas, las fábricas no van adelante solas, otra cosa es que por el clima tengas otra manera de vivir. Pero las cosas no se hacen solas: las fábricas, los cultivos de olivos o naranjas que en Andalucía, hay un montón, no salen solos adelante, alguien los saca adelante, ¿no?
—Mi opinión sobre Andalucía, que me la han confirmado muchos andaluces que vienen por Santander, es que tendría que ser la región más rica de Europa. Porque lo tienen todo: tienen el clima, el mar, la tierra, agricultura, ganadería…
—Y arte, ¿no?
—Tendrían que tener el 0 % de paro porque debería estar todo el mundo trabajando.
—Fíjate si tienen arte y caradura que yo he estado en un terraza con unas sandalias de esas de meter un dedo, y el limpiabotas me quería limpiar las sandalias. Para eso hay que tener arte, ¿no? ¡Para eso hay que tener cara!
—Ja, ja, ja.

Si Cantabria tuviera el clima que hay en Andalucía, eso sí que sería el paraíso total, porque íbamos a ser la región más rica de todo el mundo.

INDEPENDENCIA Y FUEROS VASCOS

—Habrás tenido opiniones de otra gente que dirán «es que los catalanes son unos no sé qué, porque quieren ellos tal, porque quieren cuál…», eso lo provocan los políticos, no lo provoca el ciudadano de a pie.

—Me parece que los políticos han creado una guerra civil sin balas.

No entiendo que el País Vasco y Navarra tengan conciertos económicos y Cataluña no. ¿Quién ha decidido que Cataluña no? ¿Quién ha decidido que el País Vasco y Navarra tengan concierto económico y las demás regiones no? ¿Y los demás qué es lo que tenemos? ¿Pagar? Porque aquí nosotros pagamos, pagamos y pagamos, y resulta que el País Vasco tiene un concierto económico y claro, en el País Vasco se vive de puta madre. Eso el ciudadano lo desconoce, porque el político no lo explica.

—Cataluña lo que quiere es ser independiente del país.

—No, no ha empezado por eso, ha sido por la autogestión.

—Claro, como todos, y también Cantabria se autogestiona.

—No, el concierto económico sólo lo tienen el País Vasco y Navarra, nadie más, no es lo mismo.

—¿Cataluña qué quiere, autogestionarse o ser independiente del país?

—Pedían la autogestión y al negársela ahora se quieren independizar.

—Es que si no tienes una autogestión mucho menos te vas a independizar.

—¿Pero por qué los vascos sí y ellos no? Si yo soy igual de español que tú, el vasco o el navarro.

—¿Quieren todavía más?

—Que no, que piden lo mismo.

—Pero tampoco hay que coger la postura tan radical como han cogido ellos, me parece muy mal.

—Pues a mí me parece muy bien, porque si lo conceden a uno se lo tienen que conceder al otro, y si no se lo conceden, independencia, ¡me voy! ¡Me voy de la madre patria de los cojones!

Aquí de lo que se trata es de hermanar a la gente y menos política, menos historia de que nosotros somos nacionalistas porque queremos gobernarnos. Bien, usted se quiere gobernar y quiere ser independentista, a mí me parece bien, siempre y cuando esté dentro de lo que es la ley.

POLÍTICOS

Es muy triste que los políticos hayan usado la bandera y el país para dividir a la gente. Porque en Cataluña a mí me han tratado bien y cuando he ido a Galicia también. Pero los políticos crean idea y opinión a la gente en su propio interés.

MONARQUÍA

—Se supone que es algo ya trasnochado del siglo XVI, y no digo que no haga un gran trabajo una monarquía a nivel exterior, pero para eso se supone que tenemos un ministro de Asuntos Exteriores, ¿no? ¿Y por qué por nacer en una familia ya tienes que tener una garantía de vida y bienestar que no tiene otro? Me parece que es algo de otras épocas pasadas.
—Un ministro de Asuntos Exteriores nunca va a hacer la labor que hace un rey.
—Estoy de acuerdo, pero por esa labor hay que mantenerlo a él, a ella, a su hijo, a su hija, a su nieto, a su nieta, a su yerno, a su nuera…
—Mi opinión es totalmente contraria, creo que la monarquía hace un gran trabajo en España, sobre todo por y para el país con el resto de países del mundo.
—Nos saldría bastante más cara una república.

—El rey Juan Carlos dijo que la ley era igual para todos y había que aplicarla a todo el mundo por igual. Pero aquí la ley no es igual para todos, eso en un país democrático no ocurriría.
—Me parece una democracia un poco surrealista.

EMPRESARIOS

Los pequeños empresarios están bien vistos, pero a los grandes empresarios los tienes allí en la palestra todo el día en los medios de comunicación, y yo a esos no los puedo respetar porque explotan al obrero con contratos basura. Se aprovechan de ti y del dinero público, cuando se ven contratos súper millonarios en construcciones y en otras muchas cosas.

ESPAÑA Y EUROPA

—España es el país del mundo donde mejor se vive.
—Pregúntaselo a los ingleses y alemanes dónde se retiran.

Los políticos españoles nos dicen: «Hay que acomodarse a la Unión Europea, a la vida europea», joder, y resulta que los europeos están locos por venirse a España.

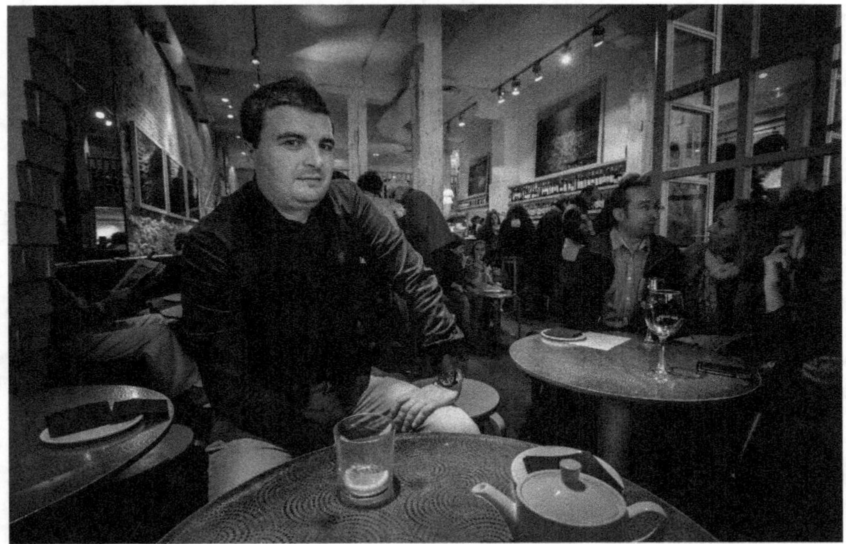

Juan Pérez Torralbo – 1970 – Cántabro (Santander) – Sociólogo, coordinador y formador de escuela de emprendimiento e innovación social

Me siento cántabro porque mi familia proviene del mundo rural y porque siempre he vivido la cultura propia de Cantabria de una forma natural, y que creo es necesario valorar y respetar sin entrar a politizarla. Creo que cuando la cultura se politiza es cuando empieza a no entenderse. La cultura es algo natural como pueden ser tus gustos o tu forma de vestir.

CÁNTABROS Y ASTURIANOS

En general se puede hacer un estereotipo de un cántabro, aunque hay diferencia entre si es rural o de una ciudad. Son gente más bien individualista, apegados al sitio donde viven, aprecian su cultura local y son mucho de estar en grupos permanentes, siempre con la misma gente. En el pueblo son gente más sencilla, más abierta, y en Santander un poco más elitista.

La gente que vive en zona costera se parece mucho más entre sí que con la gente del interior.

Cantabria a Asturias se parece mucho. El cántabro, el montañés, tiene un dialecto muy parecido al bable.

Dicen que el castellano nació en Cantabria, en el sur de Cantabria.

IDIOMAS

La lengua común que hablamos en toda España es el castellano, entonces lo lógico es que esa lengua tenemos derecho a usarla en todos los sitios.

Habría que ver algún mecanismo para que la gente que llegase nueva a Cataluña tenga la opción de usar también el castellano. India tiene más de cientos de dialectos y 15 lenguas oficiales en los estados, y sin embargo tienen una lengua común, el inglés, una lengua que ni siquiera es de allí, viene impuesta por un imperio que explotó a los indios y sin embargo aprovechan esa lengua común para hacer una sociedad en común. Tendríamos que entenderlo aquí sin politizarlo. Que tengamos una lengua común, que sea el castellano y que se hable en Cataluña, no quiere decir que se esté, por parte del resto de España, imponiendo allí, sino que es una cosa que tenemos que aprovechar porque la tenemos en común.

Es perfectamente compatible que convivan castellano y catalán. Cataluña tiene derecho en usar la lengua que quiera.

Las comunidades bilingües tienen más herramientas para la vida, más posibilidades para comunicarse que los monolingües.

Es gracioso que el castellano se habló antes en el País Vasco que en Andalucía. En la Edad Media ya se hablaba castellano en el País Vasco, y en Andalucía no porque hablaban árabe. Los tópicos se invierten.

ANDALUCÍA, CANTABRIA Y MARCA ESPAÑA

Me siento muy diferente a un andaluz en la forma de hablar y en las tradiciones totalmente diferentes. El tema del flamenco, o las sevillanas… Esa cultura no tiene nada que ver con Cantabria.

Durante muchos años se ha utilizado un estereotipo de España que no representaba la mayoría de España como las sevillanas, el flamenco, los toros… España es mucho más diversa y seguramente hay otras cosas que tengamos en común que no sean esas. De hecho, esas cosas igual no representan ni la sexta o séptima parte de la población de España. Pero como igual era lo más vistoso o lo más exótico, pues se puso como estereotipo de España.

Las tradiciones de música popular de Cantabria no tienen absolutamente nada que ver con lo andaluz, aparte del idioma, ni tiene el mismo ritmo ni la influencia musulmana. En el norte de España no llegaron los musulmanes, es una cultura muy diferente.

Santander a veces se le dice «Fachander», pero creo que es otro estereotipo, otro prejuicio, porque en Santander hay gente de todo tipo. Sí que es cierto que Santander ha sido siempre una ciudad muy tradicional y siempre ha tenido gobiernos de derechas. Y se mantuvo una estatua de Franco hasta hace unos cuantos años. Pero siempre vemos las cosas con una perspectiva histórica muy corta, porque por ejemplo en la Guerra Civil, Cantabria fue una de las zonas del norte que más tiempo estuvo con la república, la que más tarde cayó. Todas las ciudades que yo conozco son diversas y etiquetarlas es un error siempre.

En verano viene gente de Madrid y Valladolid a lo que es Santander capital, y en la zona oriental de Cantabria muchísima gente de Bilbao. Los reyes de España veraneaban aquí y se puso de moda Santander como ciudad de veraneo.

MONARQUÍA

No me considero monárquico, pero no creo que el principal problema de España sea ser monarquía o república. Hay países que funcionan fenomenal con monarquía, los países nórdicos por ejemplo, y son a nivel social de lo más avanzado del mundo.

Aquí la monarquía la última vez que se instauró fue porque no había un acuerdo a nivel nacional para que hubiera un jefe de Estado, y se instauró una monarquía. Y ha funcionado en ese sentido.

Después de que se acabara el franquismo se han hecho muchos esfuerzos porque España sea democrática, lo que pasa que esos esfuerzos no se pueden parar y decir «ya somos democráticos». Para ser democráticos tienes que estar todos los días haciendo esfuerzos para progresar en la democracia, y está claro que la democracia tiene que ser algo más que votar cada cuatro años. Y estás cuatro años dependiendo de unas decisiones que tomaste hace cuatro años, y que igual un año después no estás de acuerdo con lo que está pasando. Se debería fomentar la participación de la gente y tener comportamientos democráticos en todos los niveles.

INDEPENDENCIA

Que la gente vote y se exprese está bien, pero hay que tener en cuenta que a veces hay cosas de las que se votan que no sólo les afectan a ellos, sino también a otra gente que puede no estar votando. Hay unas leyes que marcan cómo debe ser la forma de votar.

No se entiende que en el año 78 Cataluña votara a favor de la Constitución, y pasados 30 años, que tampoco es tanto tiempo, se quiera romper.

La percepción que tienen algunas personas independentistas creo que no se ajusta a la realidad, no creo que haya una animadversión por parte de España hacia Cataluña.

Cantabria, Asturias, Rioja, Canarias... son regiones mucho más olvidadas que Cataluña.

Mi teoría es que la crisis económica ha hecho que al no encontrar soluciones la gente busque soluciones que tiene más a mano, y en Cataluña a sido el nacionalismo. Algunas personas han intentado justificar la salida de la crisis con la independencia.

Creo que la gente no entiende muy bien por qué de repente, cuando hemos estado muchos años bien, después de que acabara el franquismo, y cuando Cataluña tiene sus instituciones autonómicas más fuertes que nunca, cuando el catalán está súper valorado, protegido e impulsado, cuando se la da lo mismo que a las otras regiones...; no se entiende por qué esta reacción por parte de Cataluña.

FUEROS VASCOS

A mí me gustaría vivir en un Estado donde todas las autonomías tuvieran los mismos derechos y deberes. Entiendo que en el caso del País Vasco tienen el concierto económico por una cuestión histórica, pero si tuviera que elegir, elegiría un país donde todos los territorios tuvieran los mismos derechos y deberes.

Se debería hablar de que Cataluña quiere un concierto económico, que la gente lo conozca. ¿Por qué hay diferencias? ¿Por que se hace y por qué no? Y debatir por qué el País Vasco tiene el concierto económico.

Si yo creo en un Estado en que todos tuviéramos los mismos derechos y deberes y hay una parte que quiere tener privilegios, la única forma de ser coherente con eso es ser independiente. Pero claro, yo creo que la diversidad cultural le da riqueza a España, y eso es una cosa muy importante que a veces está incluso por encima de lo económico.

Lo que tenemos que hacer es entre todos mejorar este Estado, y no decir: «como este Estado no funciona bien, pues vamos a salir de él».

El problema que hay es que se plantean las cuestiones en extremos en vez de ser razonables. Los partidos políticos son como productos y cada uno quiere diferenciarse del mercado, tienen que tomar posiciones extremas para que la gente los identifique y se posicione. Pero realmente los problemas no son así, la gente lo que quiere es vivir en paz. No creo que haya nadie que viva pensando en ir en contra de una región vecina.

POLÍTICOS

En España ahora mismo estamos viendo el fenómeno de Podemos, que es la tercera fuerza política en España cuando hace un año no existía. La gente está buscando cómo salir de la situación y buscar posiciones extremas como en el caso de la independencia.

Los partidos han sido demasiado partidistas sin buscar el bien común. Pierden la perspectiva de los partidos como instrumento para participar y para resolver los problemas de la gente.

Hay gente que ha sido ministro de varias cosas y no tenían ni idea de ninguna.

EMPRESARIOS Y FUNCIONARIOS

No se reconoce lo que cuesta ser un empresario o un emprendedor, alguien que desde la nada empieza a hacer algo. Muchas personas que tienen un jefe no tienen ni idea de la seguridad social que tiene que pagar un empresario para tenerlos contratados, siempre piensan que el empresario está allí para explotar. Y quienes crean empleo son las empresas.

La mentalidad del funcionario creo que está un poco anticuada. La gente piensa en ser funcionario para tener un trabajo para toda la vida, no piensan en ser funcionarios porque quieren hacer un servicio social. Aunque hay excepciones, por ejemplo del sistema sanitario y la educación sí creo que es gente con vocación.

MEDIOS DE COMUNICACIÓN

Las tertulias de periodista son discusiones uno contra otro. En vez de para llegar a la verdad hacen espectáculo que no lleva a ningún lugar. Un periodista debería ser independiente y objetivo.

Durante muchos años España ha sido un país muy centralista. Los medios de comunicación están todos en Madrid, todo se concentra allí, y es un error porque acaban saltándose muchas cosas que están pasando en el país, que son diferentes y deberían ser conocidas y escuchadas.

Siempre hablan de Madrid, Cataluña, Andalucía, País Vasco, y del resto de regiones apenas se conoce nada. En Cataluña quizás hay gente que piense que al resto de España le gusta los toros, o las sevillanas, o que la gente tiene un póster de Belén Esteban en casa... Eso no es cierto, España es mucho más diversa y mucho más rica.

TOROS

Los toros no me gustan. Entiendo que haya gente a la que le pueda gustar, pero no estoy de acuerdo con el maltrato animal y que se dejen entrar niños a la plaza. En Portugal se hace sin matar a los toros.

No identifico los toros como símbolo de España.

NACIONALISMO

Hay muchas formas de sentirse español: hay gente que se siente español cuando gana un equipo de fútbol, y otra gente que se siente español al ver un cuadro de Velázquez.

España en sí es un país muy rico culturalmente y en cada región tienen sus costumbres, pero si tuviera que definir España... Son personas que les gusta divertirse, que les gustan mucho las costumbres de su país. Es complicado definir a un español.

Yo soy español. Por el hecho de serlo no creo que tenga que sentirme orgulloso, otra cosa es que me sienta orgulloso de cosas que se hacen bien en el país. Por ejemplo, no me siento nada orgulloso de que haya 20 % de paro, de los problemas entre regiones, de cosas que se organizan mal; y me siento orgulloso de profesionales muy buenos en muchos campos en España, hay mucha creatividad y de eso sí me siento orgulloso.

Román Aguaviva Ruiz – 1984 – Catalán (Caldes de Montbui) – Guía turístico

Soy catalán de padre catalán y madre palentina, que después de la Guerra Civil, por el hambre, emigró a Cataluña.

NACIONALISMO

Me siento catalán, pero español también.

Cuando me preguntan de dónde soy digo que soy español de Barcelona, porque la conoce todo el mundo y tiene muy buena imagen. Pero no tengo ninguna pega en estar en Cantabria o Madrid y decir que soy catalán y que me siento español.

En Cataluña quizás sólo porque esté la palabra España ya te pueden tachar de facha, y si llevas la bandera española ya eres facha. Eso me irrita mucho. Es un símbolo de un país como el de Francia, como el de Estados Unidos, ¿por qué podemos llevar una camiseta con el símbolo de Italia y no un símbolo de tu propio país?

Me veo diferente al resto de españoles, incluidos catalanes. Probablemente como desde los 18 años he estado viajando mucho dentro de España y en el extranjero, quizás he ido cogiendo cosas de cada sitio donde he estado. De hecho podrás ver que no tengo acento catalán, no vivo en Cataluña desde los 18 años, aunque sí que voy y vengo, pero no vivo allí.

INDEPENDENCIA

Cataluña, desde mi punto de vista, creo que podría ser un país, y un muy buen país, pero egoístamente no quiero que sea un país independiente porque no quiero una frontera más en Europa. Pero quiero que exista el derecho de que se pueda decidir. Estoy a favor del referéndum, pero votaría que no.

Entiendo que hay una lengua catalana, una tradición, una historia, pero también creo que hay muchas cosas que nos unen.

Mi opinión es que el masivo sentimiento independentista que existe ahora mismo es por la crisis, y quizás un poquito la actitud del Gobierno español en los últimos diez años, que no escucha lo que dice Cataluña, sobre todo desde Aznar. Cuando no escuchas a alguien ese se va a revelar en algún momento, que es lo que está pasando ahora.

Si lo comparas con Reino Unido y Escocia, aquí es todo «no, no, no, no», y allí se hizo un referéndum. Las dos partes llegaron a un acuerdo para hacerlo, y salió un no, y aun así Inglaterra les dio más autonomía y beneficios fiscales.

Al ponerte a no dialogar lo que causas es la reacción contraria a la que tú quieres, que la gente se reivindique más.

Creo que cuando existe el sentimiento de que tú crees que una tierra en concreto es tu país, allí no hay nada que hacer, no se puede convencer a nadie. Si en Cataluña todo el mundo quisiera que fuera un país, es imposible decir que no.

Creo que Cataluña sería un país que funcionaría muy bien por la mentalidad catalana de trabajar poco a poco cada día hacia donde tú quieres ir y lo que quieres hacer. Y no creo que sean agarrados, sino que saben cómo usar el dinero.

EDUCACIÓN E IDIOMA

La gente no entiende Cataluña como algo diferente, cuando realmente lo es. Cataluña tiene un idioma propio, eso es un bien de España en general, no sólo de Cataluña, por lo cual hay que protegerlo, y no por el hecho de que la gente estudie en catalán va a ser independentista. Es más, cuando tú prohíbes algo, que es lo que pasó en su día, luego es cuando vas a recibir las consecuencias. Sólo falta prohibir algo para que la gente luche por ello.

El sistema catalán me parece mejor que el vasco; en el momento que das a elegir en qué idioma estudiar ya estás separando a la gente. Yo soy castellanoparlante y en clase hablábamos en catalán, y no tengo ningún problema de comunicación en castellano.

Hasta ahora la gente estudiaba en la universidad y desde allí ya iba a una empresa y a trabajar. Vivíamos en una burbuja, pero gracias a las crisis mucha gente está yendo fuera y está aprendiendo el inglés. La gente de mi edad casi nadie lo hablaba, y ahora lo están aprendiendo. Y eso creo que nos está viniendo bien para tener una visión más global de Europa, y coger cosas buenas de otros países en los cuales los españoles están emigrando. Creo que la tendencia es que luego el español vuelva, y volverán muy bien formados.

A mí lo que me gusta de la educación de España es que es homogénea, más o menos va a recibir la misma educación el hijo de un parado que el hijo de un concejal. Si te vas a Estados Unidos te das cuenta que no. Allí me di cuenta que tenemos un buen sistema, siempre y cuando no nos lo destrocen como intentan ahora.

POLÍTICOS Y CORRUPCIÓN

Los partidos en general escogen alguien que es hijo de, o tiene influencias de, no por lo que uno vale.

En España la gente ve los impuestos como dinero del Estado, como que no es nuestro, pero es nuestro. Estaría bien tener una asignatura en el colegio en la cual se enseñe cómo funciona en general el sistema, qué es el paro, para qué sirve el INEM, y hacer ver que los impuestos sirven para algo. De esta forma la gente no intentaría evadir impuestos, porque se darían cuenta de que es algo que nos conviene.

Estuve viviendo en Noruega, que está considerado uno de los países más transparentes. Por ejemplo, puedes mirar cuánto cobra tu vecino, hay una web nacional donde tú pones tu DNI y puedes mirar sus ingresos. Allí la honestidad se da por supuesta, allí no existe la picaresca.

El político es el reflejo de la sociedad, ¿de dónde sale el político? ¿Se ha criado en Afganistán? ¿En Italia? No, se ha criado en España.

El problema de España es que la gente se tira mierda unos a otros. ¿Por qué no construimos en vez de destruir?

ESPAÑOLES, NORTE Y SUR

En Noruega trabajo de guía con distintas nacionalidades, y a los españoles cuando les das tiempo libre y tienen que volver al autobús, se les avisa que estén diez minutos antes porque sabes que de esta forma a y cinco vas a salir. A los ingleses les dices la hora exacta, a los franceses sólo cinco minutos antes, los italianos iguales que los españoles, y los alemanes llegan cinco minutos antes, con lo cual les dices que deben estar más tarde de lo que deberían, y funciona, son matemáticas. Lo he visto con mis propios ojos durante cinco meses trabajando cinco días a la semana.

Hay mucha diferencia entre el sur y el norte. En el sur es muy fácil socializar, que no es lo mismo que tener amigos; en el norte las redes sociales son más cerradas pero cuando tienes un amigo es un amigo para siempre, en el sur es más relativo.

En el norte en el momento que te dejan entrar en su casa es que ya eres un amigo, yo tardé como igual un año al entrar en casa de un amigo.

TOROS

Eso me parte el corazón en dos, porque a mí me gusta verlo, pero al viajar un poco he visto el punto de vista desde fuera. Un amigo italiano se horrorizó al ver la fiesta taurina, como si estuvieran matando a una persona, y allí empecé a pensar. Hace unos años no pensaba en el punto de vista del animal. Como era algo tan normal no te planteas que el animal está sufriendo, hasta que te lo planteas. Yo lo limitaría, que no se pueda torturar al toro.

MONARQUÍA

Creo que habría que hacer un referéndum para decidir si se quiere seguir siendo una monarquía o república; votaría república. No creo que sea de utilidad tener un rey hoy en día.

ESPAÑA

Yo que vivo en el extranjero sé que quiero terminar viviendo en España. Estoy muy decepcionado por los casos de corrupción, pero España es un muy buen país para vivir. La gente es alegre, tenemos mar, montaña, tenemos un buen clima y variedad de clima. España es muy plural, eso me gusta mucho, varía mucho de una comunidad a otra, no hace falta salir del país para tener muchas experiencias diferentes. Y con poco se hace mucho, no necesitas mucho dinero para disfrutar.

País Vasco

Anónimo – 1981 – Vasco (Getxo) – Técnico vertical

Un vasco es noble, sincero, trabajador y de fiar. En un principio somos cerrados, hay una barrerita típica, pero una vez que se traspasa esa barrera somos muy acogedores.

ESPAÑOLES

No soy de generalizar, yo los definiría más en relación a diferentes comunidades autónomas. Si hablamos de tópicos, el andaluz es divertido y vago y el madrileño es chulo. Los tópicos se cumplen, detrás de todo tópico hay una gran base de realidad.

Creo que la gente del norte es recia, trabajadora, dura. Cada comunidad tiene sus peculiaridades y los vascos tenemos unas muy marcadas: somos brutos, pero sinceros a la vez.

Creo que hay regiones más trabajadoras que otras, el pueblo catalán y el vasco me parecen muy emprendedores, pero los andaluces me parece un pueblo mucho menos emprendedor.

El español está muy encerrado en España, los vascos y los catalanes no, los veo mucho más abiertos.

A los españoles desde fuera los ven como mano de obra barata y de poca calidad.

NACIONALISMO

Me siento vasco, pero no español. Porque no me identifico ni con la cultura ni con el nacionalismo español. Me excluyo de esa mentalidad, de toda su forma de pensar y cómo hacen las cosas.

Entiendo que es normal que nos excluyamos cuando de carácter te sientes diferente, cultura, lenguaje; ¿cómo puedo identificarme con una sociedad que es tan diferente a la nuestra? Sentirse diferente no es malo, es bonito, y si se sabe llevar bien es algo positivo para todo el mundo porque se puede gestionar y convivir.

Estoy orgulloso de ser vasco pero dentro de la humildad. El orgullo tiene que venir a base de hacer un ejercicio de autocrítica y conocerse uno mismo. En general creo que los españoles sólo tienden a ver el lado positivo de ser españoles y no son autocríticos.

Los españoles son críticos pero no autocríticos, lo de ver la paja en el ojo ajeno es un dicho español.

Históricamente, el pueblo español ha querido controlar las diferentes comunidades y hacerlas partes de una sola nación, y eso es un error porque al final cada una tiene su forma de pensar, su carácter, su cultura, su lengua, y meterlo todo en un saco nunca es positivo.

Creo que los españoles saben apreciar las diferentes culturas que hay en España, por eso no nos dejan ir, por la cultura y sobre todo por el dinero.

ETA

Hay más posibilidades de morir en la carretera que de haberte visto involucrado durante estos años pasados en algún tipo de atentado relacionado con ETA.

Siempre se ha dicho que la violencia es negativa pero el orden mundial se mantiene gracias a la violencia, de los ejércitos y de los policías, si no habría un caos total. A mi parecer ha habido casos que se han ido de las manos, que no tenían sentido político en ciertos momentos. En la Transición o cuando existía Franco, ETA era una respuesta social a un problema que era lógico, ante cualquier injusticia de las leyes, el totalitarismo, etc. Tiene que haber una respuesta, y esa respuesta en Euskal Herria era ETA.

Nunca ha sido tan violento como lo han plantado, siempre hemos viajado por España y el hecho de ser vasco ya significaba que eras de ETA. Pero realmente no ha existido aquí esa violencia tan brutal como la plantaban los medios de comunicación: han manipulado brutalmente toda la información a su interés. El principal problema del Estado español era ETA, y realmente era una excusa con la que taparon muchos otros problemas. Aquí ha habido actividad pero nada más lejos de manifestaciones, y de vez en cuando sí ha habido atentados, pero nadie ha tenido miedo de andar por la calle, nunca.

ETA la veo como la historia del minero que se dedica a la mina toda su vida y nunca saca el oro, y nunca deja de ir a la mina porque el día de mañana significaría que su vida no ha tenido sentido.

Existe el terrorismo y el terrorismo de Estado, ambas cosas existen y el de Estado es mucho menos legítimo porque viene marcado por intereses económicos.

La violencia se ha utilizado en las dos caras de la moneda, lo que pasa es que sólo una cara de la moneda era visible al público.

La solución del conflicto la ha tenido el Gobierno español siempre en sus manos: hacer un referéndum. Claro, siempre te entrará gente con el argumento de que «no puedes ceder ante la violencia», pero la violencia se legitima o se deslegitima. Depende del punto de vista desde donde se mire, la violencia siempre es algo negativo. Pero si alguien entra a tu casa a robar, y va a violar a tu mujer y matar a tu madre, ¿qué es lo que haces? Te lo cargarías, lógicamente, antes de que te mate lo matas. No es todo ni blanco ni negro, y ha habido cosas sin sentido por ambas partes.

Y luego el Gobierno español ha vendido armas a dictadores, a Siria. Aquí en Bergara es donde se fabricaban las minas antipersonal que se ponían en Kosovo. ¿A quién quieren engañar? Estás en contra del terrorismo en casa pero luego tú le vendes armas a otro que va en contra de lo que tú dices. Es una hipocresía.

POLICÍA

No me gusta ningún tipo de policía porque me parece que eres un títere, que te manejan a su antojo, y tienes que hacer lo que ellos mandan independientemente de si tú crees que está bien hecho o mal hecho.

Si realmente hubiese policías que creen que deberían ejercer su trabajo para mantener un orden social, para que los malos no hagan el mal, para que la gente no robe, etc., me parecería un oficio muy digno, pero en el momento en que una persona deja de lado su ética para seguir lo que le están dictando por el mero hecho de que «no me puedo negar porque si no no cobro, porque si no me van a castigar de alguna manera», pues es cuando salen los problemas. Si los policías tuvieran la ética suficiente para plantarse en un momento dado y decir «yo no cargo contra esta gente porque me parece que es lícito el hecho de que se manifiesten en contra de una ley que me parece injusta», pues entonces tendría otra opinión sobre la policía. Pero hasta el momento me parecen marionetas.

POLÍTICA Y CORRUPCIÓN

La política es un juego de distracción, la clave de la política está en desenfocar los problemas para poder jugar con la realidad.

Los políticos son una panda de corruptos e hijos de puta. No es un tema español, está generalizado, las leyes se han hecho amparando al corrupto. El que hace la ley hace la trampa.

España no es democrática. Creo que vivimos bajo una dictadura encubierta bajo la economía.

Si una persona ve más importante llenarse el bolsillo a que toda la gente que tiene alrededor pueda vivir dignamente y le da igual pisar a quien sea con tal de enriquecerse hasta que el resto se muera de hambre… Pues hasta que no cambiemos eso…

Históricamente ha habido gente que ha querido controlar las sociedades para beneficiarse ellos y que el resto de las personas estén por debajo, y tenerlos controlados. Y llega un momento en que eso se desequilibra y la sociedad es quien pone a ese controlador en su sitio.

Cuando una ley es injusta lo que tienes que hacer es saltarte la ley. Históricamente el ser humano ha tenido que luchar contra leyes para poder velar por sus derechos. Que haya ley no quiere decir que sea justa.

Lo que me gustaría es que todo el mundo tenga derecho a opinar y a decidir, y que los pueblos tengan derecho a decidir sobre su futuro y que lo hagan democráticamente. Lo peligroso es cuando no le das la posibilidad a la gente de decidir su futuro y decidir democráticamente qué es lo que quieren hacer, ahí es cuando revienta. Y aquí se ha estado jugando a un juego muy peligroso que es el mantener a la gente en su estado de confort al límite de su calidad de vida, pero cuando ya dejas de tener nada que perder es cuando la cosa revienta, y si el día de mañana revienta nos va a perjudicar a todos, y no me gustaría vivirlo.

INDEPENDENCIA

Si un día Cataluña llega a ser independiente, creo que el siguiente paso es que Euskal Herria sea independiente también.

Cada cosa tiene su ciclo, y ahora mismo estáis los catalanes en el punto de mira. En su día os habéis beneficiado de que estuviéramos nosotros en el punto de mira para avanzar en vuestros intereses.

Euskal Herria está en un momento que empieza a ser un poquito inteligente y a jugar un poquito a la catalana. Y dejar que la gente enseñe sus cartas para después mostrar las nuestras. El carácter vasco es que si algo me parece mal te digo directamente que me parece mal, y eso es un error. El tiempo ha demostrado que lo suyo es que te guardes la opinión una temporadita y cuando sea necesario sacas tu opinión, pero tienes que ser consciente de cuándo tienes que jugar tus cartas.

Creo que el trabajo que está haciendo Cataluña es muy inteligente. Han sabido jugar sus cartas de otra manera y poco a poco conseguirán las cosas. Nosotros somos ahora quienes estamos siguiendo sus pasos.

Todo el movimiento independentista catalán viene también por un lado enturbiado de todas las corruptelas del partido Convergència i Unió, que históricamente ha sabido mantenerse al margen y cuando le ha interesado ha sabido utilizar esta corriente independentista para tapar sus marrones.

¿Que toda España vote por la independencia? Es como si a ti te piden votar sobre un referéndum que hacen en Suiza, no tiene ningún sentido. Otra cosa es que si tú tienes intereses creados en ciertas zonas vas a querer opinar porque te interesa, pero eso es un pensamiento basado en el colonialismo más que en la supuesta democracia que estamos viviendo en el siglo XXI.

Cataluña y cada región deberían tener el derecho de decidir sobre su futuro, su economía y su cultura. Se supone que vivimos en una sociedad democrática.

FUEROS VASCOS

No creo que tengamos más beneficios que otras comunidades por ETA. Históricamente eran derechos que nos correspondían y que no había forma de evadirlos. Son derechos que están limitados y que deberían ser muchos más de los que son.

EUROPA

¿Euskadi y Cataluña pueden vivir dentro de la Comunidad Económica Europea? Por supuesto, otra cosa muy diferente es que uno dependa del otro para decidir su futuro, y cómo gestiona su día a día. No tiene sentido globalizarlo todo. Yo no sé cuáles son los problemas que tienen en Extremadura y Andalucía en relación a la gestión de la tierra, de la industria, de la cultura, lo sé a grandes rasgos por lo que los medios de comunicación me transmiten, de los cuales no me fío nada, porque tengo una experiencia como vasco de vivir la manipulación de los medios de comunicación. Pero yo debería ser capaz de gestionar mi casa.

Un ejemplo sencillo es la comunidad de vecinos, nadie te dice cómo tienes que organizar tu casa: tú tienes tu trabajo, pagas tus facturas y de vez en cuando te juntas con los vecinos para decidir si tienes que hacer una reparación, pagar ciertas cosas, y cada uno vota según lo que le interesa. Uno tiene un problema de humedades en el tejado, otro una ventana que tal, otro un suelo que se le inunda, y entre todos llegan a un acuerdo, arreglamos esto, ponemos un poco de dinero, pero luego cada uno gestiona su casa.

PAÍS VASCO Y NAVARRA

Aquí todo es a lo grande y a lo bruto, «teníamos un perro grande y había que hacerle la caseta: el Guggenheim». Eso es una «bilbainada».

Sé que hay una gran parte de la sociedad navarra que es muy españolista y otra muy vasquista, es una sociedad de contrastes. La vizcaína es más neutral.

Para mí Navarra es Euskal Herria, de hecho el euskera viene de Navarra, y Navarra es parte del pueblo vasco. Lo que define a un pueblo es su lengua y su cultura, y la cultura vasca nace en Navarra.

IDIOMAS

El euskera dicen que es una de las lenguas más antiguas de Europa y probablemente una de las más antiguas del mundo.

Aquí hay un modelo educativo en castellano y en euskera. Y si quieres trabajar en el funcionariado deberás aprender euskera, el idioma del sitio donde estás viviendo.

Debería haber pluralidad para poder elegir, hay gente que viaja mucho, que vive un año en un sitio y otro año en otro, pero al final depende de la edad de los críos. Si el día de mañana ese crío ha vivido en Cataluña durante tres años y ha aprendido catalán, pues le has hecho un favor, no una putada. Igual que si se fuese a Francia, Italia o Alemania, va a hablar un montón de idiomas, por lo cual va a ser muy positivo para ese chaval.

AUTÓNOMOS, EMPRESAS Y CRISIS

Un autónomo trabaja mucho, da un pastizal a la Seguridad Social, y una gran empresa que factura millones de euros al año cotiza a Luxemburgo un 1 % cuando yo estoy pagando un 30 % al IRPF y 350 € al mes a la Seguridad Social. No tiene ningún sentido. Si proporcionalmente este tipo de compañías pagasen lo mismo que yo, nos quitamos la crisis mañana mismo.

Ha tardado en llegar la crisis al País Vasco porque es más industrial. Si tienes una sociedad basada en el mundo del ladrillo, pues entonces es cuando viene Paco con las rebajas, es cuando te lo comes con patatas. Pero aunque trabajes en la industria, si te has comprado una casa a un precio desorbitado tienes que trabajar más horas, y si cobras menos, pues tarde o temprano te llega a afectar, pero no tan rápido como si trabajases en la construcción.

En Francia no se dan créditos a más de 20 años, por lo que nunca se ha podido especular con el precio de la vivienda como en el Estado español. En Francia nunca podría subirse el precio de la vivienda tanto, porque la gente no podría pagarse una vivienda, porque el banco no le dejaría pagar 60 millones, porque no le darán un crédito para 50 años...

MONARQUÍA

Estoy en contra de la monarquía. No tiene ningún sentido en el tiempo que vivimos financiar a una panda de corruptos e impresentables para que hagan su *business*.

Para eso contratas a un relaciones públicas y te sale mucho más barato.

Felipe es una persona muy preparada, pero no creo que por el hecho de haber nacido en una cuna tenga derecho a estar por encima del resto de las personas. Cada persona tiene que luchar para llegar a un sitio.

No existe igualdad. No es lo mismo un tío que se lleva miles de millones de euros que quien ha robado en una tienda, uno entra por una puerta y sale por la otra y el otro se queda unos añitos en la cárcel. De hecho, hoy en día hasta la justicia no es accesible para todo el mundo, porque si quieres denunciar a alguien y desarrollar un proceso judicial tienes que pagarlo. Por lo cual la gente que no tiene un poder adquisitivo en condiciones, en la vida se va a permitir el lujo de denunciar a otro.

FRANQUISMO

El actual Gobierno son los hijos y sobrinos del antiguo régimen.

Este es el único país de Europa que todavía sigue teniendo calles en conmemoración a gente del Régimen y a franquistas, estamos viviendo todavía bajo la opresión de esa ideología indirectamente.

RELIGIÓN

Creo que España es un país muy religioso, pero creo que debería ser un país laico y que cada uno decida lo que quiere hacer.

Que se les enseñe a los críos desde pequeños una religión y no otra… Creo que las personas deberían crecer sin la toxicidad de las religiones y el día que se hacen mayores y tienen uso de razón, decidir si creen en una cosa o en la otra, no porque te coman el tarro desde pequeño.

TOROS

Me parece que matar para alimentarte es parte del ciclo de la vida, pero el hecho de torturar un animal para la diversión me parece mal.

Los encierros no me parecen mal, pero una corrida de toros que se acaba cargando al toro delante de toda *la peña*, me parece fatal. Por mucho que sea cultura no está bien. Y también me parece mal cómo sacrifican a los animales en las granjas para alimentarnos a nosotros. Soy el primero al que le gusta comer carne, pero hay formas de hacer las cosas.

ESPAÑA

Hay prejuicios. Es raro que digas «soy de España», normalmente decimos del Estado español. Cuando estoy fuera de España digo que soy del País Vasco. Me preguntan: «¿Dónde es?», y les digo que es entre el sur de Francia y el norte de España.

Anónimo – 1947 – Vasco (Bilbao) – Relojero

No sé cómo es la gente de aquí porque no los conozco a todos, pero en general la filosofía bilbaína está muy bien. Somos generosos con la gente que nos rodea, nosotros invitamos a quién está de visita.

No es lo mismo un bilbaíno que un aldeano de la aldea. El aislamiento en los caseríos dice bastante de la personalidad del individuo. Están aislados unos de los otros para no interferirse. La filosofía del pensamiento del vasco orientado a su independencia les ha marcado mucho.

NACIONALISMO

No me siento vasco, soy «multilátero» a ese respecto, no me encasilles, no me interesa para nada. Soy todo lo contrario al *aisladismo* del aislado. Además, tampoco lo soy. El hecho de nacer en Bilbao no me adjudica directamente ser vasco, yo soy español.

Hablo alemán, francés, algo de inglés y español, entonces no me coloques en *subparcelas*.

Si un catalán dice que no se siente español, allá él, es su problema.

Cataluña, desde los condes de Barcelona, siempre fue España.

BILBAO

En Bilbao hubo unas cosas que tuvieron mucha importancia, una fue la ría y la revolución industrial: los ingleses, suecos, alemanes y españoles de aquí…, las grandes explotaciones de la extracción de hierro…, se creó una riqueza inconmensurable. Después de la explotación minera vienen los altos hornos y las grandes empresas de desarrollo industrial. Construcción naval, altos hornos, *caminaciones* y un largo etc. Eso funcionó en esta región, no en Gipuzkoa. Allí tuvieron otra proyección: la fabricación de herramientas.

Ni mejores comunidades ni peores, lo que pasa es que aquí las condiciones eran otras. No nos vamos a comparar con un productor de vino riojano. Aquí hay otras condiciones para crear otro tipo de empresas.

NORTE Y SUR

Los catalanes, todo el levante y costa mediterránea no tienen mucho que ver con el norte. El mediterráneo tiene a través de su larguísima historia, fenicios, cartagineses, árabes, judíos…, afán comercial del que aquí nos aprovechamos en su momento porque no lo teníamos nosotros. España es polimórfica.

Los andaluces llevan su existencia con el «vivo hoy». Nosotros pecamos en exceso de serios.

ESPAÑA

Creo que los españoles, salvando las pequeñas diferencias, sí que nos entendemos.

Lo que ocurre es que hay un montón de maneras de pensar, conque yo soy de Castilla la Vieja, tú eres de Asturias y él gallego, el otro cántabro, el otro ascón y el otro navarro. Y esa diversidad de pueblos siguen estando allí, pero cuando se decidió que había que poner a prueba a los moritos porque nosotros ya éramos cristianos, pim, pom, y largo de aquí, y entonces eso conforma todo un pueblo.

Dicen que han pasado 2 millones de años desde las pequeñas familias que se juntan en una tribu, lo único que ha hecho el ser humano en ese tiempo ha sido unirse. «Divide y vencerás»; es verdad, la división sólo produce debilidad. Hoy estamos hablando de la Europa unida.

INDEPENDENCIA Y ETA

Votar, si es legal, sí. Lo que han hecho los catalanes es una milonga. Hay cosas que son primordiales y son los principios que nos otorgamos para ser gobernados, y allí está la Constitución. Si de repente un catalán dice: «Voy a hacer una votación para independizarme». Oiga, mire usted, ¿dónde está contemplado en nuestras leyes que usted pueda hacer eso? Va usted en contra de la ley, no puede vulnerar la ley. Si no está de acuerdo con ella habrá que cambiarla, pero no puede saltársela a la torera, porque si no te puedes saltar cualquier ley.

Lo que ha hecho ETA nunca ha tenido sentido. Una pistola nunca tiene derechos. Yo no puedo hacer valer sobre ti mi opinión con una pistola en la mano.

Curiosamente nunca nadie de las víctimas de ETA se vengó de los etarras.

IDIOMAS

El catalán es un dialecto. Cojo la parte que le corresponde al español, la parte que le corresponde al francés, y ya lo sé. No necesito estudiar nada de catalán.

El euskera es una lengua que proviene del sur de África. Hay una placa de plomo que se descubrió en Alcoy, Alicante, y está escrita en un idioma íbero y todo da a indicar que es un euskera muy primitivo. Estamos hablando de hace dos mil y pico años. Mira, en dos mil años cambia todo, nosotros ahora estamos hablando un castellano que dentro de dos mil años dirán que en qué estamos hablando, porque no lo entenderán. Si tú lees el *Quijote* tal y como lo escribió Cervantes hay muchos términos que dirás: «¿Y esto qué quiere decir?», y han pasado sólo quinientos años. Entonces a lo largo de dos mil años hay un reducto de euskera que se queda aquí. No, no proviene exactamente de Navarra.

Los de Navarra son más españoles que los de Burgos.

Estudiar euskera es una putada que le están haciendo a los chavales. Mi hija se empeñó que lo que había que hacer era hablar a los críos en inglés, y ahora tengo cuatro nietos que hablan un inglés todo seguido y donde quiera que vayan seguro que alguien les va a entender. Los políticos están obligando a los chavales a aprender una lengua que no vale. A Miguel de Unamuno le decían: «¿Usted habla euskera?», y decía: «Sí, lo suficiente para andar por el monte».

Las lenguas muertas no hay que dejarlas perder porque es la base de muchas cosas. Tú utilizas constantemente palabras en latín y en griego. Estamos haciendo un flaco favor a los chavales cuando en las escuelas no les estamos enseñando latín y griego, porque al final resulta que están hablando eso. Por tanto, si me pones en la balanza cuál es el peso mayor de una lengua autóctona que podría ser el euskera, que es una lengua prácticamente muerta, ¿habría que conservarla? Sin duda.

LA TRANSICIÓN

Con ocho años vivía en un régimen franquista, que no me gusta, pero no me gusta cuando lo pienso ahora, a esa edad ni franquismo ni historias, yo no tenía ninguna conciencia al respecto. Llegan los años 70, España empieza a crecer de una manera imponente, eso a Franco no hay quien se lo quite; tampoco hay quien le quite los asesinatos que produjo y toda la carga de dictador que tuvo. Pero en esos años el pueblo estaba con Franco. Después se muere Franco, entonces a los que no teníamos conciencia política, que era mi caso y creo que el de muchos, lo que más nos interesaba era tener más de cinco duros, veinticinco pelas en el bolsillo, las discotecas, las chavalas, el cochecito. Había pluriempleo, mi padre industrial tenía más de un trabajador que tenía tres empleos. Después llega el gobierno socialista, la reconversión industrial, Felipe se carga 480.000 empresas en España. Eso está en las hemerotecas; se produce el descenso.

DEMOCRACIA Y FRANCO

Creo que la democracia es el mejor sistema de gobierno, siempre que los que ejercen el poder sean honestos y no estén enriqueciéndose mientras el resto tenga pobreza. Y hoy hay muchísima gente que tiene mucha pobreza, y eso no puede ser así.

Yo no soy ni de derechas ni de izquierdas, sino todo lo contrario, pero estamos en el poder de los «cleptócratas». Cleptómanos son los que roban sin parar y *kratos* es el poder. Es el poder de los ladrones.

El inventor de la democracia fue Solón, uno de los siete sabios de Grecia, trescientos años y pico antes de Cristo. Dijo que para elegir un buen gobierno habría que consultar al pueblo. Por entonces había dictadores y para encontrar un gobierno que fuese del pueblo tendrías que contar con que el poder fuera del pueblo. *Demos* y *kratos* hacen la palabra «democracia», que significa «el poder del pueblo». Entonces inventa un sistema nuevo de gobierno y que todavía está. Solón concibió tres niveles, cosa que hoy no ocurre: uno el principal, otro el burgués y otro el aldeano. Al principal le da tres votos, al comerciante le da dos, y al que labra la tierra le da uno. Hoy en día no se contempla, pero habría que contemplar que quien sabe lo que conviene tenga tres votos, el otro que sabe de economía tenga dos, y el otro que tenga uno. Pero cuando se demuestre que el poder corrompe, cuando se demuestre que los tres niveles se aprovechan del poder, Solón dice que «para evitar el abuso de poder, lo inmediato debe ser una dictadura».

Franco llegó en un momento determinado, en una España que tenía un montón de problemas que yo se los he oído contar a mi madre. Cuando en los años 70-80 yo tenía una huelga era de risa, porque terminábamos emborrachándonos en los bares y mi madre decía «no, no, en la república había una huelga y no había pan, no había agua, no había luz, no había autobuses, no había escuela, no había nada».

En Europa a Franco nunca jamás le admitieron como usurpador del poder legítimo de la república, nunca. Franco se murió en la cama, ¿entiendes el matiz? En los años 60-70 Franco tuvo una situación muy particular, estaba rodeado de países que eran democráticos. A Franco tenían que habérselo cargado y haberse hundido en la puta miseria, pero no. En esos años Europa había salido de la Segunda Guerra Mundial y había una necesidad de todo, y allí Franco, que había sido neutral, lo aprovechó. Pero Franco acabó cuando se murió.

Navarra

Alfredo Panadero – 1991 – Navarro (Pamplona) – Realizador

Soy PTV. PTV significa «Pamplona de Toda la Vida». He nacido en Pamplona, he crecido en Pamplona, he vivido en Pamplona y soy de Pamplona. ¡Y así!

NAVARROS Y LA CUADRILLA

Un navarro te pregunta muchas veces si eres de aquí, y si eres de aquí eres como más aceptado.

Al navarro se le conoce mucho como un tipo muy cerrado, se suele comparar con el bilbaíno porque San Sebastián tiene fama de ser muy elitista. El navarro es un tipo sencillo, sus ambiciones no son grandísimas, se conforman, y luego hay otros navarros que son un poco más bordes.

Yo me siento algo navarro, no plenamente, no sigo las tradiciones, no juego a mus todos los días, aquí se juega mucho. Pero tengo raíces navarras y mucha familia de muchos lados, por eso miro hacia fuera, Barcelona, Madrid...

El mus es un juego muy de cuadrillas. Si eres de Pamplona tienes tu cuadrilla de amigos, puedes conocer gente fuera pero ellos no pueden estar en la cuadrilla. Pueden venir, pero no se integran, porque la cuadrilla es la cuadrilla. No sé exactamente cuándo nace la cuadrilla, creo que es un tema de conocerse en el colegio y hacerse amigos. Puede ser de hombres y mujeres, pero es más común sólo hombres u hombres y mujeres, no suele haber cuadrillas sólo de mujeres.

EDUCACIÓN E IDIOMA

No hablo euskera, aquí hay tres modelos educativos: uno es sólo castellano, que es el que tuve yo, otro es castellano y euskera, y otro sólo euskera más lengua castellana. Con sólo castellano hay algunos colegios, por ejemplo los concertados y algún público, luego de castellano y euskera en muchos públicos, y sólo euskera en las *ikastolas*.

A los nueve años nos fuimos a Irlanda, mi padre hizo una apuesta por el inglés, que es normal porque con el euskera puedo encontrar trabajo en el País Vasco o Navarra, pero con el inglés encuentro trabajo en muchas otras partes. Cuando estuve en Irlanda lo que aprendí no sólo ha sido el inglés, también la forma de entender la realidad; el inglés es muy pragmático. Volvería atrás y no me importaría estudiar euskera, me hubiera encantado estudiarlo, porque me da una nueva forma de acercarme a la realidad que enriquece mi vida y mi personalidad.

El euskera ahora se escribe más pero se habla menos, se escribe más por el batúa, que fue un consenso para hacer una lengua que recoge todos los dialectos del euskera.

Por cierto que el euskera nació en pueblecitos de Navarra. Hay gente en Navarra que se siente vasca.

Creo que el navarro no es tan de campo como es el vasco, y el vasco en el trato es más frío.

NACIONALISMO

Yo he llevado una bandera de España por la calle y la gente me ha gritado.

Ven en España un enemigo, ven España como un opresor. Me dicen que no pero a veces he conocido gente de *ikastola* que no sé qué les han metido en la cabeza, tienen un odio…

Una vez fui a una manifestación sobre Venezuela con una bandera de Venezuela pintada en una mejilla y la de España al otro lado, como diciendo «soy español y venezolano, estoy con vosotros, os apoyo», y al salir de esa manifestación la gente me empezó a gritar: «¡Facha, fascista!». ¿Por qué no puedo tener la bandera de mi país?

La bandera de España se asocia a una manera de ver la realidad de un territorio, y no tanto como la bandera que identifica a un país.

Yo me siento español. Y cuando veo los políticos no me siento representado pero me siento español.

POLÍTICOS Y CORRUPCIÓN

Nos quejamos de los políticos pero nosotros somos los primeros que si ahora podemos hacer un «sinpa», hacemos un «sinpa». Los políticos son un reflejo.

Creo que hay algo en nuestra sangre que nos pide esta picaresca, y no es sólo el español, en Latinoamérica lo ves también.

MEDIOS DE COMUNICACIÓN

Los medios tampoco se alían tanto con el poder político como la gente cree, no han hecho ningún pacto para que salga más un partido que otro. Sale lo que es tendencia, lo que a los medios les interesa es la audiencia, porque la audiencia da anunciantes: «Si eso se lleva lo pongo, si no se lleva, no lo pongo».

ETA Y FRANCO

Creo que ETA tenía motivos al inicio porque había una represión, una falta de libertad de expresión. Pero luego se les fue la olla.

Franco tampoco era un gran opresor, no era Stalin. Con Stalin el país se fue a la mierda, con Franco se hicieron algunas cosas buenas.

Los españoles somos un país que no tenemos respeto por lo que piensa la otra persona. Yo no voy a pensar que eres una mala persona porque me digas que quieres la independencia de Cataluña.

INDEPENDENCIA

En mi familia catalana hay de todo, a favor y en contra. Creo que si quieren la independencia no deberían desobedecer la ley, porque en España todo lo que ha sido ilegal ha sido absolutamente perseguido, relegado y llevado al extremismo.

Cataluña tiene derecho a votar, y todos los españoles. Cataluña sigue siendo parte de España. Emotivamente entiendo que haya catalanes que no se sientan parte de España, pero si hacemos algo democrático lo hacemos de verdad, que todo el mundo pueda votar.

Creo que tiene que haber un diálogo real entre el Gobierno y Cataluña, pero la verdad es que yo no negociaría la soberanía nacional.

Lo que dijo el ministro Wert es de imbéciles. ¿Cómo que españolizar Cataluña? Más bien sería «vamos a acercarnos a Cataluña». Es que dan más motivos para la independencia. ¿No somos un país que podemos tener la madurez necesaria para entender que tenemos diferentes culturas?

LOS FUEROS VASCOS

En términos de historia los fueros son justos, en términos de vida normal, no lo sé. ¿Por qué Navarra tiene los fueros? En la guerra de sucesión española había dos bandos, los Borbones y los Austrias.

Navarra apoyó los borbones, y Cataluña, Aragón y creo que Valencia apoyaron a los Austrias. Y por una cosa así se penalizó un montón a Cataluña y se siguió alimentando bien a Navarra. Y otra cosa, Navarra en sí fue un reino independiente muchísimo tiempo, hasta que al final se anexionó a Castilla.

NORTE Y SUR

Somos muy diferentes y es cojonudo. Pon a un navarro y a un andaluz; el navarro desconfiará del andaluz, el andaluz se abrirá de primeras; el navarro mucho más tarde abrirá el corazón, pero el andaluz mucho más tarde lo cerrará.

TOROS

Sólo he estado en una corrida de toros en San Fermín y lo pasé muy mal. A mí no me parece que es cultura, es innegociable, eso de cultura tiene muy poquito. ¿Matar a un animal es cultura?

En el recorrido de San Fermín no hay maltrato, si alguien le pone una mano al toro ya está un pastor pegándole un palo, básicamente porque el toro se puede dar la vuelta y la liamos.

No veo a los que están a favor de los toros como unos locos, pero sería incapaz de estar allí.

MONARQUÍA

Antes me parecía bien, pero ahora no lo tengo tan claro. El problema es que en España no sabemos ser república, cada vez que hay una república se lía parda. Ha habido dos repúblicas, la primera duró dos días y la segunda generó una guerra civil.

En España no nos escuchamos entre nosotros y por eso no nos podemos entender. Todavía somos una sociedad en la que tenemos muchos prejuicios los unos contra los otros.

Anónima – 1992 – Murciana (Murcia) – Estudiante de Audiovisual
Lucía – 1990 – Riojana (Logroño) – Máster en Guion

Anónima: Hace cinco años que estoy aquí.
Lucía: Yo siete, y no quiero volver a mi casa. Tampoco quiero quedarme aquí, pero en parte me siento de aquí. Igual porque me he juntado con gente de Pamplona y es como que ves las cosas igual que ellos, aunque no como los PTV.

NAVARRA

Anónima: Los navarros son muy cerrados y aparentemente bordes, pero es por su forma de expresarse.
Anónima: Yo no me siento de ningún sitio. Pero sí siento que le debo algo a Pamplona. Aquí me he hecho mujer y he conocido la gente que me ha ayudado estos años.
Lucía: Yo vine odiando Pamplona porque quería irme a Madrid a estudiar, y ahora siento que le debo algo a Pamplona.
Anónima: A mí me pasó al revés. Me cogieron en Madrid y me quise venir a Pamplona porque es más reducido, con naturaleza, con gente amable aunque al inicio parezca un poco difícil entrar.

Lucía: Cuando vine a Pamplona me dijeron que no llevase banderas españolas en la parte vieja.

NACIONALISMO

Lucía: Yo digo que soy de Logroño pero no soy española.

Anónima: Creo que tenemos una connotación, aún más aquí, que si dices que eres español eres peor. ¿Por qué?

Lucía: Por eso no lo digo.

Anónima: Por miedo a lo que puedan pensar.

Lucía: Que no. Aquí está el tópico de que los españoles somos unos vagos y unos catetos, y yo no me siento así.

Anónima: ¿Y quién ha creado el prototipo de español?

Lucía: Los medios y la cultura poco a poco, el boca a boca.

Anónima: A mí me parece una gilipollez. ¿Quién es el prototipo: el catalán, el gallego? ¿Me siento español? ¿Español de dónde? Porque español puede ser de un pueblo cerrado de Madrid o del monte de Murcia con su huerta. No tiene nada que ver uno con el otro.

Lucía: En eso pienso igual.

NORTE Y SUR

Lucía: El tópico de que el norte manda dinero al sur se dice mucho en el norte. Que el sur no podría vivir sin el norte.

Lucía: En el sur me pasó que cuando fui a Granada, en un cena de una amiga, dijeron que yo estudiaba en Navarra, y uno que era abogado me dijo: «¡Ah! Eres etarra».

Anónima: Había gente que creía que si ibas a Bilbao te iban a meter una bomba. Como en las noticias se han centrado durante muchos años sólo en esa noticia, la gente piensa eso. Cuando hay muchas más cosas.

Lucía: En Granada también me pasó que me dijeron: «¿Has probado el pan con tomate?», digo «sí, pero lo llamo *pan tumaca*», y un chico me dijo: «Es que los catalanes nos han robado la idea, porque el aceite es de Jaén, la agricultura de Andalucía y el pan... pues hacemos el mejor pan del mundo», le dije: «¿Pero me lo estáis contando en serio?», y dice: «Sí, los catalanes se quieren llevar todos los honores».

Lucía: Cuando bajé al sur me sorprendió ver en los escaparates de las tiendas cosas de España, y no eran ciudades turísticas. En el sur son muy españolitos, van con muchas banderas y me sorprendió, me pareció raro, y se supone que vivo en España. Y no sé por qué me parece raro.

Lucía: Los del norte somos como más fríos al principio, te han educado de una manera de que no muestres todo el rato.
Anónima: Pero yo conozco gente gallega, de Santander y otros sitios, que son más abiertos.
Lucía: Uno del sur te puede contar 80.000 cosas.
Anónima: Sí, pero luego hay más falsedad. Pienso que en el norte hay más nobleza.
Lucía: Sí, los del norte los veo más nobles.

Anónima: Yo, siendo del sur, me fiaría más de la gente del norte, y algunas amigas del sur. Pero en el norte tengo más amigas de verdad.

Anónima: ¿Por qué no se iba a entender la gente del norte con el sur? Si me puedo entender con un africano y con un americano, ¿por qué no debería poder entenderme con los del norte?

EDUCACIÓN

Anónima: En el colegio me han contado las batallas, pero no cómo son ahora las comunidades y las diferencias que hay en España… He tenido que viajar para eso.

Anónima: He hablado con gente de Navarra sobre cómo le han contado la historia de Navarra, y hay gente que dice que siempre ha sido el País Vasco y gente que dice que siempre ha sido el Reino de Navarra. Allí sí veo influencia de lo que cuentan los profesores según el colegio al que has ido.

INDEPENDENCIA

Anónima: Deberían poder votar. Rajoy está imponiendo lo que él quiere. ¿Qué pasa, que porque seas el presidente y digas no, te puedes ahorrar cualquier explicación?

Lucía: Creo que muchos catalanes no tienen ni idea de lo que significa la independencia. ¿Qué consecuencias tiene la independencia? Yo no lo sé, y creo que no se explica.

Lucía: Creo que deberían hacer dos votaciones, una para catalanes y otra para preguntar a todas las comunidades. ¿Qué les parece que se vayan? ¿Por qué no cambiamos un poco las comunidades autónomas?

FUEROS VASCOS

Anónimos: A mí me parece bien que los fueros vascos los tenga Cataluña antes que independizarse. Me parece injusto que los tengan sólo los vascos.

ESPAÑOLES

Lucía: Los catalanes sí tienen algo distinto, pero los murcianos también tienen algo distinto.

Lucía: Nos centramos en las diferencias de cada uno, es que «yo soy catalán», o «yo soy no sé qué». Tío, eres igual, sufres igual, tienes las mismas preocupaciones, vas a trabajar…

Lucía: No sabemos debatir. Porque lo que hacemos es: «Tú me vas a contar tu historia y yo te voy a contar mi historia, y aunque me hagas dudar yo seguiré pensando igual».

Anónima: Nos quejamos mucho y no sabemos valorar.

TOROS

Anónima: Creo que no es necesario. No me parece bien torturar un ser vivo para divertirte y sacar dinero a otra gente a costa de eso. No voy a ir con pancartas, me parece exagerado, pero preferiría que no lo hicieran.

Lucía: Tuve que hacer un reportaje sobre vender carne de cerdo y a los cerdos los maltratan, y dices «vale, ¿y por qué a un toro no se puede y a un cerdo sí?».

MEDIOS DE COMUNICACIÓN

Lucía: Me da rabia que la gente sólo vea un telediario o un periódico. Léelos todos para ver cómo piensa el resto de gente.

Anónima: No te lo creas todo porque lo ha dicho un periodista.

Lucía: Nadie es objetivo. Dependiendo del canal de TV tienen una versión diferente.

POLÍTICOS

Lucía: Tengo apatía a los políticos, no me sale votar, no voto. Mi decisión es que no voy a perder el tiempo en ir a votar.

Lucía: En mi casa, alguna vez cuando hay elecciones me han dado los sobres preparados. Hay gente muy cerrada que es de un partido porque sus padres son del mismo partido, no piensan por qué votan. En España se vota emocionalmente.

MONARQUÍA

Lucía: No creo que una persona deba ser rey por sangre, ese concepto está sin evolucionar. El rey no me representa, no los veo cercanos.

Lucía: A mí el rey no me soluciona nada, lo único es que tengo firmado el título de la carrera por él.

RELIGIÓN

Anónima: Somos un país religioso, hay mucha cultura cristiana en toda España. Y el gobierno es religioso dependiendo de qué partido salga.

Anónima: La religión debería estar separada del gobierno, porque una cosa es cómo funciona una ciudad, un sistema, y otra cosa lo que uno sienta y crea.

La Rioja

Iván – 1991 – Riojano (Logroño) – Operario de fábrica
Desiré – 1991 – Riojana (Logroño) – Niñera

Desiré: Los riojanos somos buena gente pero cerrados.
Iván: Pues yo creo que somos muy abiertos.
Desiré: Pues yo creo que no, son más abiertos *pa' bajo*.
Iván: Pues yo entonces soy abierto, ¡qué hostias! Pero sí, en general somos más cerrados.

LA RIOJA, NORTE Y SUR

Desiré: Dicen que hablamos como cantando, me parece raro, pero nos lo ha dicho mucha gente.

Iván: Aquí se lleva mucho ir de tapas y vinos, pero no somos borrachines.

Iván: En La Rioja, en el País Vasco y Navarra somos todos muy parecidos.

Desiré: Creo que la gente del norte somos diferentes a la del sur. Me encanta la gente del sur, son muy alegres, pero sí que creo que son un poco vagos.
Iván: Yo no creo que sean vagos, viven igual que nosotros. De algo tendrán que vivir, de trabajar, de allá también salen cosas.
Desiré: No sé por qué son vagos, por lo que he escuchado y eso…

Desiré: Se dice que en Cataluña son muy tacaños, del puño cerrado.
Iván: Sí, yo estuve allí y son más de «yo me pago lo mío y cada uno lo suyo». No me parece ni bien ni mal, sino distintas maneras de verlo. Aquí vas de pintxos y todos tomamos lo mismo.
Desiré: Aquí es típico poner bote. Se ponen cinco euros por cabeza y hasta que dé el dinero. Siempre hay alguno que bebe un poco más.

NACIONALISMO

Desiré: Claro que me siento riojana. Como dice la jota riojana: «Mi tierra es La Rioja y Logroño es mi pueblo».

Desiré: Yo sí me siento española.
Iván: Yo totalmente también.
Desiré: Mi familia es vasca y yo opino que soy española 100 %. Y mi familia es española, y son vascos, ¡eh!

Desiré: Lo que opinan tus padres lo vas a opinar tú, porque es con lo que te han educado.

Iván: En el País Vasco he ido a sitios con el coche que he tenido que guardar la bandera por miedo.

Desiré: Cuando he ido allí en coche con la típica cinta que tienes de España del Pilar, la he tenido que quitar, porque al igual te rompen el cristal.
Iván: Son gente que no respetan a los demás.
Desiré: Si no te sientes español, vale, pero estás en España, hay que respetar.

Iván: No sabemos respetar las diferencias, pero se deberían respetar, si yo soy del Madrid y tú del Barça, es respetable.

Desiré: No sabemos entendernos entre comunidades, porque Cataluña y el País Vasco no se entienden con las demás comunidades.

INDEPENDENCIA

Iván: Yo lo de la independencia no lo entiendo.

Desiré: Yo tampoco.

Iván: Yo pienso que Portugal debería ser España.

Desiré: Yo eso no lo opino.

Iván: Pero porque siempre has visto Portugal fuera de España, pero igual sucederá si se va Cataluña. Con el tiempo se verá Cataluña fuera de España, como Portugal.

Desiré: Yo lo de Portugal no lo entiendo pero lo de la independencia, pues no, es España y es España, no hay negociación. No entiendo que no se sientan españoles.

Iván: Cada uno tiene su opinión, pero si es nacido en España quiera o no en el DNI pone España y aunque tenga otros pensamientos, es español. No hace falta ni convencerlos, es que son de España. Si se separan no habrá Liga, no podrán jugar, ni podrán venir a España.

Desiré: Mi padre dice: «Yo les daría la independencia, les pondría cuatro paredes y que no salieran de allí».

Iván: ¿Y qué harían con todo el dinero? Es que están en España, todo lo que tiene Cataluña está dentro de España.

Desiré: Yo respeto la opinión que tengan.

Iván: Que se expresen, pero es que van a seguir siendo España.

Desiré: Es que yo como española considero que Cataluña es de mi país, y quiero Cataluña en mi país.

IDIOMAS

Desiré: Pienso que deberían dar opciones; por ejemplo, mi madre tuvo opción de estudiar en euskera o en español, y en Cataluña debería ser igual. Que den la opción de en qué lengua quieres estudiar.
Iván: Yo no creo que haya opción, se debería poner el catalán o euskera como lengua optativa como se hace con el inglés. Todo el mundo tenemos que saber hablar español.

Desiré: Tengo una amiga que es de Donosti y tiene un hermano que no sabe hablar el español bien. Me parece una pasada, eso es exagerado. Y la madre de mi abuela no sabía castellano, sólo hablaba en vasco.

EDUCACIÓN Y MEDIOS DE COMUNICACIÓN

Desiré: Es una pena que una persona que no tenga recursos no pueda estudiar lo que él quiere. Igual puede ser un médico excelente y no ha podido estudiarlo, y es un médico excelente que pierde España.

Iván: Los medios de comunicación manipulan, dan la tabarra siempre con lo mismo. Si esto es blanco dan la tabarra con que es negro hasta que todo el mundo piense que es negro.

POLÍTICOS

Desiré: No me gusta ningún político.
Iván: Nunca me ha interesado la política y viendo los casos de corrupción ni me interesa. Lo ponen en la tele y lo cambio, prefiero ver Los Simpson.
Desiré: Cuando le digo a mi padre «quita eso de la tele» me dice que es el futuro de mí país, pero buf… Me parece muy cargante ese tema.

Desiré: Yo voto.
Iván: Yo no, porque tanto unos como otros van a hacer lo mismo, todos piensan para la saca.

Desiré: Es el deber votar.

MONARQUÍA

Iván: No veo por qué debe cambiar ahora la cosa. Siempre ha sido así, lo veo bien.

RELIGIÓN

Desiré: La gente cada vez cree menos.
Iván: Yo, por ejemplo, no creo en Dios, pero siempre me ha gustado el casarme en la iglesia.
Desiré: Eso es tradición, pero si tú no crees en Dios, ¿por qué te casas por la Iglesia?
Iván: De blanco, con mi traje, con toda mi familia. ¿Qué va a pensar mi abuela si no me caso en la iglesia?

TOROS

Desiré: Somos taurinos. Creo que los toros siempre han sido una tradición.

Desiré: Cada país tiene su cosa que destaca y en España son los toros. Es una cosa que define a España.

Desiré: Entiendo que a la gente que viene a España le parezca una barbaridad. Y a los antitaurinos si no les gusta, que no vayan a verlo. Que nos respeten ellos a nosotros.
Iván: Que nos dejen verlo a quienes nos gusta disfrutarlo. Un animal es para comer o para nuestro disfrute.

ESPAÑA

Desiré: Yo conozco más personas que viajan por España que por el extranjero. Eso es bueno porque da dinero a España y no al extranjero.
Iván: Pues yo soy de pensar que prefiero irme a fuera. Me gusta conocer mundo, porque ya he viajado mucho por España.

Anselmo – 1950 – Riojano (Logroño) – Poeta

De La Rioja siempre han dicho que es una tierra de paso. El valle del Ebro ha sido un valle invadido por todas las culturas que han pasado por la península Ibérica. Es una zona privilegiada puesto que poseemos un microclima. Tenemos toda una serie de productos que lo han hecho deseable a cualquier civilización. Indudablemente los riojanos somos gente abierta, gente de bar, gente de taberna, gente trabajadora, gente seria. Pero nos gusta alternar, estar en el bar y contarnos nuestras chirigotas y nuestras historias.

LA RIOJA Y EL PAÍS VASCO

No somos parecidos al norte, somos primos hermanos, pero distanciados. He vivido en Pamplona y en Bilbao y es gente mucho más reservada, más cerrada, en el sentido de que ellos han vivido menos historia, en el sentido de que no han sido tan invadidos. Allí se han conservado muchas tradiciones, costumbres y demás que nosotros los riojanos como tal hemos perdido, incluso el idioma euskera, que en su momento en zonas de La Rioja se hablaba.

Los nacionalistas vascos en la Transición pretendían anexionar La Rioja a Euskadi, pero los riojanos dijimos que no, nada más, fue un pequeño malentendido, por lo demás nos llevamos bien.

NACIONALISMO Y FRANCO

Los riojanos no somos diferentes al resto de España. Los hombres somos los mismos en todas partes, en realidad todos los hombres y mujeres estamos en la misma. Es la historia de la supervivencia del crecer, de ocupar un sitio en la sociedad para formar una familia, de trabajar para sacar esa familia adelante, tener hijos, sacarlos adelante, y luego con el tiempo disfrutar de los nietos y jubilarte.

No me siento español, me siento muy poco español. Me considero un hombre fundamentalmente ibérico. Soy nacido en la península Ibérica, España es una creación artificial pero la península Ibérica no. Entonces me considero ibérico, me gustan los pueblos de Iberia: catalanes, aragoneses, vascos, navarros, riojanos, castellanos, andaluces, manchegos, extremeños… No podemos definir a todos los españoles como un ente único. Los tres elementos de todo fascismo son patria, raza y religión. No creo en los nacionalismos porque enseguida me llevan al fascismo.

Me siento totalmente riojano, me enamora, es como una doncella de 17 años, es fuerte, poderosa, exuberante, atractiva, graciosa, divertida. Es que en La Rioja tenemos todo, tenemos la España verde, y digo España, tenemos la geografía del vino, del cereal, de la huerta. La Rioja es indudablemente conocida por el vino, pero los proyectos de la huerta son exquisitos.

Cuando transcribas esto en lugar de España dices la geografía… No me gusta hablar de España, porque soy partidario de una república Ibérica.

Cuando era niño me incomodaba la utilización que se hacía de la palabra España, entonces aprendí a estar incómodo con ella y sigo estando incómodo con ella. Me incomoda el término español, a mí lo que me gusta es hablar de castellano. Indudablemente esto es por la época de Franco.

No sé si aún queda Franco en los tiempos actuales, creo que sí, queda de los que hemos vivido aquella época.

Todos los nacionalismos se crean a partir del desprecio hacia lo anterior. Es un poco como la autoafirmación de los adolescentes, tienen que despreciar a papá y a mamá, decir que son tontos, porque ellos tienen que autoafirmarse. Los nacionalismos son así de infantiles.

Yo rechazo la palabra España por connotaciones históricas, ellos lo hacen por connotaciones políticas e inmediatas.

CULTURA Y POESÍA

España sobre todo y ante todo es un país inculto, pero no hay diferencias entre los catalanes, los riojanos, los vascos, los gallegos, ni entre nadie. Somos un país inculto y prueba de ello lo da la estadística de lectura.

En la cultura está implícito el nivel educacional. Si tenemos una mala educación de los niños y una mala educación en los padres, que son los que realmente deberían educar a los hijos, y los padres no tienen educación para educar a los hijos, y los maestros tampoco tienen la educación para educar a los hijos, pues estamos dando vueltas como tontos en torno la misma incultura. En España no se lee poesía, eso da una idea muy importante del nivel cultural de los españoles. Y no se lee porque no hay cultura poética. En otros países a los poetas se les adora, se les respeta, se les aplaude, incluso se les paga. Aquí no, aquí el poeta tiene que regalar los versos, los poemas. ¡Pero bueno! ¿De qué vas?

Todas las profesiones relacionadas con la cultura están mal pagadas, ya sean músicos, pintores, escultores, teatro y sobre todo en el mundo de la literatura y especialmente en el mundo de la poesía.

Los novelistas todavía pueden comer, los poetas que no intenten comer de sus versos.

Nosotros consideramos que la gran cultura es la occidental, cosa que no es cierta, la gran cultura es la que permite la comunión entre las personas, el entendimiento.

CATALUÑA Y LOS IDIOMAS

A mí me viene un tipo y me dice que yo como riojano me tengo que españolizar, le pego una torta en la cara como mínimo. Estuve en Barcelona viviendo y los catalanes están muy bien como están, con su cultura, y está muy bien lo que hacen. ¿Que tienen defectos? Son ellos quienes tienen que verlos. A mí los catalanes me han tratado siempre maravillosamente.

La libertad de aprendizaje de los hijos la tienen que tutelar los padres. Si yo viviera en Cataluña le diría a mi hijo que se eduque con la mayoría. Si no sé catalán ya me encargo yo de aprenderlo. Si vivo en Cataluña mi obligación es aprender el catalán, de la misma forma que si vivo en Londres mi obligación es aprender inglés. Yo no puedo ir a Cataluña a obligar a los catalanes que me hablen en castellano, como no puedo ir a Londres a obligar a los ingleses a que me hablen en castellano.

INDEPENDENCIA

Los países como tal son una formación artificial que se crearon a fuerza de sangre y fuego acabada la Edad Media. Bueno, pues si algún día hay que disolverlos qué más da, si se crearon artificialmente pues también se pueden disolver artificialmente.

Hemos creado herramientas de separación, las fronteras, los estados artificiales, las comunidades artificiales, las religiones artificiales, las políticas artificiales, el estatus social artificial; es decir, «yo tengo mucho, tú tienes poco, tú estás por debajo de mí», y todas esas cosas.

Yo no les niego el derecho a votar a los catalanes. Estoy deseando que voten y que se acabe el tema. Lo mejor que puede hacer un gobierno inteligente es permitir un referéndum en serio en Cataluña.

Yo no le digo a Cataluña que no se vaya. Si quieren irse que se vayan.

FUEROS VASCOS

Yo no quiero saber nada del nacionalismo, soy mucho más próximo al País Vasco y Navarra que a Cataluña. En Logroño estamos a 3 km de ambas comunidades y no son justos los fueros vascos y navarros, porque a nosotros nos han robado decenas de empresas por las mejoras económicas de allí. En Oyón, que es vasco y que está a 5 km, hay un polígono industrial genial donde está toda la industria que fue riojana. O lo tenemos todos o no lo tiene nadie.

POLÍTICOS Y MONARQUÍA

Evidentemente España no es democrática, en estos momentos vivimos todos bajo la horrorosa tiranía del FMI y de la troika. Los políticos ya no ejercen de políticos en España, son meros ejecutores de la política impuesta por el FMI y la troika europea. No son políticos, son ejecutores.

Yo abogo por un país federal. Soy antimonárquico, no me gustan los reyes, me gusta la república.

¿Las veces que hemos sido republicanos dicen que fue un desastre? Bueno, se han vivido miles de periodos que han sido un desastre con la monarquía y nadie dice nada de ellos, Fernando VII por ejemplo.

ESPAÑOLES

En España no nos entendemos ninguno, los catalanes dicen que «la pela es la pela». ¡Pues todo el mundo está a la pela!

Los hombres somos la consecuencia de nuestros condicionamientos, es decir, un hombre de la playa de Tarragona no es lo mismo que un hombre del pirineo leridano. Porque uno tiene sol, playa, huerta y tiene miles de cosas, y el otro tiene unos alimentos muy limitados y mucho frío.

Si a un hombre le quitas el idioma madre, la cultura tradicional, los conocimientos adquiridos, y lo dejas solo en el mundo… Imagina que eres tú, y coges a otro hombre, por ejemplo yo, un riojano, y hacen lo mismo conmigo. Nos encontramos allí y seguro que nos entendemos a la primera. La política y las religiones lo que han creado ha sido muchas fronteras de no entendimiento con los hombres.

¿España para vivir? Sí… La península Ibérica es maravillosa para vivir.

Castilla y León

Sergio – 1988 – Castellano y leonés (Valladolid) – Periodista y músico
Daniel – 1989 – Castellano y leonés (Valladolid) – Camarero
Ove – 1984 – Castellano y leonés (Valladolid) – Ingeniero técnico
Hugo – 1977 – Gallego (Lugo) – Comercial
Mario – 1969 – Castellano y leonés (Valladolid) – Camarero nocturno

—Siempre ha habido bastante diferencia entre Valladolid y León, se dice «puta Valladolid, puta León», de toda la vida. Siempre ha sido así, un tira y afloja.

—Valladolid es la capital de Castilla y León, entonces la mayoría de los recursos se quedan aquí y claro, Salamanca y León…

—Yo creo que un adjetivo que nos puede definir es elegancia y frialdad.

—Sí, ser frío, ser borde y seco refleja elegancia. Tenemos fama de ser fríos, pero son tres chupitos, dos cañas y hablamos de lo divino y lo humano.

VALLADOLID

En el extranjero te preguntan: «¿Eres de España?» y te dicen «¿de Sevilla?», pues no, «¿Madrid?», no, «¿Barcelona?», no, «¿Bilbao?», no, no y no. En el norte, al norte de Madrid y al oeste.

—Aquí no tenemos nieve pero tenemos niebla 90 días al año, te cuesta ver a la gente y es como que vas a tu rollo.
—Para que te hagas una idea de que es cierta esa afirmación, cualquier negocio piloto que quieran implantar en España se prueba en Valladolid y en Zaragoza. Si funciona aquí funciona en el resto de España.
—Somos un público exigente.

—Hay mucha diferencia entre los pueblos y la capital.
—A veces vas a un pueblo y estás más a gusto que en brazos, en cinco minutos conoces a todo el pueblo.
—En los pueblos son muy cotillas.
—Y en Valladolid también, somos porteras.
—Eso no sólo los de castilla, eso lo es todo el mundo. En Extremadura que hace bueno todo el verano se pasan el día sentados en la puerta a ver quién pasa y quién no.

NORTE Y SUR

—De Madrid para abajo son totalmente distintos, son mucho más abiertos, más hospitalarios en un primer momento.
—¡Falsos! A la hora de hablar puedes hablar antes con uno del sur que del norte, pero pienso que siempre tendrás amigos más sinceros y más directos en el norte que en el sur.
—Más duraderos, amigos de verdad que se mantienen toda la vida.

En el norte diferenciamos mucho entre conocidos y amigos: «¿Pero ese es amigo tuyo?», no, es conocido, y lo dejas bien claro. En otras zonas de España es como que de repente dicen amigo y todo el mundo acepta que es amigo, y a lo mejor lo conocen de una semana. Aquí nos cuesta más pero luego creo que la entrega es más completa.

—No he trabajado en el sur, entonces no te puedo decir si son vagos, de todas maneras están tan mal las cosas en todos los sitios que casi no hay trabajo en ningún lado.

—Yo he trabajado en el sur y cuanto más al sur menos se trabaja, en Canarias no se trabaja nada.

—¿Pero no se trabaja nada o en un ritmo distinto?

—En un ritmo distinto, pero para lo que hace un trabajador aquí, allí hacen falta tres. En vez de un camarero contratan tres.

—Antes había muchas dificultades para conocer España. Mis abuelos se iban de vacaciones de Madrid a Asturias y tardaban tres o cuatro días para llegar. Ahora más o menos todos hemos viajado, has ido a Andalucía, al norte, al este, al oeste y tú tienes tu propia opinión, luego te contarán lo que quieran, pero cada uno puede tener una opinión súper formada de lo que hay en cada sitio.

—Es muy difícil, pues somos un grupo muy heterogéneo en España. Te vas a Galicia y es totalmente distinto a Murcia. ¿En qué se parece un gallego a un murciano? Definir a un español, ¡buf! Es que en realidad somos como un compendio de naciones dentro de un Estado, entonces... ¿Deberíamos ser una federación?

INDEPENDENCIA

—«Voy a hacer esto porque a mí me da la gana, porque soy Cataluña», no, tú eres parte de España, punto pelota.

—Hay un derecho internacional, que es el derecho de libre determinación que está por encima de la Constitución, que defiende que tú, como pueblo, puedes decidir qué quieres ser y qué no. Entonces lo que está haciendo el Estado español contra Cataluña es saltarse ese derecho internacional.

—Dejan de ser españoles si se independizan.

—Que seas catalán no impide que puedas ser español a la vez, puedes tener la doble nacionalidad, y eso dentro de la independencia de Cataluña se está planteando.

—¡Buah!

Yo considero que si a mí me viene alguien de Andalucía, de Galicia, de Cataluña, de Baleares o de Canarias a decidir lo que la mayoría de Castilla y León quiere hacer con Castilla y León, es una injusticia, por eso entiendo a los catalanes que quieran decidirlo.

—Por ejemplo, si Castilla y León quiere independizarse con el antiguo Reino de Castilla, La Rioja, Cantabria, Madrid y Castilla-La Mancha, ¿a ti te gustaría que te dijesen que no puedes hacerlo porque tiene que votar un catalán o un murciano, que a lo mejor no ha venido aquí en su vida?
—Que una comunidad se separe conlleva unos beneficios o perjuicios para el resto de españoles, entonces, ¿por qué unos tienen que decidir algo que a mí me puede perjudicar o beneficiar? Yo quiero decidir también.
—¿Pero por qué tienes que decidir por otras personas?
—¿Pero por qué otras personas van a decidir si esas empresas, esa salida al mar, esa frontera con Francia…?
—Pero eso no te pertenece, están hablando de ellos, son los que viven allí; quien vive en esa tierra tiene bastante más derecho que el que no vive allí.
—Llevamos muchísimos años siendo España.
—Y otro tiempo que no.

Euskadi, no digas País Vasco.

FUEROS VASCOS

—Eso viene de la pantomima del Estado de las autonomías. Cuando haces un Estado de las autonomías que no es ni un Estado centralista ni un Estado federal, una especie de acuerdos, encaje de bolillos, el fruto es ese: la desigualdad. Porque realmente no tienes un Estado federal en que cada autonomía tiene realmente autonomía, ni tienes un Estado centralista porque transfieres competencias, de tal manera que deriva en la injusticia, porque no está igualmente repartido. Los catalanes no tienen los mismos derechos que los murcianos, que los gallegos, que los vascos, que los madrileños. ¡Pues no es justo!
—¿Por qué Navarra y País Vasco lo tienen y Cataluña que lo pide no se lo dan; y Castilla y León no lo tiene?

—Pues porque Castilla y León no lo pide.
—Pero Cataluña sí, y no se lo han dado.

No creo en las autonomías, las anularía, y a muchos de los ayuntamientos también, y el senado me lo cargaría, me cargaría un montón de gente que está cobrando del Estado, que está gorroneando del Estado. El senado es un cementerio de elefantes de gente que ha estado de diputados y está allí tocándose la mandanga.

POLÍTICOS

—Creo que España está teniendo muchas políticas que no son democráticas. Creo que mucho viene dado porque en la Transición fue como un parche que pusieron allí, que se vendió como la panacea española. Y creo que en realidad no se ha hecho bien, no estamos en un Estado democrático como debería ser.
—España no es una democracia porque aunque votes todos los años no tienes poder. Una democracia no significa solamente poder votar, una democracia significa también que todos somos iguales y no lo somos. Hace falta abrir cualquier periódico para darse cuenta de que no todos somos iguales.
—¿Y hay algún país que consideres democrático?
—No me vale como excusa que otros tampoco.
—La igualdad es imposible, es una mentira que nos venden. Aunque todo el mundo tuviera lo mismo, un coche, una casa, cien euros, pasado mañana vuelves a no ser igual, porque uno ha vendido el coche, al otro se le ha estropeado, el otro se ha gastado los euros en whisky, el otro en comprarse una licencia de taxi y entonces ese va a ganar más, y dentro de dos años ya no vas a ser igual otra vez.

—En mi vida no he visto a España peor que ahora mismo, y tengo 45 años. Y no me gustaría salir otra vez a la calle y pegarte un tiro a ti porque tengas otra ideología, otra idea al pensar.
—Yo no creo que en el caso que ganase Podemos acabarían así las cosas.

MEDIOS DE COMUNICACIÓN

Los medios no están politizados, están economizados. Si los intereses económicos de según qué grupo editorial dicen tal, se dice «arriba España», si te compensa más decir «viva la república», pues viva la república.

MONARQUÍA

—Yo soy republicano.

—Y yo soy facha, ¿qué pasa? Aquí hay una monarquía institucional y hay mucha gente que está en contra pero, ¿y qué ponemos ahora mismo? Es que no sé qué poner.

—Depende de la república que me vayas a proponer me quedo con la monarquía. Pero que haya un tío que sea el rey porque el padre de su padre, del abuelo de su padre, que en la batalla de no sé quién... A mí me da muchísimo por el saco que haya que mantener, ya no a él, a toda la panda de vagos y chorizos que vienen detrás.

NACIONALISMO

—Creo que siendo de Cataluña, de Euskadi o de donde sea, no creo que nadie se sienta no español.

—Qué cojones, mucha gente.

—Tú te sientes de tu tierra, gallego o andaluz. Y España simboliza otras cosas distintas que no tienen nada que ver con las que tú sientes.

—¿Y Galicia qué es? Parte de España.

—Pero eso es porque a alguien se le ocurrió decir que todos éramos una nación. Es algo inventivo. De la misma manera tienes el mismo derecho a decir: «¡Pues no!, yo me siento gallego. ¿Por qué?, pues porque es mi tierra». Igual que tú te has inventado la nación de España yo me invento la mía que es Galicia, y yo me siento de ella.

—Pero esa parte, que es Galicia, es parte de España.

—Tú eres lo que tú sientes.

—Para mí la bandera de España y sentirse español significa algo bastante peyorativo, en absoluto me representa por lo que se entiende ser español. A mí me han robado la palabra España, incluso me han robado la bandera, ni siquiera puedo sentirme identificado diciendo «soy español» porque tiene ciertas connotaciones. Porque en este país durante muchos años ha sido así, y después de que muriera Franco mucha gente que dice «yo soy español» significa…

—Ser facha.

—Entonces yo, que soy español, obviamente no soy belga. Decir soy español y llevar la bandera de España realmente me cuesta, porque ciertas personas se adueñaron de eso. Y yo quiero volver a decir soy español y sentirme orgulloso, porque no soy de otro lado.

—Uno es de donde pace y no de donde nace.

—Yo nací en Lugo y llevo 35 años viviendo aquí, y con la coña digo que soy gallego pero la realidad es que yo soy de aquí.

FACHADOLID

—Aquí somos *Fachadolid*, hijo mío. Y no tengo ni puta idea de dónde viene.

—De unos asesinatos que hubo en los años ochenta y salió en la revista*Interviú*, y se le bautizó como *Fachadolid*.

—Pero de todas maneras creo que es un apodo totalmente falso.

—En esta ciudad fue alcalde un hombre del PSOE durante «veintinosécuántos» años.

—Me considero muy facha, he sido siempre de ultraderecha. Mis padres no son de ultraderecha, más bien democráticos y más del centro, pero bueno… Ahora mismo el fascismo, el nazismo, el comunismo, el socialismo no son lo mismo que hace casi cincuenta años, es totalmente diferente, puedes tener una idea sobre lo que ha sido y sobre eso haces tu propia ideología. Pero yo ahora mismo hablo con todo el mundo, hace tiempo que dejé la pistola y la navaja en casa.

—Ja, ja.

—Es coña, es una forma de hablar. Pero yo recuerdo que aquí a los rojos se les pegaba por las calles por los grises, y eso lo he visto yo.

Pero ahora mismo estamos hablando aquí tranquilamente y cada uno tenemos una forma de pensar y de estar, pero estamos a gusto.

MACHISMO

—Creo que no somos machistas en España; a lo mejor en generaciones de gente más mayor sí.
—En mi casa mi madre siempre ha mandado.
—Sí, pero en casa.
—Hemos evolucionado, no creo que seamos machistas.
—En los pueblos más cerrados a lo mejor sí siguen siendo machistas, pero eso ya está en peligro de extinción.

CORRUPCIÓN

La picaresca siempre ha sido española. Probablemente sean tópicos pero en Alemania tú defraudas y tu vecino te denuncia, cosa que aquí, el que puede, escaquea una factura o se empadrona en no sé dónde para que le salga más barato no sé qué.

Creo que los españoles somos muy distintos del resto del mundo. Dicen que tenemos que seguir el modelo de Finlandia, de Dinamarca, pero no puedes, porque allí tienen un montón de impuestos porque muy pocos defraudan, aquí casi todo el mundo defrauda. Y ese es el problema de España, hay que hacer un modelo con respeto a eso, es decir con gente que vaya persiguiendo a los cabrones que defraudan.

La educación que uno tiene no es lo que le han dado en el colegio, es en casa, en el parque y en todos lados.

EMPRESARIOS

—Hay empresarios buenos y malos. Somos uno de los países que más impuestos cobra a los empresarios.
—No es lo mismo cobrar mogollón de impuestos a un tío que tiene una frutería o un bar, que los que les cobras a un tío que tiene una constructora que factura no sé cuántos miles de millones.

—Se os llena la boca de igualdad, pero cuando hablamos de cobrar entonces no, porque como tú tienes más, tú pagas más.

—Eso es igualdad.

—Igualdad es que seamos todos iguales. Que todo el mundo dé un 5 % de lo que ganen, pero no, si ganas más, das más. La igualdad os la estáis saltando.

—Te pongo un supuesto: aquí hay un muro, el muro mide 1,90 y todas las vistas que hay detrás yo las puedo ver porque mido lo mismo, pero hay una persona que mide 1,50 que no puede verlas, entonces a ese habrá que ponerle un banzo de cincuenta centímetros para que vea lo mismo que yo. A mí la igualdad me parece eso, porque me está dando las maneras de que veamos lo mismo.

—Si tú te has currado tu empresa durante equis generaciones porque te has currado tu trabajo, con tu gente, con tu familia, «¡coño!, me lo he currado», ¿por qué tengo que pagar más?

—A un tío que cobra mil euros no le vas a cobrar lo mismo que uno que cobra doscientos mil.

—¿Pero por qué si somos todos iguales? Yo he arriesgado mi dinero, que me podía haber quedado en la calle.

—Está mal visto el empresario porque se le relaciona con el fraude, la explotación del trabajador.

—Se le relaciona con que él cobra cien y el currito que es el que realmente saca el trabajo adelante cobra uno.

—Cojonudo, pues que coja el currito y monte la empresa, ¡cojón!

—¿Y todos los curritos tienen las mismas oportunidades para montar una empresa?

—Amancio Ortega empezó montando su tiendita y ahora tiene lo que tiene.

—Desde que nacemos no todos tenemos las mismas oportunidades. Mis padres tienen un dinero, y con ese dinero me pueden dar una educación distinta que otros padres que a lo mejor tienen más o menos dinero. Estás influenciado desde que naces.

FUNCIONARIOS

—Falta un 80 % de funcionarios.

—Sobra el 30 % de los funcionarios.

—«Funcionario» significa «servicios públicos», entonces yo quiero que haya un 80 % de los trabajadores en este país que sean funcionarios. Eso quiere decir que un 80 % de la gente está trabajando para dar servicios a su pueblo.

—Creo que hay un montón de puestos duplicados. Creo en cobrar por la productividad, y los funcionarios por su estatus no producen, para mí es un gasto mucho más grande de lo que produce.

—Pero el problema entonces no es que haya más o menos funcionarios, sino que haga mejor o peor su trabajo. Tiene que haber medios para controlar a los funcionarios.

No es lo mismo un funcionario administrativo, que a lo mejor haya dicho que quiere estar aquí para tener un trabajo fijo y tener una vida acomodada, que un médico. Un médico es un funcionario que normalmente tiene una vocación.

MARCA ESPAÑA

—Aquí no hay flamenco.

—El flamenco y los toros es algo que se vende para el turismo.

—Es una cosa que se vendió.

—Fíjate si se vende aún que por ejemplo bodegas Torres, que está en Cataluña, para vender a Japón, le pone un torito de cristal, y como es un torito pues venden la de Dios.

—Aquí sales en la calle y no oyes saetas como en Andalucía, aquí oyes jotas.

—En cada zona de España tenemos nuestras idiosincrasias de las formas de ser de nosotros, pero dentro de todo eso yo me siento español.

—¿Pero te sientes representado por el toro, la botella de Tío Pepe?

—Sí, sí, y me gusta.

—Yo no, me parece un poco la época de Alfredo Landa: «¡A por las suecas!».

—España no es sólo el toro y el flamenco, es muchísimo más, y la sardana.

—Pero tú le hablas a un sueco de sardanas y te dice: «¿De qué me estás hablando?», pero le dices flamenco y te dice: «¡Olé! ¡Olé!», y te da palmas.

TOROS

—Considero la tauromaquia un arte. Para mí un toro bravo donde tiene que morir es en la plaza. ¿Matar un animal que no se pueda defender? Coño, estás jugando con un bicho de seiscientos kilos.
—Es bastante desigual la pelea. Me parece una barbarie que se viste de cultura. La gente disfruta de ver sufrir a un animal, y cuanto más disfruta, mejor. Y es un chiringuito donde hay un montón de dinero.
—Se invierte más en tauromaquia que en cultura. Es una tradición pero en los tiempos que corren hay que cambiarlas. Antes la esclavitud se veía bien, pero han cambiado los tiempos.

RELIGIÓN

—El Gobierno está influenciado por los dogmas de la Iglesia católica.
—Sólo hay que ver el dinero que se llevan, no te jode.
—Es que la Iglesia es una empresa, muy grande y muy antigua.
—La mayor del mundo.
—Y juegan con los sentimientos.
—Y no sólo la Iglesia católica.

La España mayor de 50 años es muy religiosa, y la menor de 50 años, según bajas de edad, cada vez menos.

—España es muy religiosa, hay mucha tradición de religión por Dios. Yo soy cofrade de Nuestra Señora de las Angustias desde los 6 años y tengo 45.
—¿Cuántas veces vas a misa?
—Pues casi todos los domingos.

—La religión encarna unos valores que no tienen absolutamente nada que ver con los valores reales de la gente. Y no sólo valores, unas tradiciones, unos dogmas…
—Tiene unas exigencias de forma de vida que ya la gente pasa.

La religión nació para explicar cosas que la gente que no tenía educación no entendía. Y creo que no ha sabido evolucionar con la gente. La gente cada vez tiene más educación. Ahora no estamos en el momento de seguir cosas de hace dos mil años.

FÚTBOL

—Es el circo de los romanos, ellos te daban pan y circo y aquí te dan fútbol y *reality shows*.

ESPAÑA

—Nos llevamos mal entre comunidades y países. Entre Francia y España se llevan mal, y Dinamarca y Suecia se llevan a matar. Las comunidades igual: Valladolid con Burgos, Cádiz con Málaga, Coruña con Vigo…
—Luego es curioso, entre grupos de amigos que están enfrentados, si hay uno del pueblo de al lado que se mete con esos, vas a defender a los que en realidad son tus enemigos.
—«Yo le arranco la cabeza, ¡tú no!».
—Y eso pasa en barrios, ciudades, comunidades, países…
—Eso pasa a nivel mundial.
—Somos seres humanos, es innato entre nosotros llevarnos mal y matarnos. Desde que el hombre es hombre, lo primero que pensamos fue afilar un palo para pegar un lanzazo al de enfrente.

—El mundo es muy grande, pero de lo que he visto no cambio España.
—Pues yo de lo que he visto me hacen dudar. En Ecuador no me faltaba nada.
—De todas maneras tú has estado de voluntariado, no has estado trabajando como ellos.

—Pero veía cómo viven y pensaba: «Me busco un trabajo aquí y vivo mejor que en España».

—Joder, he nacido aquí, estas son las calles que he recorrido, que serán muy bonitas las de allí, pero prefiero intentar luchar para que esto salga.

Anónima – 1972 – Vasca (Vitoria) – Hostelera

Soy nacida en Vitoria, mi padre era militar. Nací en el último cuartel de mi padre, que era el capitán del regimiento de artillería en la época de Franco en Vitoria, pero vivo en Valladolid desde los 4 años. Me siento vasca y vallisoletana.

VALLADOLID, VASCOS Y *FACHADOLID*

Yo me siento española, vasca y castellano y leonesa, por ese orden. Y los que no se sienten españoles tienen muchísimo derecho a no sentirse españoles. Nadie tiene que decirle al otro cómo tiene que vivir su vida. En España hay muchísimo juez sin toga.

Recuerdo lo que me costó adaptarme a Valladolid, sentía que tenía que hablar diferente para que me aceptaran en clase, me encontré con una gente muy cerrada. Cuando te acogen te acogen como nadie, pero para que te acojan… ¡Buf! En Vitoria los vascos son más abiertos.

Actualmente lo que existe en Valladolid es mucho vallisoletano que dice ser vasco. He llegado a conocer gente que dice que tiene vínculos con ETA y se sienten orgullosos, y no han salido de Valladolid en su vida, y por supuesto no saben decir más que *agur* en euskera. Esta ciudad es rara.

La gente con la que yo me muevo no es facha, pero sí hay una cierta rama rancia que cada vez es mayor, que también está saliendo en la juventud; ahora mismo hay grupos nazis violentos.

Parece ser que cuando llegó la Transición a España, en Valladolid hubo un grupo fuerte de extrema derecha que además era violenta, y entonces estaban investigando cómo mataron a un chico de una universidad de Derecho y a otro que tiraron por la ventana de la comisaría, que todavía está vivo. Y en un artículo, a Valladolid la llamaron así: *Fachadolid*. Pero lo que me llama la atención es que son los ciudadanos de Valladolid los que se acuerdan y que lo cuentan al resto de España.

Lo que no soporto es que los ciudadanos renieguen de una ciudad con tanto arte, y que sean ellos mismos los que exportan una mala fama, no lo entiendo.

ESPAÑOLES

Creo que por comunidades autónomas somos muy diferentes. Creo que parte de la media del españolito es jeta y vago. Llevo grupos de acción social que intentan ayudar a la gente y lo veo. Da igual si es del sur o del norte.

En España, cuanto más al norte, más agradable es el trato con el cliente, más amable, cordial. En el sur…, ¡buf!, es que no es lo mismo tratar con un gaditano que con un granadino. En general son como alegres pero también es como que viven más la crisis que el resto de España, y están más a intentar engañarte porque es la manera de la que ellos viven. Viven bajo engaños, si les engañan los políticos cómo no se van a engañar entre ellos si es lo que han vivido.

En Canarias como que son españoles por lo que les interesa y para el resto son canarios. La gente que he atendido de Canarias probablemente sea el cliente que menos quiero dentro de España, porque viene exigiendo mucho a muy bajo precio. Vienen muy prepotentes.

GUERRA CIVIL

La bandera de España la relacionan con Franco, pero no es lo mismo la bandera franquista que la bandera que tenemos de España. Pero como el fondo es el mismo aunque le hayas quitado el aguilucho, se sigue relacionando, pero no me parece justo.

Estoy convencida de que España no explota porque se acuerda todavía de la Guerra Civil, y sobre todo porque los supervivientes de la Guerra Civil no hablan. Mi madre vivió la Guerra Civil y no me ha hablado jamás de la Guerra Civil, tiene miedo, fue tan sumamente horrible… Dicen los historiadores que lo peor que le puede pasar a un país es una guerra civil, porque pone a hermanos contra hermanos, primos contra primos. Y estoy convencida de que España no arde por ese recuerdo.

España no ha reventado por dos motivos: por el recuerdo de la Guerra Civil y por la capacidad creativa que tenemos. Tenemos un escándalo de corrupción y en media hora tenemos un chiste en Internet.

CORRUPCIÓN

No te voy a decir toda la gente pero un gran porcentaje a su nivel es corrupto, y critican una corrupción a la que no pueden llegar pero que si pudieran lo harían igual. Lee el *Lazarillo de Tormes*, escrito hace muchos años y refleja la misma España que tenemos ahora mismo.

MEDIOS DE COMUNICACIÓN

Los periodistas en España están coartados, tienen que hablar de lo que opine el dueño que les paga.

Madrid se ha encargado mucho de que los españoles odien a Cataluña, como Cataluña se ha encargado mucho de que los catalanes odien al resto de España, sobre todo a Madrid. Creo que hay manipulación general a través de la educación y la cultura, y somos tan borregos que nos la tragamos.

ETA

A ver, vengo de una familia militar, el último destino de mi padre fue uno de los mayores objetivos de ETA: yo no tenía un chófer, tenía un escolta. Pero cierta parte de Euskadi se puso muy violenta porque cierta parte de Euskadi ha vivido un acoso y una guerra violenta por parte de España. Por parte del Gobierno y por parte de Franco han matado a familias y han torturado en su día, y eso las familias lo recuerdan. Y no justifico la violencia de ETA, pero en un momento dado es comprensible porque han sido atacados.

INDEPENDENCIA

A mí lo de las independencias me parece una chorrada. Porque si vivimos en un mundo globalizado no tiene sentido el querer separarse. Me parece muy lógico que cada pueblo quiera conservar sus culturas, su lengua, sus tradiciones, su tal, pero de allí a separarse y ser otro país...

Según me han dicho Cataluña se ha hecho con el dinero de España. La infraestructura para las olimpiadas del 92 ha salido del dinero de España. Ahora que lo han recuperado y que les va relativamente bien parece que se quieren independizar, sobre todo por un tema económico.

Me parece muy curioso que en todo este debate sobre Cataluña, Euskadi esté observando, no dice absolutamente nada.

A Euskadi no se le ha regalado nada por lo que yo sé. ¿Fueros vascos? A ver, de economía sé muy poco.

SANIDAD

España no es igual para todos. El gran problema yo lo veo en las autonomías, porque lo que no me parece justo es que un ciudadano madrileño, pague los mismos impuestos o no, tenga derecho a una ayuda totalmente diferente a la que tiene el ciudadano castellano y leonés o el ciudadano vasco. Por lo que sé, al ciudadano vasco se le paga absolutamente todos los gastos que tenga por traslado, y al ciudadano castellano y leonés le dan ocho euros al día.

MONARQUÍA

Me considero republicana de corazón, pero ahora mismo, como están las cosas, creo que el mal menor de España es la monarquía, y ojalá no nos quedemos sin monarquía. Porque quedarnos sin monarquía significa que el poder político tiene el poder militar. Sólo por eso y por la labor diplomática que hacen los reyes, que están educados ¡y saben inglés! De todos los presidentes que ha tenido la democracia española no ha habido ni uno solo que hablara inglés.

España no es democrática porque no tiene una ley democrática real. Una ley democrática real es en la que el voto en blanco figura como voto en blanco y no va para un gran partido.

IDIOMAS

No puedes comparar la dificultad de aprender vasco con la dificultad de aprender catalán, que yo, que soy castellana en un año o menos, te estoy hablando en catalán, porque es una lengua latina.

No me parece mal que se imponga estudiar los dos idiomas, porque es riqueza cultural. Cuantas más lenguas pueda aprender un chaval mejor.

No me parece bien el español que exige que todo sea en castellano, cada comunidad autónoma tiene su realidad. No veo bien al que exige que se olvide una cultura, es riqueza.

TOROS

Tortura no es cultura, y yo no pago impuestos para gastarlos en los toros cuando a la cultura la están recortando.

No me parece bien que se les enmascare bajo la cultura y se les esté subvencionando. El que quiera ir a una corrida de toros que pague el precio real, y el precio real de la entrada es más o menos un 300 % de lo que están pagando. Yo cuando voy a un concierto a mí no me lo subvencionan.

Y como además vivo a 30 km de probablemente el evento taurino más cruel de España, que es el Toro de la Vega, pues sigo diciendo que tortura no es cultura y esa no es mi fiesta. Lo que es cultura es lo que puede rodear al mundo de los toros; al torero le puedo ver un eje de arte, pero no torturar y matar a un animal.

España no son los toros, es la imagen de España que cierta gente quiere que perviva por temas de negocios, porque tienen ganaderías, pero no creo que España sea eso, de hecho cada vez se rechaza más este tipo de espectáculos, lo ves en las plazas. La feria de Valladolid de este año sólo ha llenado una corrida.

ESPAÑA

No conocemos nuestro país, a veces los extranjeros saben más de tu propio país que tú mismo.

Recomendaría España para vivir, porque a pesar de todo lo que soportamos también hay mucha gente maja, simpática, creadora, imaginativa y con un humor excepcional.

Aragón

Fernando Jiménez – 1982 – Castellano y leonés (Burgos) – Supervisor VFX

Llevo 20 años en Zaragoza, vamos, soy maño. Los maños somos tan nobles como cabezones.

NACIONALISMO

Me siento maño, pero por circunstancias he vivido en Madrid y he viajado mucho, y como decía Baroja, creo que «el nacionalismo se cura viajando». Cuando te das cuenta de los problemas y cómo vive otra gente, cómo te acogen, te das cuenta que estás en España o en Malasia, la gente es muy parecida. La gente en realidad lo que quiere es ser feliz, tener un trabajo decente, poder atender a su familia y no necesita más.

Sí, soy español. Hay muchas más cosas que nos unen de las que nos separan. Creo que somos más juntos, incluso respetando las enormes diferencias que hay; no es lo mismo un aragonés que un andaluz, ni es lo mismo un catalán y un gallego.

NORTE Y SUR

¿Diferencias? No tienes más que ver el tiempo. Los aragoneses quizás son más cerrados, en cierto aspecto fríos, es un poco como el País Vasco, no tan exagerado pero hay que conocer a alguien para poder entrar en el grupo de amigos, la cuadrilla, igual que en Cataluña. Tú vas al sur, te metes en un bar y a los diez minutos estás rodeado de cuarenta personas. «¿Te vienes con nosotros a bailar? ¿Te vienes a comer?». Y tenemos diferencias lingüísticas, pillas a uno de Cádiz y a veces ni lo entiendes.

POLÍTICA

No llegamos a un consenso de ideas: yo pienso una cosa y tú piensas otra, y no hay una postura de acercamiento ni en política, ni social, ni cultural.

Existe una España bipolar. España está dividida en dos vertientes muy fuertes desde hace más de ochenta años que han pasado desde la Guerra Civil, la izquierda y la derecha. La izquierda ha tenido valores que se han ido «derechizando» pero que sigue siendo más social, y la derecha ha fomentado una serie de valores postfranquismo abiertos y más neocapitalistas; para esta las personas, el beneficio y el dinero priman por encima del bien común.

A mí me han disparado dos veces en las calles de Madrid en manifestaciones completamente pacíficas. Me ha disparado a 9 metros un policía que no debía llegar a tener 20 años. Estaba solo, no había nadie conmigo, todo el mundo había salido corriendo. Lo miré a los ojos, y no tenía nada en los ojos, sencillamente cumplía órdenes. Eso no es normal, evidentemente hay un sector que busca la confrontación.

En una manifestación en la que había unas 250.000 personas en las calles, cien que calientan no me parece un número relevante como para criminalizarlo todo, que es lo que se hace desde los medios y la política.

MEDIOS DE COMUNICACIÓN

No hay ningún medio que no esté politizado. Es una vergüenza.
Los medios son asustaviejas, están vendiendo una idea a los ciudadanos, a un nicho concreto, como podría ser mi abuela o mi padre, para directamente asustarlos. Les dicen: «Sabemos que lo que tenemos no está muy bien pero lo que viene será mucho peor, va a destruir España».

La gente quiere su trabajo, su novia, su coche, quiere estar tranquila. Por un lado lo entiendo, por otro lado no debemos consentir que esto siga, hay que mirar más allá para tener un bienestar moral.

FRANCO

Aún hay rastro del dictador en las bases del Partido Popular. Los barones son todos herederos del postfranquismo, de familias que apoyaron e hicieron fama y fortuna al amparo del Régimen. También hay mucha hipocresía. Por ejemplo al señor Fraga y al señor Suárez se les hacen homenajes como padres o pilares de la democracia y se les otorga su nombre a aeropuertos cuando el Ministerio del Interior franquista, capitaneado por ambos señores, dio orden a la policía de disparar sobre los huelguistas encerrados en la iglesia de san Francisco de Asís, durante los sucesos de Vitoria.

INDEPENDENCIA

Cataluña ha tenido una represión brutal durante el franquismo, y ciertas fases de este país han llevado a los catalanes, aparte de sentirse diferentes, a distanciarse mucho de lo que es España. Creo que los catalanes, en base a mentiras históricas, se han antepuesto una bandera de «mi cultura es más especial y vamos a romper con España porque somos distintos».

No hay que españolizar a los catalanes. Hay que darles motivos de peso para que sientan que en España se les quiere, y si sólo se sienten catalanes los respeto. Hay que buscar compromisos que nos unan y llegar a acuerdos que no separen, y si no se llega a un acuerdo, evidentemente estoy muy de acuerdo con que se haga un referéndum.

Me parecería bien que se vote, es democrático, pero no con mentiras históricas por delante. Y si llegara a ver esa ruptura no debería ser por un 50 %, debería, como poco, ser por dos tercios de los catalanes que se quieran independizar.

Hay preguntas que los políticos catalanes independentistas, en una especie de huída hacia adelante, no han respondido: ¿qué va a ser de nuestra moneda, de nuestro tejido industrial, de la presencia en la Unión Europea?

CORRUPCIÓN Y CIVISMO

En España estamos mal, pero no es una cosa exclusiva nuestra, tienes escándalos de corrupción en Suecia, en Francia y en Alemania. Lo que pasa es que nuestros casos son muy sangrantes, porque hay muchos y no hay una responsabilidad política.

Los españoles somos muy pillos e incluso se aplaude. Se cobra el paro mientras se trabaja en negro, se habla con risa sobre un señor que se lleva dinero a Suiza… Los españoles no tenemos esa responsabilidad que encuentras en países con educación más cívica.

No sabemos debatir, hay mucho grito, mucha vehemencia, lo mío es lo que tiene razón. Nos falta acercarnos a lo que te está diciendo la otra persona, escuchar, interiorizar, razonarlo y decir «pues igual esto que me ha dicho tiene un cierto sentido», o «en esto no estoy de acuerdo», pero hablarlo. No como las tertulias de la TV, que no hablan y sólo se chillan.

TOROS

No estoy de acuerdo en que se mate al animal, de hecho he estado trabajando en una plaza de toros, lo he visto y es atroz, es barbarie. Me gustarían los toros si al animal no se lo tocara. Que una persona de 80 kg se ponga delante de un animal de 600 kg..., hay que tenerlos cuadrados, pero no estoy de acuerdo con toda esa sangre.

Me gustan los recortadores, de hecho en Aragón son famosos, hay muchos recortadores. Un tío timando al toro con movimientos y saltos es un espectáculo visual brutal.

RELIGIÓN Y POLÍTICA

La Iglesia católica sigue teniendo un peso muy fuerte en el ámbito político y legislativo, pero no tiene tanto peso sobre las personas. Creo que hay un respeto a nivel ciudadano de «usted es católico y puede tener esta serie de ideas pero yo no lo siento».

Sigue existiendo esa idea de que somos la raza elegida y la religión elegida, y sobre todo el aparato de poder que manda en España es muy religioso.

MONARQUÍA

La monarquía perpetúa unos señores que vienen desde el medievo, elegidos por la gracia de Dios y ungidos bajo los auspicios de la Iglesia de Roma. Hemos perpetuado algo que no tiene ningún sentido en el siglo XXI.

Noelia – 1979 – Aragonesa (Zaragoza) – Hostelera
Vanesa – 1980 – Aragonesa (Zaragoza) – Administrativa
Sofía – 1981 – Aragonesa (Ainsa) – Hostelera
Paula – 1978 – Castellano y leonesa (León) – Peluquera

—Se dice que somos gente muy abierta.
—Acogemos muy bien a la gente.
—Juerguistas también.
—Sí, gente divertida.
—No es lo mismo Zaragoza capital que los pueblos que son más cerrados.

ARAGÓN

La imagen de los maños normalmente desde fuera se nos ve como cazurros, como más incultos, se nos imita así y no somos así.

La palabra maño no tenemos ni idea de dónde viene.

—Los más del norte dicen que son más cerrados.
—Aquí somos más abiertos, más que los cántabros.

—Y en el sur son más juerguistas y más simpáticos.

ESPAÑOLES Y NACIONALISMO

—¿Cómo somos? Creo que no podemos generalizar.
—Dependiendo de la zona somos muy distintos.
—Cuando alguien dice «yo me siento muy español», realmente no tengo ni idea a qué español se está refiriendo.
—Yo me considero de Aragón, pero sobre todo española.
—Nos sentimos españolas.
—Sentirse español es pertenecer a este país, haber nacido en este país, y sentirte con la historia que tiene España, con la cultura, con este tipo de cosas, no con la política.
—Sentirse español no tiene nada que ver con cómo se gobierna.
—Yo no sé cómo identificar qué tenemos en común todos los españoles. No sabría definirlo.

Por lo general, según qué comunidades autónomas o provincias, hay una generalización de carácter. Por ejemplo, los madrileños tienen la capital de España, y lo tienen todo, se pueden creer más superiores a otras comunidades autónomas. Tienen esa prepotencia, esa chulería.

Sí que sabemos entender las diferencias entre comunidades. Yo sé entender que en Barcelona nos van muy por delante con muchas cosas, y no considero que Zaragoza sea una ciudad que vaya retrasada.

Pienso que cada vez se vive más independiente. Te limitas a llevar tu vida, no te preocupas por el de al lado. La vida te vuelve un poco más egoísta.

—Los españoles no estamos unidos. Muchos catalanes quieren la independencia.
—Pero el resto de España…
—Los vascos también quieren la independencia.
—Y en muchas comunidades autónomas también hay partidos independentistas, como en Galicia.

—No estamos unidos.

—Yo creo que sí.

INDEPENDENCIA

—Tienen que tener derecho a votar. Pero me parece fatal que se quieran independizar.

—Si votaran que sí quieren independencia, estaría de acuerdo con que se separen; si es lo que quieren, estupendo.

—Para que se independicen tendrían que estar la mayoría de españoles de acuerdo en que se independizaran, no sólo los catalanes. Debería votar toda España.

—Que primero voten los catalanes si quieren independizarse y luego el resto de España.

FUEROS VASCOS

—Me parece mal. Creo que todas las comunidades autónomas tendríamos que ser iguales.

—Con los mismos derechos.

—Se ve que hace décadas o cuando fuera, se benefició esa comunidad autónoma por lo que fuera y no me parece bien.

IDIOMAS

—No sabemos ser tolerantes con los idiomas.

—Si tú vas a Cataluña, a la playa, y te encuentras con un catalán y le preguntas en castellano, te gustaría que te contestara en castellano, pero contestan en catalán. Como maña, a mí me sabe mal que si te entienden, ¿por qué no te contestan en castellano si también son españoles?

—Pero es según qué personas, hay gente que lo hace y otra gente que no se da cuenta y no cambian el chip.

—Si fuera a vivir a Cataluña, querría que mis hijos aprendieran catalán, estarían más integrados.

—Es riqueza cultural.

MARCA ESPAÑA

—No nos sentimos identificadas con los toros y el flamenco.
—Hay más cosas aparte de eso.
—Sí, es una imagen muy anticuada.
—Nos sentimos más identificadas con el clima, la gastronomía.
—La oferta cultural.
—La fiesta.

TOROS

—Si por mí fuera eso no estaría desde hace muchísimos años.
—Yo lo veo un poco ambiguo. Es una cultura que lleva existiendo desde siempre. Me parece una crueldad que tengan que matarlos, podrían simplemente torearlos y ya está, pero no deja de ser cultura.
—Yo lo veo una cosa muy anticuada. Lo veo absurdo: que una persona tenga esa profesión, que maten animales.
—¿Y no es absurdo correr detrás de una pelota?
—Sí, pero no hacen daño a nadie.

EDUCACIÓN

—No se promueve desde que somos pequeños que la educación es una cosa muy buena para uno. Llega un momento en que vas al colegio o al instituto y crees que es una chorrada. No te incentiva ni la cultura que hay, ni las instituciones, ni nada.
—No te das cuenta de la importancia que tiene la educación hasta que eres mayor.
—Nos tendríamos que pegar por estudiar, para aprender y ser los mejores. Pero no, decimos «es una tontería, yo paso».

MEDIOS DE COMUNICACIÓN

—Los medios están politizados.
—Sí, porque nos dirigen a donde quieren.

POLÍTICOS Y CORRUPCIÓN

Nos dicen que es un país democrático con muchas libertades, pero luego no es así. Te llevan un poco por donde quieren, y si te sales un poco de lo establecido te niegan libertades.

Creo que el poder corrompe. Se meta quien se meta saldrá corrompido.

La corrupción está en todo el mundo; el que puede roba.

RELIGIÓN

—El mayor daño que ha habido en el mundo es la religión. Esos sí que si pueden robar, van a robar.
—Dirigen el mundo, hacen lo que quieren. Sí que habrán hecho mucho bien, pero hacen mucho mal.

La política tiene la religión muy involucrada, y según qué partido esté en el poder, más todavía.

MONARQUÍA

El rey Felipe es el que está más preparado, porque desde que nació lo han preparado para eso. Si tiene que haber una monarquía o una república, creo que es mejor una monarquía.

Es una putada que tenga que ser por herencia de sangre, para los demás y para él, por no poder tener una vida normal.

FRANCO

—En según qué persona Franco aún persiste.
—Creo que en la gente más mayor sí.
—Y en gente joven también.

—No tenemos ningún rechazo a la bandera de España.

—La gente que la rechaza es por lo que significó en la época de Franco, por el fascismo.

—Creo que la bandera no tiene esa imagen, ¿no?

—Según quién la lleve: si ves un rapado que lleva la pulsera de España, y el no sé qué más de España, a mí ese tipo de gente me da para atrás. Eso es gente radical. Yo no llevaría nada de España a no ser que sea para apoyar la selección española.

MACHISMO

—España aún es machista.

—En muchos trabajos sobre todo. Todavía piensan que las mujeres no pueden hacer algunos trabajos.

—Pero también en muchas casas, por educación, tanto el hombre como la mujer son machistas.

—La mujer depende de lo que haya visto en su casa, así hace cosas machistas.

—Va cambiando poco a poco.

Comunidad Valenciana

Francisco Antón – 1940 – **Valenciano (Valencia)** – **Ingeniero**
Manuel Villar – 1949 – **Catalán (Barcelona)** – **Ingeniero técnico**
Enrique – 1946 – **Catalán (Tarragona)** – **Ingeniero industrial**

—Yo soy nacido aquí.
—Yo llegué en el año 77, o sea que llevo más tiempo aquí que en Cataluña.
—Yo estoy casado con una valenciana.

VALENCIANOS Y CATALANES

—Nosotros somos normales, y los catalanes pues se pasan un poquito.
—Aquí está la controversia. Quizás los catalanes tenemos signos de identidad más acusados que los valencianos.
—¡Bueno, vamos a ver!
—Sí, hay un cierto orgullo de ser catalán que en Valencia no lo percibo; no digo que no esté, pero no lo veo.
—No estoy de acuerdo, yo me siento muy, muy valenciano, y me siento incluso más valenciano que ellos catalanes. Lo que pasa es que

yo soy respetuoso con lo que ellos son, incluso en el grupo de amigos hay más catalanes que valencianos y nos llevamos perfectamente.
—Discutimos mucho pero la sangre no llega al río.
—Ni lo que yo puedo decir, ni lo que él dice es representativo, porque el tamaño de muestra es muy pequeño.

—Había una cierta división en los años 90, ahora menos. Había algunos partidos políticos que han desaparecido, basaban su estrategia en un ataque sistemático a Cataluña. Pero eso afortunadamente ya no existe.
—Yo estoy totalmente en desacuerdo. Aquí nunca ha habido un ataque a Cataluña. Aquí lo que ha habido es una imposición de la cultura catalana a la cultura valenciana. Nosotros somos respetuosos con los catalanes, yo amo los catalanes, pero estoy en contra de la imposición de la cultura catalana. Creo que tenemos bastante cultura aquí para ser igual o superior a la catalana.

No hay nada que el valenciano pueda envidiar al catalán. Los catalanes han sido un condado y nosotros hemos sido un reino.

—Cataluña ha impuesto los Países Catalanes. Y nosotros no necesitamos a los catalanes, somos valencianos. No somos anticatalanes, la prueba es que mis amigos son catalanes.
—En el ámbito personal es cierto lo que dice, pero hace unos veinte años en el ámbito político sí había una tendencia política anticatalanista. Cuando llegué por primera vez a Valencia, en la época que había el movimiento de las autonomías y demás, a mí me satisfacía ver que había un movimiento por la autonomía de Valencia, porque era un reflejo de lo que también existía en Cataluña. Pero de pronto empecé a ver pintadas que decían cosas como «cerdos catalanistas», y me dolió bastante. A título personal aquí tengo grandes amigos, pero en el aspecto político hubo una animadversión contra Cataluña, y esto como catalán me dolía.
—Con respeto a la mención que ha hecho Paco de los Países Catalanes, tiene que pensar que esto es una minoría dentro de Cataluña y no se puede generalizar que todos los catalanes piensen lo mismo. Es un movimiento un poco radical de un sector catalán pero no de todos los catalanes.

ESTEREOTIPOS

Cuando en Gran Bretaña se hace un chiste de un agarrado se habla de un escocés, como en España de un catalán, y cuando se habla de un tonto se habla de un irlandés, como aquí de un lepero. Son estereotipos.

Yo he visto valencianos mucho más tacaños que los catalanes.

IDIOMAS

—Desde nuestro punto de vista lo que se habla en Valencia y en Cataluña, en base, es la misma lengua, lo que pasa es que hay diferencias fonéticas que aparecen en cualquier idioma. Lo que se habla en Argentina con sus detalles argentinos no deja de ser castellano. Y lo que se habla aquí, aunque algunos sectores valencianos reniegan de ello, en mi opinión no deja de ser la misma lengua con las modalidades fonéticas de cada zona. Y basta con ver lo que se habla en Baleares. Incluso en Cataluña, lo que se habla en Barcelona y Gerona se diferencia con lo que se habla en Lérida y Tarragona.
—Yo estoy muy en desacuerdo. Yo hablo valenciano no académico, transmitido de la familia de mi madre que es de un pueblo donde todos hablaban valenciano, incluso parte de mi familia no hablaba castellano. Yo siento el valenciano como valenciano. ¿Por qué no puede existir el valenciano?
—Yo puedo decir que soy capaz de hablar un texto valenciano con acento catalán, y parece catalán. Con alguna pequeña palabra de mayor uso en Valencia y no tanto en Cataluña, y viceversa. Con lo cual concluyo que la lengua es común con las variaciones fonéticas.
—¿Pero entonces es catalán o es valenciano?
—¡Ah! Lo que yo digo es que es un idioma común.
—¿Es un imperialismo querer que sea catalán para absorber todo un país catalán?
—Está el mito del «pancatalanismo», que como tal es un mito.
—Mi madre me parió valenciano y quiero morirme valenciano. Y respeto al catalán que se siente como yo, pero ¿por qué me tiene que decir que mi cultura es catalana si a mí me han educado como valenciano?

—Creo que no se ha discutido nunca, un valenciano es valenciano y un catalán es catalán. Pero desde el punto de vista del idioma, dentro de Valencia en un pueblo dicen una cosa y en otro pueblo lo dicen diferente, y no por eso son dos idiomas diferentes.
—No es un problema de catalanes y valencianos, es un problema político que se ha creado para confrontar.
No comprendo cómo se puede multar en Cataluña porque un cartel en tu tienda está en castellano y no en catalán. En Inglaterra tienen el galés, el escocés, y nadie tiene ese problema.

He estado en Bruselas y recuerdo que cogí un tren para ir a Brujas, y nada más salir de la estación el francés desapareció totalmente y solamente se hablaba el flamenco, aunque si hablas francés te entienden. He estado en Suiza, estás en Ginebra y se habla sólo en francés; estás en Bern y se habla sólo en alemán. En Canadá, en Quebec, se habla sólo francés y nadie cuestiona eso. Entonces puedo entender que de alguna forma se quiera potenciar el catalán en Cataluña. Es un respeto a la lengua autóctona de cada región. Y aunque es cierto que no tiene sentido multar por no poner un cartel en catalán, una cosa es el respeto a la lengua autóctona y otra imponer, pero también hay que reconocer que potenciar la lengua autóctona es un valor importante.

NACIONALISMO

Verás que en Valencia la gente que se siente valenciana y catalana está metida en las izquierdas. Yo lo veo como un antifranquismo, pero no lo comprendo.

Soy anticatalanes que me quieren hacer catalán, y estoy a favor de los catalanes que quieren ser catalanes sin integrarme a mí.

—Yo me siento valenciano.
—Yo aunque no renuncio a mis raíces catalanas, está claro que al vivir en Valencia más años que en Cataluña me siento identificado.
—Yo estoy casado con una valenciana, por tanto me identifico con Valencia sin renunciar a mis raíces.

—Yo he vivido 25 años en el extranjero, 9 años en Francia, 13 en Inglaterra… Yo me siento muy valenciano y muy español. No concibo el ser valenciano y no ser español.

—Quizá por haber vivido algunas fases de un cierto ataque a Cataluña me lleva de alguna forma a sentirme más catalán que español. Reconozco a fin de cuentas que Cataluña ha sido parte de España desde antes de los Reyes Católicos, que es cuando España existió como tal, porque antes era Castilla y Aragón. No renunciaría de manera drástica a ser español, aunque si no hay un cierto reconocimiento a la identidad catalana, a partir de allí podría cuestionármelo.

—El ataque en Cataluña, ¿en qué? Cuando el ministro de Cultura dice «vamos a españolizar a los catalanes», pues me imagino que quiere decir que si estamos en un porcentaje tan grande de asignaturas en catalán, vamos a introducir algo de culturas castellanas. Me imagino que no quiere decir un imperialismo.

—Yo me siento español desde el punto de vista geográfico, pero viendo el actual desastre que hay en España tengo mis dudas sobre si realmente continúo siendo español.

—Pero en base a eso, ¿continuarías siendo catalán?

—Con este Estado que tenemos tan de basura… Quizás llegaría al extremo en que ni catalán ni español.

INDEPENDENCIA

—Creo que no tiene sentido. Si acaso, quienes podían pedir la independencia seríamos nosotros, los valencianos, porque al fin y al cabo hemos sido un reino, ellos no han tenido nada parecido. Han sido un condado que siempre fue parte de Aragón y nosotros hemos sido independientes y hemos tenido el mismo rey, Jaime I. Creo que la independencia ha sido creada por ciertas clases políticas y que el pueblo no está para esto.

—Yo en parte suscribo esto, pero creo que el Gobierno español no ha sido sensible con la voluntad catalana de reconocer su identidad, y esto quizás ha llevado a una radicalización del sentimiento.

El problema es el respeto a la cultura autóctona de cada zona.

—Si se cambia la Constitución para votar me parece bien, si no, no.
—Hace un año y medio, por imposición del Bundesbank, no de Merkel, porque es el Bundesbank el que manda, se cambió la Constitución en una semana. ¿Por qué no se puede cambiar ahora?

—Cuando alguien no quiere ser de un determinado grupo, antes o después acaba saliendo de ese grupo, con lo cual quien tiene que decidir quién sale del grupo es el individuo, tendría que decidir sólo Cataluña y no toda España.
—Estoy de acuerdo con lo que dices, pero no lo veo así, hay unas normas. La Constitución fue aprobada en su día y por el 92 % de los catalanes, que fue el voto más positivo de toda España. Hay que basarse en esas normas. Ahora hay unas normas, y si no nos gustan pues cambiemos las normas.
—El problema es legal, con la legalidad actual no está permitido, no quiere decir que no sea correcto, sino que no está permitido. Pero una cosa es lo que es legal y otra lo que las personas quieren.

—Una buena solución para España sería la federalización, como en Alemania, Estados Unidos, Suiza y otros países. Esto podría mantener la cohesión del Estado español.
—¿Pero qué es la España federal?
—Muy sencillo, hay muchas actividades que aún pertenecen al Gobierno central y aún no están transferidas.
—Un ejemplo paradigmático son los Estados Unidos, en cada estado tienen sus propias leyes. Es cierto que hay unas leyes federales que obligan a todos los estados, pero por ejemplo hay pena de muerte en un estado y en el de al lado no la hay. Esto es el concepto de la federación, que cada estado es libre de establecer sus propias leyes. Y luego hay unas obligaciones al Estado federal, en el cual tienes que aportar según lo establecido. Pero cada estado tiene una autonomía muy superior a la que tenemos ahora, en la que estamos sometidos al poder del Estado español, el poder central.

ESTATUTO Y FUEROS VASCOS

En Valencia lo que se decidió con el estatuto valenciano es que todo aquello que tuviese Cataluña lo tendríamos nosotros. No comprendo por qué un catalán o un vasco o un gallego tiene que tener más derechos que un murciano, un extremeño o un andaluz, todos somos España. Y estoy en contra de los fueros vascos. Quiero que se eliminen los fueros y seamos todos exactamente igual.

—No sé por qué hay españoles de primera, de segunda y de tercera clase. Yo, como valenciano, estoy de acuerdo en apoyar otras regiones que son más pobres que nosotros, ¡gracias a Dios que yo soy más rico! ¿Por qué tenemos que dar privilegios a nadie? ¿Estamos dando privilegios a la gente o a los políticos?
—Yo estoy de acuerdo. Quizás el problema está en lo que cada región aporta al Estado español y lo que a cambio recibe. Y quizás eso habría que ajustarlo, porque hasta donde yo sé, parece ser que no está bien ajustado.

Si a Cataluña le dan algo yo salgo a la calle a exigir lo mismo para Valencia, ¿cómo va a ser un catalán más que yo? Lo que tienen País Vasco y Navarra ya estaba en la Constitución, y estoy en contra de eso.

POLÍTICOS Y CORRUPCIÓN

No todos los políticos son corruptos, lo que pasa es que la corrupción está protegida porque los partidos no quieren verse involucrados. Los políticos tienen que legislar para que todos estos que están en sus partidos lo paguen.

Creo que la corrupción está en todo el mundo pero aquí está acentuada. Quien puede trinca, es algo del ser humano; otra cosa es que los controles que cada país tenga sean suficientes para que si trincas te vean. Y en España me temo que estos controles todavía no son suficientes. Y menos mal que los jueces están demostrando una gran valentía llevando a término todo esto.

La estructura del país es democrática, otra cosa es que los políticos lo tergiversen. Establecen unas normativas que penalizan las diferenciaciones que hay en España, que es un país plural como son Suiza, Bélgica y Canadá.

Los políticos crean problemas porque quieren ser reyes de su región cuando sólo son los representantes del pueblo por un periodo determinado.

SANIDAD

—Me operaron ayer de cataratas, me recetaron dos pastillas para tomar y la caja lleva treinta pastillas. Yo voy a tomar dos, pero he pagado treinta. En Inglaterra me dicen dos pastillas a tomar, y me dan un frasquito con dos pastillas, ¿por qué tengo que pagar treinta pastillas cuando voy a gastar dos?
—Eso es un problema, que ningún ministro de Sanidad haya metido mano allí.
—No se atreven a hacerlo.
—Creo que están supeditados a las farmacéuticas. Y no hace falta ser médico para ser ministro de Sanidad y entender esto, ni él ni yo somos médicos, y por lógica simple si recetas tres pastillas no des una caja de veinte.

MEDIOS DE COMUNICACIÓN

Si tú le quitas a cualquier periódico la propaganda institucional, muere. Quien paga manda.

MARCA ESPAÑA

Cuando en el extranjero me preguntan de dónde soy, digo que soy de España, pero de Barcelona. Debo reconocer que es una pequeña diferenciación, «que no me confundan con la España de pandereta». Pero es que España es mucho más que esto, y quizás es lo que habría que promocionar, y me temo que el Gobierno español no lo lleva a cabo.

España es mucho más que el flamenco, uno va a Santiago de Compostela y a ver qué flamenco encuentra allí...

Como valenciano no me siento identificado con el flamenco y los toros. Es una expresión cultural de una parte del país.

TOROS

Yo soy taurino. Está la controversia con los animalistas que defienden excesivamente a los animales. Entiendo su postura, pero cuando un hombre se juega literalmente la vida, que con un trapo es capaz de enfrentarse a una fiera como es el toro, tiene un valor que no es despreciable.

—Entra dentro de la cultura española. Ese tipo de toros no existiría si no fuera por las corridas.
—El toro de Lidia es un animal creado por el hombre para que sea acometedor; es tan doméstico como un perro, pero se ha buscado que acometa para dar el espectáculo. Otra cosa es el acoso sin riesgo a animales como en el Toro de la Vega. Eso es una salvajada.
—No sé hasta qué punto los animalistas entienden que si se eliminan las corridas desaparecería una especie totalmente distinta. Criar un toro de Lidia es carísimo.
—En Portugal es una pequeña hipocresía, porque no lo matan en la plaza pero lo matan cuando se mete dentro.
—Alcurnia, prosapia y trapío. No me gustan los toros pero respeto a los que les gusta, que continúen gozando del espectáculo pero a mí no me seduce. Por tanto: alcurnia, prosapia y trapío.
—Es argot taurino. «Alcurnia» significa ascendencia, «prosapia» es buen hacer y «trapío» es la autenticidad de la fiesta, el riesgo auténtico que hay.
—Creo que los toros en el futuro desaparecerán, pero deben acabar por sí mismos, no por imposición política. Hoy en día vas a una plaza de toros y no hay la misma gente que había hace cincuenta años, dentro de veinte años habrá la décima parte y económicamente será imposible mantenerla.
—Sí, correcto.
—Es una tradición, déjala morir.

MONARQUÍA

La monarquía es una tradición histórica de España como lo es en Gran Bretaña, en Suecia, en Bélgica, etc. Yo no estoy en contra de la monarquía, es verdad que el rey anterior cometió errores que muy inteligentemente le han llevado a abdicar, pero el rey actual está tomando acciones puestas en el siglo XXI. Creo que la monarquía se está revalorizando un poco.

El rey reina pero no gobierna, que es lo fundamental. Quien gestiona el país es el Gobierno y allí es donde está el problema, si el Gobierno gobierna bien o no gobierna bien.

Yo soy monárquico en el sentido en que económicamente es más «económica» una monarquía a largo plazo que una república. Un presidente de la república sería incluso más caro que una monarquía y jamás tendría el prestigio de un monarquía ética. Porque una monarquía a través de los tiempos tiene una experiencia y cantidad de contactos que un presidente de la república no tendría. La monarquía actual con Felipe VI, y con su padre anteriormente, creo que es positiva.

Lo que yo pido a una monarquía es que sea neutral. Porque si eligiera un presidente de la república seguramente no será neutral, sería de un partido político u otro.

FRANQUISMO

El nacionalismo españolista, por lo menos en Cataluña, se asocia al franquismo, y esto no se ha superado, y no se ha superado entre otras cosas porque el Gobierno español no ha hecho cosas para que se supere, y eso se mantiene vivo.

Argentina, Chile y Alemania han borrado con leyes específicas su pasado nefasto. Aquí todavía no ha sucedido, es una asignatura pendiente que tiene España. Es hora de que por fin se borre, y se ha de borrar reconociendo a las víctimas del bando perdedor. Lo más noble hubiera sido reconocer que hubo una época nefasta, que mucha gente lo ha pasado mal y que ahora vamos a reconciliarnos a base de reconocer y facilitar. Mi propio abuelo desapareció en la Guerra Civil, y claro que me gustaría saber dónde para. Y como yo hay mucha gente en España a la que le gustaría recuperar a sus ancestros, que muchos están en cunetas, para darles un descanso digno. Y esto en

España no se ha hecho. Esta herida continuará abierta hasta que no se dé una respuesta digna a esta situación de hace más de 50 años.

Se decía en tiempos del franquismo, popularmente, que Cataluña era Europa, y que el resto no estaba al mismo nivel. Y eso de alguna forma quizá permanece.

ESPAÑA

—Se vive mucho mejor en España que en Inglaterra y Francia, aparte del nivel económico, pero la vida normal es mucho mejor aquí. El clima influye mucho.
—Y el estilo de vida español, que es común de Galicia, Cataluña, Andalucía, Extremadura, Madrid, Navarra, Comunidad Valenciana…

—¿Cómo es el español? Como hay tanta diferenciación entre regiones me parece una pregunta de difícil respuesta.
—Diría que es una persona desencantada, perdida en el espacio y esperando a ver si hay una solución.
—Sí, con el momento político actual estoy de acuerdo.

TRABAJO

—Si los jóvenes no se van al extranjero lo tienen fatal.
—Nosotros hemos sido afortunados, porque todos nosotros empezamos a trabajar en una multinacional cuando la multinacional empezó. Pudimos obtener puestos de trabajo que hoy en día a uno de nosotros le hubiera costado llegar a ese puesto.
—Sí, sin duda.
—Ahora, si vemos los compañeros que nos han remplazado están peor que nosotros.
—Cuando yo estudiaba, tener una carrera universitaria, aunque fuera grado medio, te garantizaba un puesto de trabajo, que fue mi caso. Hoy en día hay gente con carreras universitarias superiores, másters, y están limpiando váteres.

EMPRESARIOS

Están mal vistos por la historia acumulada. El empresario en España continúa siendo el negrero, el explotador.

En Valencia tenemos Mercadona, creo que es un ejemplo de lo que un empresario debería ser, sus empleados son privilegiados en cuanto a ese nivel de mercado.

¿De qué empresario estamos hablando? ¿De las grandes empresas? Por ejemplo, en la empresa en la que nosotros trabajamos, Ford, la gente está encantada porque tiene muy bueno salarios. Pero si decimos el empresario de las empresas pequeñitas, pues a lo mejor es que muchas empresas no deberían existir. En mi casa hemos tenido una industria pequeña y era muy difícil subsistir. Pero cuando hablamos de los empresarios la gente pone a los grandes y todas las empresas del IBEX; sus trabajadores están ganando dinero. A mí me encantaría que hubiera muchos ricos, ¿por qué no puede haber ricos?

El 80 % de las empresas españolas son las pequeñas empresas, entonces claro, con la crisis del 2008 de esas empresas han cerrado cantidad. Y al hombre o mujer que se va a la calle lo primero que se le ocurre es echarle la culpa al jefe, al propietario. Y seguro que no es toda su culpa, es que simplemente no puede soportar esto. Allí es donde debería intervenir el Gobierno, que no ha hecho nada para las pequeñas empresas, pero sí para las grandes multinacionales.

¿Por qué si el propietario fallece desaparece la empresa? Porque los herederos tienen que pagar unos impuestos terribles. Nosotros teníamos una empresa pequeña y cuando falleció mi padre era imposible continuar porque teníamos que pagar tantos impuestos que tuvimos que cerrar.

Mire – 1983 – Catalana (Sallent) – Fotógrafa

Prefiero hacer la entrevista en catalán porque en castellano no me expreso bien.

Los valencianos se autodefinen como los «*meninfot*», significa que les da todo igual.

Valencia es una ciudad pueblo. No es una ciudad como Barcelona.

VALENCIANOS Y CATALANES

Los valencianos son gente amable y no son abiertos de mente con el tema catalán, son conservadores y son peperos, aunque no todos son así.

De una punta de Valencia a la otra hay mucha diferencia, en el centro escuchas castellano pero en otros barrios como Benimaclet, que son más alternativos, hablan más en valenciano y cambia mucho la manera de vestir.

Hace 10 años que estoy aquí pero no me siento valenciana, de hecho se sorprenden de que no hable usando palabras típicas como «ché». Sólo digo la coletilla «nano», «¿qué pasa, nano?», son cosas de ciudad, si vas a un pueblo y dices nano saben que eres de la capital.

Me siento catalana y creo que somos diferentes a los valencianos. Hoy por hoy no creo que nos podamos unir. Las mentalidades, la manera de pensar…

NACIONALISMO Y PAÍSES CATALANES

No me siento española. No me siento de teja, de peineta y toro, me gusta mi tierra, mi lengua catalana. Creo que no me gusta ser española por lo que hay arriba, por ejemplo la monarquía, lo veo como de mente cerrada. No me siento identificada ni por esa bandera, ni por la lengua.

Lo de los Países Catalanes creo que lo piensa una minoría en Catalunya. Es cierto que en la televisión catalana, cuando dicen el tiempo, mencionan los Países Catalanes, los engloban a todos, no sé por qué tienen que decir eso, no está bien. A los valencianos si les dices Países Catalanes o los catalanes del sur, los estás matando, es una bomba, parece que los queramos absorber, sienten lo mismo que un catalán cuando escucha la frase «vamos a españolizar a los catalanes». Para ellos es como si dijéramos que vamos a catalanizar a los valencianos. Pero eso no se dice en Catalunya.

En mi época de universidad en Valencia me sorprendían mucho las manifestaciones contra catalanes. Vi una manifestación para que no compraran cava catalán, daban incluso chapas con ese lema.

En otra manifestación decían: «¡Arriba el valenciano, no nos harán catalanes!», y lo decían en castellano. No lo entendía, me parece muy hipócrita, ¿por qué lo dices en castellano si estás defendiendo el valenciano? Ese día pasé miedo en el tren porque a mi lado había gente con pegatinas con Catalunya tachada, y escrito «no nos harán catalanes», y cosas así. Yo llevaba la mochila con chapas de Catalunya y la escondí. Me llamó mi hermana y le dije que le hablaría en castellano, no sea que me pegaran. Incluso he visto pintadas que decían: «Muerte a los catalanes».

Creo que también hay valencianos que le tienen envidia a Catalunya, por ejemplo porque se reconoció el catalán como lengua co-oficial y el valenciano no. Los catalanes nos quejamos para conseguir cosas y en Valencia no tanto, son *meninfot*.

En Valencia muchas veces me dijeron que tenía un defecto, que era catalana.

EDUCACIÓN E IDIOMAS

Yo vine a Valencia engañada. Estaba entre ir a estudiar al País Vasco o Valencia, pensé que si iba al País Vasco tendría que hablar en castellano y si iba a Valencia podría seguir hablando en catalán… ¡Pues toma! Vivía en un pueblo donde hablaba en catalán pero no me entendían, decían que hablaba muy rápido o que era un acento muy cerrado. Y el resto todo en castellano.

Las Fallas tienen un himno en valenciano pero si hablas con una fallera te contesta en castellano. Eres la fallera de Valencia, con el himno en valenciano: ¡contesta en valenciano!

Cuando vine a Valencia, a los valencianos les sorprendía que hubiera tenido toda mi educación en catalán. Y es que aquí cuando vas al colegio a apuntar a tu hijo te preguntan cómo quieres que le eduquen, ¿en valenciano o castellano? Lo veo súper extraño, porque en Catalunya no escoges, la educación es en catalán y con una asignatura en castellano, y sales sabiendo hablar en castellano.

Cuando llegué a Valencia con 21 años conocí valencianos que al empezar a hablar con ellos en castellano me decían que no sabía hablar en castellano. Me lo decían muchas veces. Pero a ver, no es que no sepa hablar castellano, es que toda mi vida he hablado con la gente de mi alrededor en catalán. Sé hablar castellano pero no estoy acostumbrada, en una conversación rápida seguramente me vas a ganar tú. Pero a día de hoy, viviendo en Valencia, soy una bilingüe estupenda.

Me dijeron que era una falta de respeto hablar en valenciano en las calles de Valencia, porque no sabes si la persona que hay a tu lado te entenderá. Critican que en Barcelona se habla sólo en catalán, y no es verdad. Se habla mucho en castellano, pero si tú hablas en castellano es posible que te contesten en catalán porque no saben si eres catalán o de fuera de Catalunya, pero si saben que eres de fuera te hablan en castellano.

Si en Barcelona me hablan en castellano respondo en catalán, porque yo no sé si esta persona es de fuera o es catalana, ya que los que vivimos en Catalunya todos hablamos o entendemos las dos lenguas. Si me dice que no me ha entendido entonces ya le hablo en castellano. Esto no es una falta de respeto, cada uno habla con el idioma que se siente más cómodo, somos bilingües.

Si en Barcelona voy a comprar y pido algo en catalán y me atienden en castellano, yo sigo hablando en catalán y la otra persona en castellano y perfecto. Y esto te lo encuentras en muchos sitios de Catalunya. Pero en Valencia si vas a una tienda es posible que no te entiendan en valenciano y te piden que hables en castellano, y lo ven normal; yo no lo veo normal. En Valencia, cuando voy a comprar, ya no hablo en catalán, directamente pregunto en castellano. Me parece muy triste que el castellano esté por encima de las otras lenguas de cada comunidad. Así el valenciano se perderá.

Para mí el catalán y el valenciano no son la misma lengua. Las mismas frases en catalán dichas en valenciano se parecen pero no creo que sean lo mismo. Como el mallorquín, se parecen pero son muy diferentes, igual más de entonación que de escritura.

Algunas veces me han preguntado si a los catalanes, cuando somos pequeños, nos inculcan todo esto de Catalunya. Y yo les digo que sí, claro, cuando somos pequeños nos tienen encerrados una hora a la semana con vídeos sobre Catalunya, lo bonita que es, etc., ¡y se lo creen! ¡Claro que no! Lo que sí se hace es estudiar la Guerra Civil en España y la Guerra Civil en Catalunya, los ríos de España y los ríos de Catalunya. Y con eso sí que me dijeron que ellos hacen los ríos de España pero no los de Valencia, que era todo más general y no profundizaban tanto en su cultura. A lo mejor sí que aprendes a querer lo tuyo porque estudias lo general, pero también profundizas en tu cultura.

Cerraron la única televisión que hacía programas en valenciano y la televisión de Catalunya dejó de emitirse en Valencia. Creo que el valenciano será una lengua que se perderá porque no la fomentan.

MEDIOS DE COMUNICACIÓN

Conoces lo que te vende la TV. El día de la consulta de Catalunya sobre la independencia, las cadenas de aquí decían barbaridades, los amigos me enviaban mensajes preguntándome si estaba bien. Se ve que alguien tiró un container en una manifestación, y en la tele lo exageraron y se inventaron cosas.

Es muy fácil que una persona odie a un catalán con las mentiras que se dicen en la tele. Creo que los medios están politizados, la televisión catalana también, pero creo que no tanto.

INDEPENDENCIA

Creo que me quiero independizar más por tema emocional que por tema político, porque por política no estoy muy informada, sólo lo básico. Les da igual lo que digas, que todo lo que te contestarán será que no. ¿Y tú dices que todos somos iguales? ¿Para qué me quieres? ¿Para que pague para mantener a los del sur? Pues no.

Igual sí que, como dice Rajoy, en Catalunya hay más catalanes que independentistas. Lo que pasa es que este hombre no los sabe tratar, no sabe dialogar, no los escucha, no intenta arreglar esta olla a presión. Y como todo es no, no y no, al final la gente se cabrea y se le hinchan los huevos, y la gente que no votaría la independencia pues ahora para joder la vota. España crea independentistas.

ESPAÑA

Cuando preguntas por cómo son los españoles en general, debería incluir a los catalanes, ¿no? Creo que son todos muy diferentes. Por ejemplo, una persona de Murcia no tiene nada que ver con una persona de Madrid: la mentalidad, la manera de hacer…

España es plural y no lo fomentan. Lo primero de todo es el castellano, y está bien que hablemos todos en castellano, pero potencia que Galicia tiene su idioma, el País Vasco…

España fue un invento para agrupar pueblos, pero cada uno de estos pueblos tiene su cultura.

Veo España como eso que dicen de la España profunda, un hombre cerrado con la mujer en casa viendo el fútbol. No debería ser así, en realidad debería conocer mucha gente para ver si es así. Pero sí pienso que el castellano está pisando las lenguas de cada sitio y lo veo muy triste.

MADRID

Las veces que he ido a Madrid he tenido malas experiencias. Un día estaba hablando con una amiga en catalán y al preguntar en una tienda me salió preguntar en catalán, *«quant val?»*, y me contesta «¿cómo?», y yo *«quant val?»*, y me dice de mala manera «a mí háblame en español que no te entiendo». No sabía que era tan cortito, no creo que haya tanta diferencia de *quan val?* a ¿cuánto vale?

Otro día entramos en un bar a comer churros y ya sólo al entrar veías el toro y la bandera de España, el Real Madrid por aquí y por allá y de fondo la gente rajando de Barcelona. Me bebí el café con leche y al irme me dicen «¡hasta luego!», y le digo en catalán *«adéu-siau»*; el del bar me puso una cara… Yo no hice ningún espectáculo, sólo dije *«adéu-siau»*.

Violeta Garín – 1986 – valenciana (Valencia) – Comunicación

Sabes que no puedes titular el libro *España* porque luego no te lo va a comprar nadie. Si pones España vas a perder un montón de lectores.

ESPAÑA

No detesto España, me da pena. ¿De verdad no podemos entendernos? Me da pena con la potencialidad y la cultura que ha habido en este país, y que no tengamos un relato potente y bonito.

España es un país perdedor y de perdedores, y con esto no quiero sonar demasiado peyorativa, porque podemos hablar largo y tendido de las bondades y las virtudes de las que yo también creo que tiene. Pero a nivel de macrocultura de país, a nivel geopolítico, cuando has vivido en otros sitios, has visto la cultura de otros lugares como es mi caso, es muy fuerte lo que pasa aquí. España es un país que va perdiendo constantemente en los dos últimos siglos. Es un país que como cultura no ha conseguido dar razones para las cuales uno estar orgulloso. En el caso del franquismo dio razones a los de un lado pero se dejó a la otra mitad perdida en el desierto. Cuando llega la Transición tienes una oportunidad de oro para hacer un proceso de paz, un tema de memoria histórica, y no se hace, una oportunidad perdida. Tema Catalunya, otra oportunidad perdida de remodelar el modelo de Estado, una oportunidad perdida tras otra, siempre se llega tarde. Y esa es la sensación que tengo del país, una desafección porque no tienes nada de lo que te haga sentirte directamente implicado, que es lo contrario de lo que pasa en Catalunya. Con esto me refiero a que Catalunya ha sabido, gracias a su cultura, crear un discurso y un proyecto ilusionante como país.

Cómo va a haber tolerancia si lo que hay es ignorancia, no se puede apreciar ni amar lo que no se conoce. Los catalanes deberían irse una semana a Cádiz, y los de Cádiz a Barcelona, no se viaja dentro del territorio. En el extranjero mucho, pero por España poco.

Estuve en navidades en Catalunya y descubrí lo que era el «caga tió»: un tronco que los niños pintan, le pegan y debajo salen regalos, mola.

Los historiadores extranjeros alucinan con la historia de España, les parece súper divertido de estudiar porque es una montaña rusa política de inestabilidad.

España es igual de democrático que cualquier otro país, y los otros países tampoco es que sean muy democráticos. La ley electoral que hay no es demasiado democrática. Pero creo que hay casos mucho peores.

FRANQUISMO

Sobre el franquismo mucha gente se preguntaba cómo es posible que aguantara durante cuarenta años. Se habla del franquismo sociológico, una especie de hartazgo mental, político y social en el que la gente decía: «Pues si está este tío, pues que se quede, si es que llevamos dos siglos donde esto ha sido una inestabilidad constante».

NACIONALISMO

Me siento valenciana y no me molesta si me dicen que soy española, pero ser española no es mi identidad primaria. No tengo nacionalismo español, soy una agnóstica de identidad territorial.

No me siento identificada con la bandera española pero no cojo otra y la beso, como diciendo esta es la mía.

Entiendo el nacionalismo, pero desde un punto de vista práctico. Como decía Gandhi, «si quieres ver un cambio en el mundo, empieza por ti mismo». Si yo quiero que cambie la humanidad voy a empezar por mi territorio, y después expandimos a los demás.

Después del franquismo no se han construido nuevos relatos que actualicen esta unión cultural. Por eso el independentismo funciona, porque es un nuevo relato que emociona.

POLÍTICA

Me di cuenta de que la política es emocional, y pienso que ha de tender hacia lo racional. Hacer política con la emoción me parece un poco peligroso.

El Gobierno de España está haciendo una política denunciable, es negligencia política lo que hacen.

CATALUNYA

Igual que se ha vendido la historia de una España monolítica, se ha vendido la historia de una Catalunya monolítica.

Fui a Barcelona a ver el 9-N, el día de la consulta para la independencia de Catalunya, y vi normalidad absoluta, civismo total. La mayoría de mis amigos catalanes son independentistas, y cuando ese día fui a una cena fue la primera vez que encontré un discurso monolítico sin fisuras. Me di cuenta de que esta gente va a otro nivel, y nosotros aún estamos intentando entender qué pasa. ¿El federalismo?

¡Buf!, allí eso suena ya a hace cincuenta años o diez, ahora ya es demasiado tarde.

INDEPENDENCIA

Un amigo independentista me decía que no era una cosa de gestión, sino una cosa aspiracional, identitaria. Es absolutamente emocional. El Gobierno lo está haciendo tan mal que me sale pensar de forma *conspiranoica*, pienso que realmente están aliados y que hay una estrategia en la que eso les interesa. Es que al final es todo tan retorcido… Es que la máquina de hacer independentistas que ha supuesto el Partido Popular es difícil de superar por nadie.

En Barcelona me decían que «como no nos entendemos, pues nos separamos, como un divorcio», y yo contestaba que no es un divorcio. ¿Por qué esa idea de la España monolítica?, ¿qué tiene que ver un asturiano con un canario, un gallego con un gaditano? ¡No puede haber cosas más dispares! ¿Por qué esa España-Catalunya? No es así, en todo caso no es un divorcio donde nos llevamos mal, es más bien un piso compartido en el que a uno no le sale bien, ni rentable, ni está a gusto y se quiere pirar. Pero la analogía del divorcio me pareció perversa, que acababa con las identidades que hay dentro de España, que las borraba.

A lo mejor al granadino, por ejemplo, no le han contado suficientemente fuerte la idea de que este país está compuesto por un montón de piezas que han estado unidas y separadas. Y a lo mejor ahora toca que se separen otra vez, y no pasa nada, ya pasó antes.

Le pregunté a un amigo independentista que me dijera en qué hechos de su día a día no podía expresar su catalanidad. Y me decía «pues el rey», y yo «a mí también me afecta y soy valenciana, no vale», y me dijo que le dejara que lo pensara durante la semana. Pues en Valencia no tenemos televisión pública y en Catalunya sí. En Valencia se hizo una operación para borrar el mapa cultural valenciano, intuyo que deliberada por unos organismos de poder, y desde luego por parte de una ciudadanía que se ha dejado llevar. Hay una palabra en Valencia que es «*meninfot*», la cultura *meninfot* es la cultura de me da igual todo. Son palabras muy metidas en la cultura valenciana, por algo será. En Catalunya, en una administración pública puedes hablar en catalán, en Valencia tienes papeles en valenciano, pero si intentas hablarlo un funcionario te puede decir que no te entiende.

Hay algo en mí al que no le gusta el tema de la desunión. Las fronteras no me gustan. Yo también me quiero independizar de Rajoy, y de un Estado sin memoria histórica, sin un proceso de paz y que tiene un monarca a dedo, también quiero independizarme de ese Estado. Por eso Catalunya también es España, porque ese sentimiento no es exclusivo de Catalunya. Que el argumento que se use sea el de que los maltratan me toca la moral, porque aquí sí que se nos ha maltratado. ¿Nos hemos dejado maltratar? Pues también.

PAÍSES CATALANES

Últimamente estoy abogando por que se debería empezar a considerar la opción de Países Catalanes seriamente, y desde un punto de vista pragmático, dejando de lado todas las raíces culturales que son compartidas. Si apartamos todo eso y nos centramos sólo en la praxis, a lo mejor nos iría mejor a nivel de relación de estados y territorios con Països Catalans que con Castilla. Ahora mismo la Comunidad Valenciana es una de las comunidades que está recibiendo menos financiación de todo el conjunto del Estado español.

VALENCIA

Valencia me da mucha pena porque es un territorio que no se quiere a sí mismo. Podrías dividir en dos la población Valenciana, y tendrías a la mitad que le encantaría ser la playa de Madrid, y a la otra mitad que le encantaría anexionarse a Catalunya.

En Valencia hay valencianos de cultura castellana y valencianos de cultura valenciana, y es algo que hay que entender.

Es una cultura muy mediterránea, muy del gusto por la vida, la gastronomía, la paella valenciana… Cuando he ido a Catalunya y he visto cómo hacen las paellas... Eso no son paellas, son arroz con cosas.

Jamás he sido fallera ni me interesa. Si vives en Valencia es muy probable que odies las Fallas, porque se hacen dentro de la ciudad, en cada cruce de calle hay una falla, y no duran tres días ni una semana. El 12 de febrero ya están colgando las lucecitas, y las fallas se queman el 19 de marzo. Es casi un mes sin poder hacer vida normal en la ciudad, te cortan las calles y hacen la *mascletá* cada día. En las Fallas te lo pasas bien si eres fallero. Eso significa meterte en el casal de tu calle.

Se nos ve gente mucho de apariencia. Es difícil mezclarse y hacer amigos en Valencia, la gente tiene su grupo para verse. Valencia es una ciudad bastante provinciana.

Refiriéndonos a los idiomas, aquí nunca se dice español y valenciano, se dice castellano y valenciano.

IDIOMAS Y EDUCACIÓN

En casa hablo en castellano. Mi padre no tiene ni idea de valenciano pero mi madre es catalanofílica. Mi abuelo por parte de madre era gallego y se casó con mi abuela, que era de Ayora, un pueblo de Valencia muy al oeste donde prácticamente no se habla nada de valenciano. Pero se fueron a vivir a Moncada, donde se habla valenciano a lo bestia. Entonces mi madre creció en Moncada y habla valenciano, pero a mí nunca me hablaba en valenciano, pero sí a otras personas. Estudié valenciano en el colegio y tuve la suerte de conocer catalanes de Erasmus, y al volver a Valencia les pedí a mis amigos valencianoparlantes que me hablaran en valenciano y me decían que no les salía hablarme en valenciano. Tuve que ser ultra pesada para que me hablaran en valenciano. Me hablaban en castellano y les contestaba en valenciano, al final lo conseguí.

El idioma parece que es el bastión básico de una cultura añeja. La gente que ha movido el cotarro en Valencia los últimos dos siglos era gente de cultura castellana. Entonces en la ciudad la élite hablaba castellano, y los pobres, los de los pueblos, los que les castigaban y no les permitían hablar valenciano durante el franquismo, oprimidos y sin poder, se vieron arrinconados. Entonces claro, aquí hay casos de padres que hablan valenciano y que a los hijos no les han hablado valenciano por una autocensura, porque pensaban que hablando en valenciano esa persona no llegaría a nada en la vida.

En Valencia hay una situación de diglosia: si hablan castellano tienes que dejar de hablar en valenciano, aunque el que hable castellano entienda y pueda hablar el valenciano.

Estudié en un colegio concertado y lo estudié todo en castellano teniendo una asignatura de valenciano. Pero antes estudié en un colegio público donde tenía algunas asignaturas que eran en valenciano. Y en la universidad pública estudié alternando asignaturas en castellano y valenciano.

En España destacar en el colegio está mal visto; si destacas caerás mal, por lo general. Es un país en el que hablar inglés te da vergüenza, se finge mala pronunciación para no caer mal en tu clase. No se valora el esfuerzo, se valora estudiar de memoria. No hay debates. Es un sistema viejo.

A mis amigos catalanes los conocí de Erasmus en Alemania. Recuerdo perfectamente el día que hablaba en castellano con una amiga de Terrassa y veía que estaba haciendo esfuerzos para hablar castellano bien. Hasta que le dije que podía hablar catalán tranquilamente, que yo era de Valencia. Siempre dice que en Alemania yo aprendí a hablar fluidamente en catalán y ella en castellano. Manda cojones que tengamos que ir a Alemania para hablar fluidamente, en fin…

El valenciano es catalán. ¿El argentino es argentino o es castellano? ¿El boliviano es un idioma? Pues aquí igual, hay unas variantes geográficas, fonéticas, ricas, preciosas. Aquí hay unas «o» abiertas que nunca escucharás en Catalunya y que son preciosas. ¿Llamarlo catalán otorga una preponderancia a un territorio sobre el resto? Pues igual sí, pues llámalo como quieras, si el nombre es lo de menos.

En ningún caso en Catalunya se debería poder estudiar completamente en castellano sin tener clases de catalán, eso no, para eso que se vayan a vivir a Valladolid. Como cuando en Valencia la gente se me quejaba de que las clases eran en valenciano: «Es que yo soy de Murcia», me decían, pues vete a Burgos. Si vienes aquí a la universidad sabes a lo que vienes. No te voy a poner una barrera muy grande que no te permita estudiar, pero tienes que entender dónde estás.

ESPAÑOLES

Hay una brecha generacional grande, tengo cierta curiosidad por saber qué va a pasar cuando ciertas capas generacionales vayan desapareciendo.

Diría que la media española es una persona descreída. Creo que hay un complejo de inferioridad, no es un país en el que se haya premiado a las capas intelectuales. Me pregunto dónde están los intelectuales ahora.

Discutir en alemán significa debatir, pero en España, debatir, discutir, se hace peyorativo y se entiende como pelea. A mí me gusta discutir ideas, porque no significa pelearse.

CORRUPCIÓN

Mi teoría es que en todas las comunidades autónomas donde ha habido un partido demasiado tiempo en el poder, ha acabado corrupto. Cuando tienes un puesto de poder la gente se te acerca como moscas a la miel, es humano, no se puede evitar, y se crean redes clientelares. Entonces, ¿para qué sirve la democracia? Para que cuando tú llevas un tiempo haciendo eso te vayas a casa y llegue otro que hará otra vez sus propias redes clientelares. Ha pasado en Valencia, en Catalunya, en Madrid, en Andalucía... Los únicos que no la han liado en corrupción han sido los vascos. Porque tienen concierto económico, es por eso. Todos deberían tener concierto económico.

FUEROS VASCOS

Sucede que con el tipo de políticas de España que han enarbolado la bandera de solidaridad hemos creado territorios más desiguales, en lugar de territorios más iguales. Hemos creado que España sea un país bicefálico: la segunda cabeza de España es Barcelona. Para que una persona pueda avanzar, para que tenga más posibilidades, o se va a Madrid o se va a Barcelona. Entonces mi modelo de Estado pasa por el concierto económico. Es decir: «Juan Palomo, yo me lo guiso yo me lo como».

Es cierto que el resto de comunidades autónomas no se han manifestado. Me hubiera encantado que frente al caso catalán no se hablara de españolizar Catalunya, sino de catalanizar España. Me gustaría que todas la regiones del Estado se plantearan cuál es su relación para con el Estado central. Catalunya se lo plantea porque pierde, porque es rica. Los pobres no se quieren independizar nunca, los que se quieren independizar siempre son los ricos, eso es una realidad. Me gustaría que una comunidad como Extremadura o Andalucía dijeran: «Pues a mí me están dando y dando, y yo no doy nada».

Si viviera en un piso compartido y todo el mundo me lo pagara todo, al final me sabría mal. Yo creo que hay una gran distancia entre lo que pasa a nivel político y lo que pasa a nivel real, la gente no sabe. Por eso en comunidades como Andalucía te dicen que trabajan mucho pero luego ves el balance fiscal, las cuentas... Trabajarán mucho, pero no llegas. Reconvierte el sector, ¿dónde están los universitarios? ¿Y el talento andaluz?

Entra en juego algo que es muy endémico en este país, que es la ignorancia absoluta, el nivel de analfabetismo político y cívico. En un país donde se tira la basura al suelo es difícil construir nada desde ahí. En un país donde uno ensucia deliberadamente su entorno público es normal que se robe, etc.

MONARQUÍA

¿Para qué me vale? ¿Para que el rey vaya a Filipinas y le saquen los elefantes por la calle? Tú por allí y la casa por barrer. ¿No se supone que un rey debería tener alguna función mediadora dentro de su país?

Es un desastre, no a nivel operativo pero sí a nivel simbólico. La gente tiene miedo a replantearse la monarquía, porque en España se sigue teniendo una concepción muy paternalista con respecto al Estado, se piensa que la ciudadanía es tonta y entonces mejor yo tomo las decisiones.

Considero que Felipito es un rey preparado. Muy bien, que se presente a las elecciones y a lo mejor lo voto.

TOROS

No me gusta que se haga un espectáculo de la muerte, sin embargo en este mundo se matan constantemente animales y más en la industria de la alimentación. Estar en contra de los toros y luego comer salami no tiene sentido, porque esos animales mueren con el mismo sufrimiento.

Hay aspectos como el arte del toreo, que yo como historiadora de arte puedo llegar a apreciar, igual que puedo apreciar un concierto de *heavy metal* aunque no lo escuche en mi casa. Sin embargo sí que es verdad que se ha quedado como algo anacrónico y la gente reniega de eso. A lo mejor porque es la punta del iceberg, la parte más visible del maltrato animal, y si se cambiara eso a lo mejor cambiarían muchas cosas, la mentalidad hacia el respeto a los animales.

FUNCIONARIOS Y EMPRESARIOS

Somos un país de funcionarios y pequeños empresarios. En España el tema de uno que quiere montarse algo la gente no lo entiende muy bien. El entorno, tus amigos, tu familia… conspiran para que no emprendas.

Cuando la gente oye la palabra empresa la relaciona con explotación, es una palabra peyorativa, no la relaciona con un instrumento para construir cosas. No sé por qué. Sí que hay una tendencia a que si puedes vivir del Estado, mucho mejor.

Aún creo que se pueden hacer muchas cosas, que hay material, que hay gente muy buena que me inspira, que me hace confiar y tener fe en que España se puede arreglar.

Región de Murcia

José Miguel López Pizana, 'el Bubu' – 1978 – Valenciano (Alicante) Camarero
Canito, 'Cani' – 1968 – Murciano (Murcia) – Maestro de Educación Física
Jorge, 'el George' – 1968 – Murciano (Murcia) – Conductor de maquinaria

—Somos poligoneros total.
—Somos gente de orden, gente de la calle, pero gente de buen vivir, no somos malos del *to'*.

—Todos tenemos apodos.
—Algunos son *cabroncicos*, y otros son cabrones.
—Es muy murciano. Si tienes siete hijos y le dices «el pequeñín», pues se le queda 'el pequeñín'. Coges una tuerca cuando tienes dos años y te quedas con 'el tuerca'.

MURCIA

—¿Que cuesta entendernos? Pero porque no tenéis buen oído los de fuera, nosotros hablamos perfectamente.
—Nos comemos las palabras. En vez de decir no fumar, no *fumá*.
—Cada pueblo tiene su idiosincrasia y su forma de hablar.

—Tú aquí no puedes poner un nombre compuesto porque si te llamas José Manuel decimos ¡Josemanué! Nunca se termina una frase.

—Los murcianos son paletos, garrulos, pueblerinos. Son tópicos ciertos, que luego hay ciertos sectores que son diferentes, pero por lo general son pueblerinos.
—Pero también te digo una cosa, 'Cani', el murciano es una persona con buen fondo, buen corazón, lo que pasa es que dentro de los estudios que ha tenido, dentro de lo que ha visto.
—Escucha, vamos a ver, veinte años de Partido Popular, déjate de vueltas que aquí hay algo raro.
—Bueno, ya, gente de costumbres se les puede llamar entonces.

Gente torpe hay en todos los lados, en Murcia, en Salamanca, en Madrid, en Barcelona, y gente inteligente también. No vamos a masificar a toda una región por una minoría; aunque sea grande, es una minoría. Yo he estado en la mili, he tenido amigos de Barcelona y cuatro amigos han sido muy buenas personas y otros no. Con los cartageneros igual, con los de Alicante igual. No es ni mejor ni peor, son diferentes, hay que aceptarlos.

Nosotros venimos de la zona de Aragón. Cuando Jaime I conquistó las tierras vinieron aquí los aragoneses. Si es que somos descendientes de ellos, no podemos renegar de nuestra historia. Pero una cosa es la historia y otra cosa lo que somos.

—Nos parecemos a los de Extremadura por la forma de hablar, a los aragoneses por la forma de…
—¿Quieres que te diga una cosa? Nosotros donde hemos estado triunfamos como la Pepsi Cola.
—La verdad es que sí.
—Porque somos gente buena, no buscamos problemas. Donde vamos intentamos involucrarnos. Que estamos en Sevilla, ¡olé Sevilla! Cádiz, ¡pues olé Cádiz!

ESPAÑOLES

—El español es fiestero.

—Es una mezcla indefinida de todas las culturas que han pasado por aquí.

—Pero no es mala persona, nunca, siempre si puede echar una mano a alguien creo que se la echa.

—No, no digas eso, porque no. Somos la picaresca. Cervantes en 1700 ya lo escribía: lo que era la picaresca.

—Ya, pero tampoco tú...

—Si no has leído las *Novelas ejemplares* no puedes hablar de lo que es España. Es algo cultural, la picaresca es española, no se puede evitar.

—Ya, pero ahora mismo si un murciano le puede echar la mano a otro, intenta echársela.

—¿Dónde, al cuello?

—Ja, ja, y después se convida.

Los buenos al cielo, los malos al infierno, y los regulares a Melilla.

NACIONALISMO

—Yo me siento murciano.

—Yo no. He viajado mucho y me siento ciudadano del mundo, he estado en todas partes del mundo y me identifico con todo el mundo que pasa necesidades y problemas igual que tú. Me siento murciano porque he nacido aquí, pero cuando conoces otros países, otras culturas y otras formas de vida, al final piensas que todo el mundo lo que quiere es lo mismo que tú: sacar adelante tu vida, tu familia, tu gente, tu cultura y forma de pensar. Y piensas que lo tuyo es lo mejor, pero cuando conoces otras cosas, pues no, lo mío no es lo mejor. He estado en la India, en Estados Unidos, en Sudamérica...

—Déjate de rollos, invita a mi compadre, que sepa lo que es Murcia. Pide un chorro o lo que quieras, lo pago yo.

Tengo 36 años, un año estuve viviendo en Alicante y todo lo demás aquí, soy más de aquí que de allí. Soy murciano pero mi personalidad es alicantina, soy más fresco.

—Me siento español, donde voy soy español. Incluso he llegado a sitios donde me han dicho que no diga que soy español porque me van a tratar como si fuera un tercermundista. En Estados Unidos me han llegado a preguntar si sé lo que es una lavadora o un ascensor.
—Yo me siento español a tope. No somos otra cosa.

No sé por qué algunos rechazan la bandera de España, a lo mejor porque lo han vivido de alguna manera en su familia. Pero no creo que sea por los tiempos de Franco, ya hace muchos años de eso, no creo que nadie diga eso ya, es un disparate.

MARCA ESPAÑA

—Yo soy rockero, me gusta sentirme internacional, no me identifico con la marca España, me parece triste.
—Yo sí que me identifico: Camarón de la Isla, la farándula y el buen saber estar. Claro que hay más cosas, pero vamos a ver, cuando una persona tiene buen flamenco, buenos toros y buena cerveza, ¿qué más quieres?

NORTE Y SUR

Pero ¿cómo que se trabaja menos en el sur? Yo trabajo como los chinos, todos los días, soy el jefe. Habrá sitios en los que trabajan más o menos, pero como en todos lados. Supuestamente donde se trabaja menos es en Andalucía, tres para recoger la oliva, y luego te viene un andaluz y te dice que trabajan más. Si es que trabajar más se trabaja en todos lados.

—Estamos a 29 de noviembre y mira cómo estamos.
—Vamos en manga corta.
—¿Tú crees que de Madrid *pa'rriba* pueden decir lo mismo que estamos diciendo aquí?
—No puede ser igual trabajar un 29 de noviembre aquí, que empiezas a sudar un poco con manga corta, que allí, que tienes que llevar tres chaquetones. Esa gente no puede rendir igual que nosotros. Nosotros rendimos seis veces más que esa gente, te lo digo yo.

—Si te levantas a las 7 de la mañana y hace 0º «bajo cero» y aquí estamos a 19º, ¿cómo va a ser lo mismo?

EDUCACIÓN Y FUEROS VASCOS

Pondría una asignatura que fuera «Viaja donde quieras», para que pruebes otras cosas diferentes a las tuyas. Has nacido aquí, pero conoce otras culturas, sé capaz de abrir tu mente.

Yo me he recorrido España entera y creo que sí que nos entendemos entre los españoles. Soy sindicalista y conozco los problemas que hay en mi trabajo, soy maestro, y los trabajos que hay en Andalucía no son los mismos que hay en Asturias, en Galicia… o como el País Vasco, que tienen las *ikastolas*, ellos están en otro nivel en el que no estamos el resto de España. Asturias está al lado y sin embargo tiene menos privilegios. Las *ikastolas* son el icono donde todas las comunidades nos queremos reflejar y no podemos, porque tienen el concierto económico.

Una vez que le das la autonomía a cada gobierno, cada gobierno hace lo que quiere. El Gobierno vasco ha preferido dejar mucho más dinero a la enseñanza de su idioma, de su idiosincrasia, y nosotros no. Lo que no puedes hacer es dar las competencias a una comunidad para educación, sanidad, justicia, y luego no dar dinero. No puedes hacerlo. Tienes que dar la competencia y el dinero.

INDEPENDENCIA

Cataluña está pidiendo que le dejen hacer libremente lo que está haciendo el País Vasco. Y sería lo justo. Pero hay dinero para el País Vasco pero no para Galicia, ni para Cataluña, ni para Murcia o *pa'* quien sea.

Por supuesto que Cataluña debería poder votar. Pero es que Cataluña no existe, es una cosa política que les han vendido a ellos. Si tú coges la historia, históricamente Murcia tiene más historia que Cataluña, ¿entonces en qué nos basamos? ¿En que ellos son un país independiente porque tienen un idioma? Pienso que si los murcianos tuviéramos un idioma seríamos mucho más radicales que ellos.

LA CONSTITUCIÓN

¡Viva la Pepa! La Pepa es la Constitución porque se firmó el día de San José, el 19 de marzo de 1978.

—Habría que hacer una reestructuración de todo, empezar por la Constitución y terminar por las comunidades, y ser más transparentes.
—¿Pero por qué le da tanto miedo al Gobierno reformar la Constitución?
—Pues porque les interesa a ellos. Cuando dicen que hay que bajarle el sueldo a los funcionarios, no señor, a los funcionarios no, a los políticos.
—Pero la Constitución es del año 78.
—Cuando nací yo.
—Tú y con tanta gente que ni había nacido, ¿cómo le da tanto miedo reformar la Constitución? Estamos en el año 2014, ¡han pasado muchos años!
—36 por lo menos, y seguimos igual.
—¿Tú votaste?
—Yo no, acababa de nacer.

EMPRESARIOS Y FUNCIONARIOS

El empresario es el emprendedor, el que todo el mundo debería apoyar. Yo fui empresario y empleado a la vez, y no sabía qué hacer. Como empresario tenía unos intereses y como empleado otros, y al final tuve que dejar la empresa. Tenía cincuenta y tantos empleados a mi cargo, era un sinvivir, aparte tenía mi trabajo de maestro. Pagaba seguros sociales y lo que no está escrito. Mi idea era dejar mi trabajo y dedicarme a mi empresa, pero cuando llegaba a final de año y hacía balance… ¡Pero si sólo he ganado 2.000 €!, ¿cómo puedo ganar 2.000 € después de tener 50 y tantos empleados a mi cargo? El estrés que me supone el pagar seguros sociales, el tener un montón de gente a mi cargo… ¿Qué necesidad hay? A tomar por culo la empresa, me dedico a mi trabajo y a la empresa que la den por culo, cincuenta y siete empleados al paro. Porque lo quería hacer todo por lo legal. Pero otra empresa que trabaja en el mismo sector que el mío triunfaba. ¿Por qué triunfaba? Porque no tenía a los empleados dados de alta, porque no pagaba seguros sociales, claro, todo lo que ganaba era para la saca, y yo lo quería hacer todo por lo legal. No se puede hacer en España por lo legal, todo lo que ganaba era para pagar al Gobierno, a los dos años cerré la empresa, es que me voy a morir. Una empresa tiene que ser muy boyante o muy familiar *pa'* que pueda avanzar, porque si no es imposible.

Mi ilusión era construir mi empresa y vivir de esto, pero cuando ves que te asfixian y te agobian a seguros y a no sé qué, dices «voy a sacarme una oposición o a meterme de empleado porque voy a vivir mucho más feliz y más tranquilo, no voy a tener que estar con la presión que me supone que no cumpla los objetivos, etc.». Eso si lo quieres hacer por lo legal, pero hay mucha gente que no lo hace por lo legal, y claro que gana beneficios, pero estás a que te pillen. Si te hacen una inspección el día de mañana...

La gente piensa que los empresarios son explotadores, los caciques de toda la vida. Hasta que esta mentalidad no cambie... Pero esa mentalidad no cambiará hasta que el Gobierno no le dé facilidades al empresario.

Yo quiero que mi jefe gane para comprarse un Mercedes todas las semanas, razón por la cual yo pueda cobrar lo que me merezco.

TOROS

Aquí vienen cinco corridas en la feria de septiembre, que es la Feria de Murcia, y no vienen toreros, vienen toros a ver el espectáculo. No es que me gusten más los toros o menos, pero tampoco quiero que nadie se lucre con eso. Igual que los toros hay muchas más cosas, también con los corderos, y nos gustan los corderos y los jamones.

Me he criado en la plaza de toros de Murcia, que es una de las más antiguas. Y mi vecino era el conserje de la plaza de toros. Y jamás en la vida me han gustado los toros. Es una cosa inconcebible para mí en pleno siglo XXI. ¿Cómo una gente puede disfrutar con un espectáculo de ese tipo? Y te digo que si me pongo a hablar con un taurino sé más de toros que él. Porque he visto subastas de toros, he estado con los mejores toreros… Es una cosa tradicional, pero es que se tiene que acabar, es una cosa que no tiene sentido, pero es un negocio, da dinero y el dinero mueve el mundo.

MONARQUÍA

—Siendo republicano no te puedo contestar a esa pregunta. Es una gilipollez.
—Eso es como si yo soy el gitano más grande que hay, entonces todo el mundo me tiene que respetar; no es así. Siempre he dicho que las cosas se rigen por democracia, y en España no hay democracia.

RELIGIÓN

Creo que España es religiosa, y creo que no se está perdiendo, pero debería perderse. Las religiones son el opio del pueblo.

ESPAÑA

Hay países mucho mejores para vivir que España.

Manuel – 1996 – Murciano (Murcia) – Estudiante de Económicas
Clara – 1996 – Murciana (Murcia) – Estudiante de Enfermería
Amparo – 1996 – Murciana (Murcia) – Estudiante de Derecho
Josué – 1996 – Murciano (Murcia) – Estudiante de Filología Hispánica

—No tenemos motes, pero en Murcia hay muchos motes.
—Depende de en qué barrio vivas.

Cuando un grupo de murcianos hemos ido a otras ciudades de España, lo que preguntamos es «¿aquí dónde se sale?». Nos gusta relacionarnos, somos muy sociales.

MURCIA, ANDALUCÍA Y EL NORTE

—En España dicen que los andaluces son los que más arte tienen pero yo creo que son los de Murcia.
—Yo también pienso que los murcianos están subestimados. Siempre se habla de que la gracia española es Andalucía, pero hemos viajado mucho por España y allá donde hemos ido los murcianos hemos llevado la gracia. Sobre todo en el norte, que no hay chispa ni gracia: con el clima y tal hay muy poca.

—Al hablar del sur se habla de Andalucía, pero en realidad los que mandamos somos los de Murcia.

—La mayoría de provincias de Andalucía están repobladas por murcianos, ¡que eso lo he estudiado yo!

—Si es que Murcia es tres veces Andalucía, y no por territorio, sino por gracia y por arte.

—Somos diferentes a los andaluces porque no tenemos nada que ver con ellos, somos mejores que ellos.

—Somos más trabajadores.

—Somos más cariñosos, tenemos más labia y es que somos mejores, en Andalucía son unos corruptos.

—En Murcia predomina la huerta, y es un trabajo muy físico. Tenemos familiares, tíos y abuelos que tienen tierra y la cultivamos por familias.

—En Andalucía son como muy señoritos.

—Sí, son muy caciques. El cacique es el que mandaba sobre las tierras señoriales que tenía sus súbditos. Pero tampoco somos nadie como para criticar que los andaluces no trabajan.

—En Murcia somos muy trabajadores por respeto a nuestros mayores. Aquí en Murcia si tu padre, tu tío o tu abuelo te dice «tenemos que ir a recoger la aceituna, la almendra, etc.», y tú quieres salir de fiesta antes, no quita que tú al día siguiente tengas que estar a las seis de la mañana trabajando en el campo.

MURCIA Y CARTAGENA

—Cartagena es una ciudad que tiene huerto y un puerto muy importante, pese a quien le pese, y hay un dicho en Murcia que dice: «De una puta y un marinero nació el primer cartagenero», y ellos nos contrarrestan diciendo que «de una puta y un huertano nació el primer murciano».

—«Cartagena, monte sin leña, mar sin pescado, mujeres puta y niños malcriados».

—Sí que hay rivalidad con Cartagena. Antiguamente Cartagena era la capital que tenía más peso. Pero por tener el puerto, por tener mar, los señores y gente con poder se vinieron a Murcia por miedo a ataques de piratas. Desde entonces Murcia es la ciudad con más peso en la región.

TÓPICOS

En toda España hablas de Murcia y nos toman por paletos, por incultos, porque somos de la huerta, ¡pero qué va!

—Se dice que no se nos entiende cuando hablamos. Que hablamos muy rápido y que no pronunciamos las vocales al final ni las «s» como en Madrid, que parece que se van a resbalar con una «s». Pero yo me siento muy orgullosa de cómo hablo.
—En Madrid parece que te están mandando a callar todo el rato, «sssssssssss»...
—Ja, ja.

En Madrid el tópico es que te miran por encima del hombro porque son de Madrid.

—En España se generaliza mucho: «¿Barcelona? Catalán cerrado y agarrado».
—Sin embargo, depende mucho de la persona.
—¿Eres de Sevilla?, gandul; ¿eres del País Vasco?, se oye mucho que son muy de pensamientos cerrados; ¿eres de Bilbao?, pues etarra. En España se generaliza mucho.

ESPAÑOLES

—Es muy difícil decir cómo es el español.
—Hay muchas variaciones de cómo es un español.
—Sobre todo alegre.
—Muy *salao*.
—Bueno, dependiendo de la comunidad, si te vas al País Vasco es un rancio total que ni te dicen nada.
—¿Lo ves?, generaliza.
—En general lo que tenemos en común, es que somos de la madre España.

MARCA ESPAÑA, TOROS Y ABORTO

—Sí que nos sentimos identificados con la España de toros y flamenco.
—Sobre todo en Murcia. En Barcelona han prohibido los toros.
—España tiene una cultura y los toros nos representan. Hay mucha gente que piensa que está mal porque matan un animal, pero si vieran cómo matan un pollo, que es lo primero que comemos todos los días… La gente no sabe apreciar los toros, es un arte, que lo ves y dices: es español.

Los antitaurinos son gente que no tiene nada que hacer. No hay nadie que quiera más a un toro que un ganadero.

—Puede ser cruel, vale, para gustos colores. Yo me he emocionado viendo a la gente toreando.

—Esos que dicen que es cruel también están a favor del aborto, son muy hipócritas.
—Fíjate que todos los antitaurinos son proabortistas, ¿por qué? Están a favor de que no le claven una espada al toro pero están a favor de que maten un feto.

—Cómo puede ser que un proabortista sea muy moderno, muy de ciencias, y cuando ven una investigación sobre Marte, que han encontrado una célula, en los periódicos que digan: «Hemos encontrado vida en Marte»; pero un proabortista diga que un feto no es vida, hasta los 3 meses no es vida? ¿Cómo te comes tú eso?
—¿Gente que puede abortar con 5 meses? Es que me da rabia que maten a personas.
—Estamos en contra total del aborto.
—Sólo con la excepción en caso de violación.
—Un 90 % de las mujeres que han sido violadas nunca han abortado.
—Personalmente, si me violan no podría estar viendo la cara al hijo.
—A ver, hay que ver las estadísticas, yo creo que no abortaría.
—Yo estoy a favor del aborto en dos casos, en caso de violación y en peligro de muerte de la madre.
—Que muera yo antes que el niño.

NACIONALIDAD

—Nos sentimos murcianos de pura cepa.

—Y españoles 100 %. A mí no me representa Mariano Rajoy, me representa la Rojigualda, una bandera que han defendido mis antepasados, los Tercios con los Reyes Católicos. Me han defendido tantísimas personas que me siento español por eso, por mis antepasados.

—Hay gente que rechaza la bandera española por quién nos representa.

—Mira, como yo antes he dicho la Rojigualda, el 60 % de la sociedad me dicen franquista, fascista, ¡hostia! Eso son palabras muy duras. Mira que los fascistas y franquistas han matado a muchas personas. No, yo soy español por mis antepasados como te he explicado.

Quien no se sienta español, pues que se vaya de aquí.

En España rechazar la bandera está bien visto.

CATALUÑA

—¿Votar que sean independientes? Me gustaría que Cataluña votase para que se dieran cuenta de que se echaría a perder la economía de Cataluña.

—Les diría que se independizaran y que al año tengan la posibilidad de volver. Con el agua al cuello que digan «por favor».

—Sí, que tengan la experiencia de saber lo que es mejor para ellos.

—El ministro que dijo «vamos a españolizar a los catalanes» tiene un poco de razón, porque Cataluña no está españolizada. Un catalán desde chico está educado para la independencia.

—Ahora, pero tradicionalmente no.

MONARQUÍA

—En España llega una república y se va a la mierda, porque el rey es lo que da estabilidad a España.

—El rey no sirve para nada.

—«Viva España, viva el rey, viva el orden y la ley».

—Haznos caso a todos menos a ella.

RELIGIÓN Y EDUCACIÓN

El apóstol Santiago, cuando vino a evangelizar el cristianismo, entró a la península Ibérica por el puerto de Cartagena.

—Somos Kikos.

—Los Kikos son un movimiento de la Iglesia fundado por Francisco Argüello, que se le llama Kiko. España es el país con más gente en este movimiento. Es un movimiento cristiano, católico, apostólico del Vaticano, nos ceñimos al Papa. Es como el Opus, un movimiento de la misma Iglesia de Roma.

Pienso que el colegio público debería haber de católicos, musulmanes y ateos y que cada uno vaya al que quiera. Un musulmán, si está empadronado en España, paga impuestos como un español, por tanto un musulmán tiene el derecho a recibir una educación musulmana y pagada por el Estado.

—Se está perdiendo muchísimo la religión. España ha sido un país muy católico y ya no lo es.

—Si los políticos conocieran la Iglesia serían honrados todos.

—Seríamos honrados, digo seríamos porque nos representan.

—Los políticos no son religiosos, se mueven por la codicia y la avaricia.

—Miran por su propio bien, la religión te dice que mires el bien de los demás.

POLÍTICOS

Estamos en una sociedad en la que está mal visto ser de derechas. Ser de izquierdas está bien visto porque quieres el bien común.

—Los políticos son en todo el mundo unos corruptos.

—Decir que todos los políticos son corruptos es como decir que todos los curas son pederastas, eso no se puede decir.

—Generalizamos muchísimo.

Melilla

Pedro – 1987 – Melillense (Melilla) – Funcionario

La gente de Melilla somos gente muy abierta, hablamos con todo el mundo como si te conociéramos de toda la vida.

El tópico es que hay mucho moro, pero en realidad aquí estamos bastante integrados todos.

Hay diferentes culturas y religiones y la convivencia es normal, incluso muchas veces es más fluida que en otros lugares. A lo mejor en la península un marroquí te echa un poco para atrás, aquí no se daría ese caso, porque la gente está acostumbrada a vivir con marroquíes, hebreos, musulmanes, cristianos y demás.

IDIOMAS Y EDUCACIÓN

Aquí decimos «perica» para decir novia, o «botijo» para decir botellón. Dar un «ruler» es dar una vuelta.

Yo sólo entiendo castellano, pero hay muchos dialectos en Melilla. Hay una residencia de estudiantes marroquíes y musulmanes. Y en el instituto recuerdo que los musulmanes en vez de estudiar religión hacían otro tipo de actividades. Siempre se ha hablado en castellano y han estado totalmente integrados, de hecho son familias que han nacido y crecido aquí.

Partiendo de la base que veo mal que las competencias en educación y sanidad se le hayan traspasado a las comunidades autónomas, en Cataluña creo que las asignaturas deberían ser en castellano y en todo caso una en catalán.

Yo he estado en Cataluña y en determinados sitios no te hablan ni una palabra en castellano. Eso es plantar un muro hacia el resto de españoles. No son abiertos a la hora de comunicarse con gente que no sepa catalán. No quieren hablarte en castellano.

NACIONALISMO

Ya ves qué poca pinta de africano tengo, pero sí, los que nacemos aquí somos africanos. No me siento muy africano porque no tengo pelo para ponerme un hueso. Me siento europeo, incluso somos más españolistas que en otras ciudades porque aquí hay muchos militares, policías, guardias; por lo general hay mucho más funcionario que en otras ciudades y a lo mejor el sentimiento aflora un poquillo más.

Te guste o no, has nacido en un país donde tienes que adaptarte a lo que hay, y si en un futuro se puede conseguir lo que cada uno quiere, pues mira qué bien. Pero de momento no hay que ser tan egoísta como se está siendo, que se está apartando a gente que quiere ser española, se le está pisoteando y está floreciendo más la gente que no lo quiere ser.

Porque saques una bandera de España no quiere decir ni que seas facha, ni ninguna otra cosa, simplemente que te sientes orgulloso de tu país. Yo me considero español pero en ningún momento me considero franquista.

FRANQUISMO

Hay gente que es un poco inculta: te ve con una bandera de España y te dice franquista. Vas con una bandera de España en cualquier ciudad, te pilla uno atravesado y te dice franquista y facha.

No sé por qué se mantiene todavía la estatua de Franco en Melilla. En las otras ciudades han retirado cualquier monumento del franquismo y aquí no.

ESPAÑOLES

El resto de españoles para nosotros son la gente de la península; «vamos de viaje a la *peni*». Los vemos como más cerrados, más fríos, que van a su bola.

Ahora estoy viviendo en Alicante y he sentido mucho cambio. Por ejemplo, un día como hoy no encuentras un bar así con tanta gente. Son más de su trabajo y su casa.

El español que se siente español es igual aquí que en todos sitios. Puedes mantener cualquier conversación con él que vas a coincidir con un montón de cosas, va a ver las cosas que en este país no van bien y las va a entender como tú. Un español va a opinar lo mismo aquí, en Galicia o Barcelona.

Hay varios niveles de españoles: el muy español y al que se la sopla España.

El español: bar, caña, tapa y trabajar poco… Eso sí es todo igual en todos lados.

No sabemos entendernos. Siempre en la misma mesa hay uno de un extremo y otro de otro extremo, y al final siempre acaba la cosa mal. No somos capaces de hablar. Y pasa con amigos de toda la vida, uno habla de toros y el otro te intenta acuchillar porque estás hablando de toros.

MARCA ESPAÑA

Me siento identificado como español con los toros y el flamenco, son mis fiestas, mis costumbres, aunque no vaya a los toros.

Melilla es alegría, tapas y demás, no de toros. Aquí somos más de desfiles militares que de toros.

TOROS

Creo que es una fiesta nacional, que tiene una tradición de muchos años, e igual que hay otras tradiciones que se mantienen, pues se debería mantener. Que sí, que sufre el animal, pero si perdemos las costumbres, si perdemos todo lo español, ¿con qué nos quedamos en España? Aunque si al toro en lugar de matarlo lo dejaran corretear, también mejor.

CORRUPCIÓN, FUNCIONARIOS Y EMPRESARIOS

La corrupción es algo español. Pero no porque la gente a sabiendas haga ese tipo de cosas para lucrarse, sino porque muchas veces son cosas que se han ido haciendo toda la vida y no se ven mal. Hasta que vienen y te dan el estacazo como se está dando ahora. Te lo digo porque trabajo en la administración, a lo mejor dices: «Joder, para hacer un favor a un amigo, eso no es nada malo, porque a lo mejor no le estás haciendo un favor como para montar un escándalo», pero si lo ves desde el punto de vista de otra persona sí es una cosa mala y se te echan encima.

Hay empresas que viven mucho de la corrupción. Son empresas que en lugar de darlo todo bien declarado intentan tirar a lo oscuro, declarar lo mínimo y tener al trabajador con el contrato más perro para beneficiarse.

MEDIOS DE COMUNICACIÓN

La gente ya no se preocupa del paro, se preocupa de Cataluña. Al principio con el movimiento del 15-M todo el mundo a la calle, pero eso ya se ha olvidado. Depende de lo que salga en la tele es lo que está de moda y a lo que tira la gente.

Somos como marionetas, nos manejan y entretienen con lo que quieren.

INDEPENDENCIA

Si votan legalmente sería lo correcto. Todo el que se sienta español y el que se sienta catalán que pueda votar.

Creo que debería participar toda España. Pero para dar más claridad a la cosa no vería mal que votara sólo Cataluña.

FUEROS VASCOS

Opino que es una desventaja del resto de España con Euskadi. Porque si todas las comunidades autónomas hicieran lo mismo no funcionaría el país, o directamente funcionaría como estados federales, que cada uno recaude su dinero y gaste su dinero. O todos o ninguno.

MONARQUÍA

Es un estamento que parece dar fiabilidad al Estado. Como de momento ha ido bien con la monarquía prefiero la monarquía. Cómo se elija al monarca es otra cosa, eso debería cambiar, debería ser a votación popular. No implantar a este porque toca y si te gusta bien y si no también.

RELIGIÓN

Yo soy ateo y creo que no somos un país muy religioso.

En Melilla los musulmanes sí son más religiosos, lo que dicta su religión lo cumplen más a rajatabla. Los españoles cada vez nos vamos desvinculando más de la Iglesia.

CEUTA Y MELILLA

Ceuta y Melilla son ciudades que se encuentran situadas estratégicamente. Ceuta nos pilla lejos, mucha gente se confunde, piensan que estamos al lado pero estamos a bastante distancia. No hay mucha relación, la verdad. No he estado en Ceuta.

Cosas típicas de Melilla son el té moruno, los bocadillos de pincho moruno y si pasa alguno con una bandeja de almendras, pues un eurito de almendras, que también están buenísimas.

La gente que vive aquí, que se sabe desenvolver, que viaja a Marruecos y tiene sus amistades aquí, pues sí tiene una vida cómoda y bonita. En mi caso no me gustaría vivir aquí; habiendo vivido en la península tienes como más libertad.

INMIGRACIÓN

Tal y como está el país, esta avalancha que está llegando de extranjeros… Es que no podemos mantenerlos, si no tenemos ni para mantenernos nosotros. Cómo vamos a recibir un número tan elevado de personas que vienen, y ya no sólo por Melilla, por Canarias, por Andalucía y demás. Es que no se puede. Tiene unos gastos de sanidad, luego unos gastos de educación, los tienes que mantener porque son gente que viene sin nada.

Somos un país acogedor, lo que pasa es que por muy acogedores que seamos tenemos que ver la realidad. Y muchas veces los sentimientos se oponen a eso, pero es que si no podemos más no podemos más. Aunque te dé lástima, los ves en la frontera y dices probrecillos, pero… si pudiéramos los acogeríamos, seguro, pero no podemos.

Yeisson – 1987 – Colombiano/Español (Colombia) – Funcionario
Anónimo – 1985 – Estadounidense (Estados Unidos de América) – Misionero

Anónimo: Estoy en Melilla porque creo que Dios quiere que esté aquí.

Yeisson: Yo me di cuenta de que Melilla existía cuando tuve que venir *pa'cá*. Usted le pregunta a un español sobre Melilla y te dice: «Mi padre o mi abuelo hizo la mili en Melilla», y ya está, no más.

MELILLA Y CEUTA

Anónimo: Cuando estuve en el consulado de España en mi tierra, había españoles que no sabían que existía Melilla. Les dije que quería sacar un visado para Melilla y me preguntaron si eso estaba en España.

Anónimo: En Melilla viven cristianos y musulmanes sin muchos problemas. Una persona de aquí creo que entiende más cómo puede ser el mundo, entiende más lo que significa ser diferente y respetar a los demás. Creo que en Melilla hay respeto.

Yeisson: Cuando yo llegué a España, en la península me dijeron: «Primero de todo ten cuidado con los moros». Pero en Melilla no sucede eso, hay más relación entre el cristiano y el musulmán, están mezclados. Pero estuve en Ceuta y sí hay división. Aquí existe el puerto Noray, y tú sales en la noche y salen cristianos con los musulmanes, o juegan en la calle; en Ceuta no.

INDEPENDENCIA

Anónimo: No lo veo bien, ellos son españoles. Los catalanes dicen: «Nosotros solos podemos estar mejor», pero eso es pensar en ti y no en el grupo, y el grupo es España. No veo igual la independencia de Estados Unidos que la de Cataluña, porque lo que están haciendo creo que es solamente por dinero. Cuando se separaron los Estados Unidos querían más cosas, sobre religión, sobre más cosas de la vida; es similar pero no es igual.

Yeisson: En tiempo de instrucción, en el Ejército, tuve la oportunidad de estar con un compañero que era de Barcelona, y me decía que España era lo que era por ellos, por Barcelona, por Cataluña. Diciendo que España había crecido gracias a Cataluña, que si Cataluña no estuviera no habría nada. Me di cuenta de que no es lo mismo la relación de una persona del norte que del sur.

NORTE, SUR E INMIGRACIÓN

Yeisson: En Valencia a un inmigrante lo miran raro. No es lo mismo un inmigrante en el sur, en Andalucía, que en la Comunidad Valenciana o en el norte, es muy diferente el trato. De lo que yo he vivido, en un bar en el norte se notan más en ti, y en el sur no, tú entras y la gente es más abierta.

Yeisson: España es un país que es muy noble con el inmigrante, quiero decir, que hay mucha facilidad para entrar aquí.

ESPAÑOLES

Yeisson: Lo mejor que creó España es la siesta.

Anónimo: Estoy de acuerdo con esto.

Yeisson: En otros países se considera mucho el trabajo: trabajo y trabajo, llego a mi casa, descanso y luego trabajo y trabajo. España no es el primer lugar donde yo salgo de Colombia, he estado en las Antillas Holandesas, o Inglaterra y Alemania; son países que se dedican mucho al trabajo y no dan casi tiempo a lo que es la diversión. Al español lo considero como una persona divertida. Otra cosa que me gusta mucho, aquí se sale a tomar una cervecita, un té o un café acompañado de comida; el colombiano sale y cuando empieza a tomar alcohol se olvida de la comida.

Anónimo: Los jóvenes estadounidenses igual.

Yeisson: A mí me gusta el tapeo en los bares o pedir raciones con los amigos, eso para mí es el español, la música, su cultura, el flamenco en Andalucía.

TOROS

Anónimo: Los toros me gustan, pero no he tenido la oportunidad de verlos.

Yeisson: Yo soy neutro, ni estoy en contra ni a favor. En Valencia se lleva mucho los embolados, que sueltan a los toros con fuego en los cuernos, y yo participo, me he metido a correr para que no te coja, para quemar la adrenalina.

MARCA ESPAÑA

Yeisson: En Colombia identificamos a España sólo con flamenco y que gustan mucho los toros.

Anónimo: La siesta y la paella. Para mí España es mucho más familiar, valoran mucho la familia, los niños y las relaciones en general. El otro día salí de mi casa y tenía una cita, iba con prisas y vi a un amigo y pensé, en Estados Unidos puedo decirle a ese amigo «mira, es que estoy saliendo, me voy», y está bien, porque ellos saben que voy al trabajo o a un cita. Pero aquí creo que esto estaría mal, tienes que pararte y decir «hola, ¿cómo estás?», aunque sea un minuto. Y me encanta eso, porque ser amable, saludar, está muy bien, porque estás diciendo «tú eres más importante que mi cita». Y a la cita le explicas que llegas cinco minutos después porque te has encontrado a una persona y te perdonan. Pero en mi país si llegas después es tu culpa, no importa la excusa que tengas.

Anónimo: Antes de venir a España no conocía mucho del país. Me gustaba el idioma, el castellano, los toros y la comida. En Estados Unidos, como hay más gente de Suramérica, la gente cuando piensan en español piensan en Suramérica y no en España.

ESPAÑA Y SURAMÉRICA

Yeisson: En Suramérica llamamos España a la madre patria, fue la que nos otorgó el habla, el castellano, el español. A nosotros en el colegio nos hablan de España. También hay un rencor por la conquista, por el asesinato de indígenas, etc., pero en verdad la gente con España es muy agradecida. La relación es más estrecha de lo que parece.

NACIONALISMO

Yeisson: Yo lo tenía todo en Colombia, pero me salió la oportunidad de venir a España y lo aproveché, pero no tenía el pensamiento de venir *pa'cá*. Y resulta que me casé aquí y tuve mi niña, y ya con eso mi mentalidad cambió un montón. Y ya después de allí cogí la nacionalidad española, sirvo al Estado español: dentro de lo legal soy español. Por lo que sí que me considero un poco español. Pero la realidad es la realidad, con la nacionalidad colombiana en los aeropuertos te frenan mucho, te ponen muchas pegas. Te dicen «te vamos a revisar», o «¿para qué vienes aquí?». Por eso he decidido que mi niña cuando sea grande pueda optar por su nacionalidad colombiana cuando quiera, pero de momento la he dejado sólo con la nacionalidad española.

Anónimo: La gente que no se siente española no está bien para el país. División, economía…

EJÉRCITO Y CÁCERES

Yeisson: El Ejército es la defensa de un país y en Cáceres odian a los militares. A los bares no les gusta que entren los militares porque en Cáceres es una ciudad donde concentran e instruyen al personal para el acceso al Ejército, y los chavales se ponen unas birras y contentos dicen: «¡Viva España y viva el rey!», y se van las copas de más. Entonces los dueños de los bares dicen: «Esta gente va a tumbar el chiringuito».

Yeisson: Mundialmente el soldado español, generalizando lo que son los guerreros españoles, son conocidos como muy buenos soldados. Porque en la historia marca mucho el soldado español, y más cuando conquistaron Suramérica. Esa iniciativa, ganas de emprender algo, se le conoce al soldado español.

RELIGIÓN

Yeisson: A la generación de ahora le da igual si sacan la virgen.

Anónimo: Son tradicionales, hacen sus tradiciones religiosas, pero después a lo mejor viven una vida sin pensar en Dios. Y hacen las cosas porque deben hacerlas o piensan que deben hacerlas. No piensan en Dios, piensan en las tradiciones que tienen, que su familia les ha enseñado.

Yeisson: Cuando una persona tiene una calidad de vida económica como en Europa y ve que lo que ha conseguido ha sido por obra suya dice: «Yo soy autosuficiente, no me hace falta darle gracias a Dios por nada, yo tengo lo que tengo porque me lo he ganado yo». Pero si tú respiras es porque un ser te ha dado la vida. En Suramérica si tienes dinero sigues apegado a la religión, siempre tienen presente que hay un Dios, en España no.

Anónimo: Yo estoy evangelizando por las calles y ayudo en la iglesia. Creo en la teoría evangélica. Trabajo por una ONG que se llama Misión Bautista en España, y queremos hacer crecer la Iglesia, queremos que todos conozcan el amor de Dios, que pueden saber que

Dios ama a todos y pueden ser perdonados. La gente aquí para hablar es abierta, hay mucho respeto para otras culturas: «Tú puedes creer lo que crees, pero yo voy a creer en lo mío». Puedes hablar pero he conocido muy pocos que realmente quieren estudiar la Biblia y saber lo que Dios dice.

FRANCO

Yeisson: He visto en las noticias gente que tiene bares de Franco y dicen: «Si existiera Franco la cosa sería diferente»; vamos, que lo apoyan mucho. Pero claro, yo te hablo hasta el punto que yo sé, a lo mejor me viene un español y me dice: «Pues resulta que no». Pero yo he visto gente que me dice: «Si Franco hubiera seguido vivo, la cosa sería diferente».

Ceuta

Anónimo – 1978 – Ceutí (Ceuta) – Policía

En Ceuta hay mucho funcionario.

CEUTA

Creo que la gente de Ceuta somos como el resto de españoles, no tenemos algo típico como por ejemplo: «Los catalanes son rácanos». Nos consideramos andaluces, antes pertenecíamos a Cádiz y la universidad sigue perteneciendo a Granada. Yo me considero muy andaluz, tengo mucho deje y humor andaluz.

No he estado nunca en Melilla, pero el deje que tienen hablando es muy fino, aquí seseamos mucho, cortamos las palabras. Uno de Melilla no sabes de dónde puede ser y a los de Ceuta nos suelen decir «tú eres andaluz», y yo digo «yo soy del norte», «¿del norte?», «del norte de África».

La única diferencia con otras comunidades es la capacidad de comunicación con el resto, el barco. Supongo que Melilla será peor, el barco son más horas. Pero en Ceuta tenemos de todo.

Hay desconocimiento de lo que es Ceuta. Recuerdo que cuando estaba en Canarias había compañeros que iban a ir a Ceuta a trabajar, y dos me preguntaron lo mismo: «¿Allí hay gimnasio?».

Ahora se conoce más, pero recuerdo que antes decían: «¿Ceuta dónde está? En África», y se decía que si vamos con leones, elefantes y taparrabos.

A cualquiera que le preguntes de Ceuta si se considera africano, no. Estamos en el continente africano, pero no somos africanos, somos españoles.

Somos ceutíes y caballas. Caballas es por el pescado típico de aquí, en Málaga son los boquerones y aquí somos los caballas.

Aquí vivimos hebreos, hindúes, musulmanes y cristianos.

No somos racistas. A lo mejor por tener de vecino Marruecos los árabes son los que causan más problemas en la ciudad. A mí me llamaban moro en Canarias, y no me lo decían despectivo. Es que en Ceuta si fuéramos la mayoría racistas estaríamos en un conflicto armado continuo. Lo que más nos distingue a los caballas es la convivencia, convivimos con cinco comunidades cada vez más amplias. Tenemos amigos árabes, hindúes y hebreos. En la península hay más sudamericanos, en Ceuta no hay esa comunidad.

CANARIAS

El canario es muy tranquilo. Yo estuve en Tenerife y allí se vive más lento, no puedes ir con prisa a los sitios, cuando vas con prisas al final llegas tarde. Si vas a una carnicería y está hablando un colega con el otro, tú te tienes que esperar o meterte en la conversación. Son más pachones, muy buena gente, muy salerosos, siempre buscan la alegría, es un ritmo de vida muy diferente. Son muy caribeños.

NACIONALISMO

Yo me siento caballa, ceutí y sobre todo español. Ceuta es muy española. Cuando vinieron la última vez los reyes, se volcó la ciudad con ellos.

Yo sí me siento orgulloso de ser español. Cuando alguien no se siente español a lo mejor es por la época que vivimos, si le ha tocado la época de crisis y ve que España no le está respondiendo, igual dice «pues ahora mismo no me siento español».

POLÍTICA

Yo soy apolítico, yo no entiendo, tú ahora mismo me preguntas qué es la izquierda o la derecha y en ese sentido soy inculto. Tampoco me ha importado nunca, no me he culturizado en ese aspecto.

La corrupción es universal. Se han levantado casos en Portugal, en Francia, en Italia, no se puede decir que es sólo de España. ¿Es sólo de Europa? Pues no, también tenemos en Rusia. Lo que pasa es que nosotros la estamos sufriendo ahora más que nunca. Aunque las penas en otro lado son distintas: «Escúchame, cuando yo meta la mano aquí me la cortan», y en España es «como no me va a pasar nada…».

ESPAÑOLES

El español del sur se considera humilde, simpático, agradable, amistoso; somos acogedores, igual que nos han acogido a nosotros en el tiempo de la emigración a Suiza, Bélgica, Holanda, en la época en que mis padres tuvieron que emigrar. Nosotros siempre hemos acogido muy bien al inmigrante, al que viene de bien; al que viene de mal lo queremos echar, está claro.

INMIGRANTES

Ceuta es una ciudad que se considera frontera, entonces una vez que el inmigrante consigue entrar aquí es una vía para acceder a Europa, y como no se le puede expulsar por el tema del conflicto armado en su país, o no se sepa de dónde es, puede ir a Italia, etc. Es un problema a nivel europeo.

En Ceuta hemos tenido siempre inmigración, ahora hay más, pero hace como veinte años en el foso de San Felipe se montó una espectacular, eso fue una batalla campal. Salió en los medios de aquí, a lo mejor en la península algún medio se hizo eco, pero no se enteró nadie. Eso pasa ahora mismo y salimos en el New York Post ese o en la CNN, y antes no. Pero ahora se hace más eco porque hay más medios de comunicación y hay más formas de difundir cada noticia.

MEDIOS DE COMUNICACIÓN

Hay exageraciones, manipulaciones y hay verdades. Pero un medio de comunicación suele dar a conocer lo que da más bombo. No se escucha en una noticia que se ha dado una medalla a…, no, suelen ser cosas trágicas o cosas que tengan eco en la sociedad, y la inmigración tiene eco sobre todo en Ceuta y Melilla.

No todos los periódicos o medios de comunicación mienten, ni exageran, creo que intentan informarse y según qué vía les informe pueden ir por un cauce o por otro.

La policía tiene un medio de comunicación con la prensa, que es quien se encarga de dar lo que se puede decir y lo que no. Para que no se filtre información.

EDUCACIÓN E IDIOMAS

La educación es toda en español y después en las mezquitas se dan clases de árabe, incluso escrito, porque el árabe en Ceuta no saben leerlo. Los chicos jóvenes no saben leer el árabe, no lo han estudiado, por su cuenta van a clases de árabe.

Yo me apunté a clases de árabe, y el árabe que nosotros dábamos prácticamente no tenía que ver nada con el dariya que se habla aquí en Ceuta.

No veo mal que se aprenda el catalán, el gallego, el euskera o el valenciano, pero en una institución pública como un colegio se tiene que dar en español. Porque si a mí me destinan ahora a Barcelona, ¿qué hace mi hija chiquitita? ¿No se entera ni papa? ¿Qué va a producir eso? Eso va a producir una incultura, mi hija no va a alcanzar los niveles de aprendizaje que el resto hasta que no se ponga a su nivel en lengua. Entonces pienso que si es una institución pública en un Estado español, tiene que hablar español.

Yo estudié magisterio y cuando estuve haciendo las prácticas en los colegios los niños hablaban entre sí en árabe y era una falta de respeto para los demás niños, incluso para el profesor, que no se enteraban de lo que decían. Y no lo hacen de mala fe, igual que los catalanes, que cuando hablan entre ellos hablan en catalán. Y muchas veces te dicen: «Mira, perdona pero no estamos acostumbrados a hablar en castellano».

En Valencia me ha pasado que he ido a un supermercado y me han hablado en valenciano, y claro, yo no lo sé, tienen que entender que hay gente que no es de allí y no va a hablar su lengua. Pero les digo que no lo entiendo y me hablan en castellano.

En Ceuta me han llegado catalanes y me han hablado en catalán, y les he dicho que no me hablen catalán, que están en una dependencia española y tienen que hablar en castellano. Yo se lo dije más fino que mi compañero, mi compañero le dijo que cuando hablara otra vez en catalán le echaba de la oficina.

EMPRESARIOS

El que monta un negocio, el que tiene una idea, es gente de mérito. Dan trabajo.

MARCA ESPAÑA

España ya no es toros y flamenco, eso era antiguamente para el turismo, el «*Spain is different*». Son cosas que no había en otros países en Europa. Pero creo que ya no vienen sólo por flamenco, el vino y olé.

TOROS

Yo estoy en contra del maltrato animal, pienso que se puede lidiar un toro sin matarlo. Y sigue siendo un torero valiente por ponerse delante de un toro; yo no me pondría. No creo que al que le gusten los toros vaya a ver cómo matan a un animal, creo que va a ver cómo lo lidia, cómo un torero se pone delante de un toro. A uno que le guste la tauromaquia si le dices «¿oye, si ya no se mata el toro lo dejarías de ver?», no creo que te diga que sí.

MONARQUÍA

Que haya un representante del Estado sí me parece bien. No me afecta que el rey se elija o sea por sangre, ya elegimos a los presidentes del Gobierno para que nos representen.

FRANCO

Creo que ya nadie se acuerda de Franco.

CATALUÑA E INDEPENDENCIA

¿Quieres hacer una consulta en Cataluña? Muy bien, pero también vamos a hacer una consulta en España, pertenece a España, ¿no? No te vas a ir por la cara.

No estoy de acuerdo con la independencia. ¿Cómo va a quedar España entonces? ¿Andalucía tendría el mismo derecho? El País Vasco, La Rioja, Castilla-La Mancha… Cada uno un Estado. Si se hace como en Estados Unidos, que son estados, a lo mejor es otra forma de gobierno e iría bien… Como lo que he vivido es una España unida…, mira, Franco, eso lo decía Franco, ¿no?

Osman – 1978 – Ceutí (Ceuta) – Funcionario

Ceuta, aunque sea como un pueblo, es más una ciudad. Hay mucho tránsito, muchas culturas distintas, mucha gente de paso. Aun siendo una ciudad chica pienso que es más cosmopolita, más parecida a Barcelona o Madrid.

CEUTA Y CULTURAS

Hay muchas culturas, y autóctonas. De entrada hay cuatro: cristianos, musulmanes, hindúes y hebreos.

Hay musulmanes que conviven bien con cristianos, y otros que conviven mal. No me gusta generalizar, porque pienso que las generalizaciones son equivocaciones. Hay todo tipo de gente en todas las culturas.

He conocido gente intolerante por falta de cultura, falta de conocer al otro, o bien porque ha tropezado con una persona de otra cultura que ha sido una mala persona y se ha llevado ese estereotipo. Pero si conoces a todo tipo de personas de la otra cultura, gente buena y mala, y sigues sacando sólo los defectos sin ver las virtudes, ese tipo de gente sí que los criticaría. Me refiero a quien, por ejemplo, tiene dos vecinos hindúes, uno bueno y otro malo, y solamente hace apología de lo malo que es el hindú cuando sabe bien que no todos son así. Pero la gente que por ignorancia tiene un estereotipo que lo ha heredado de chico, por las transmisiones orales de abuelos a padres, pues esa gente no tiene la culpa.

En este mundo globalizado la gente cada vez es más parecida en todas las partes del mundo. Todos buscamos un bienestar, vivir bien y esas cosas.

IDIOMAS

Aquí sólo hay una lengua, el español, que es el idioma de todos. Después las otras lenguas son de cada uno en su familia, en su casa. Por ejemplo el dariya, que es un dialecto que se habla en Marruecos, no es un dariya original, sino un dariya mezclado con el español, es algo único de Ceuta. Solamente se utiliza cuando está uno con su familia o sentado solamente con musulmanes, pero si hay un cristiano, un judío, un hebreo o un hindú, pues se utiliza evidentemente el español.

De la población musulmana de Ceuta muy pocos hablan la lengua árabe. Hablan dariya, que no es una lengua, es un dialecto, y no se estudia en ninguna parte. Pero la lengua árabe se aprende, sí, de hecho en el instituto de idiomas sí que se da, pero es opcional. Pero bueno, es un idioma que utiliza todo el mundo árabe, es un idioma más como el inglés o el alemán.

NACIONALISMO

Yo me siento caballa, ceutí, por supuesto. Y somos norteafricanos, claro, y me siento español y ciudadano del mundo.

Caballa es un apodo, como a los malagueños les llaman boquerones, a los de Algeciras les llaman los especiales; en Ceuta nos llaman caballas. Eso es porque aquí hay una almadraba, que es una red con la que se capturan atunes y se dejan engordar. Y al atún se le engordaba dándole de comer caballa, entonces cuando crecía sabía un poco a caballa. Y de allí viene la historia de que a la gente de aquí se le llame caballa.

Históricamente Ceuta siempre ha sido España y no existe ningún país que la pueda reivindicar.

ESPAÑOLES

No sabría contestarte cómo es el español. Conozco gente de todas partes del mundo, me gusta viajar y en el fondo todo el mundo es igual. Lo que pasa es que siempre buscamos las diferencias. El gaditano siempre busca diferencias con el vecino sevillano o malagueño, el andaluz con el manchego, el catalán con el aragonés o el valenciano. Y estoy seguro de que son equivocaciones. En el ser humano en general hay todo tipo de personas, en todo tipo de culturas y países.

MARCA ESPAÑA

Flamenco será la imagen que tiene un alemán sobre España, supongo, pero el flamenco es algo propio de una parte de España. Que yo sepa, sus inicios fueron en la zona de Andalucía y últimamente de la línea gitana, ¿no? No lo sé, tú lo sabrás mejor que eres una persona de dentro.

TOROS Y POLÍTICA

No me gustan los toros. ¿Se debería matar un toro? Esa pregunta lleva una connotación política y yo soy apolítico, en el sentido de que la política ya me cansa, no me gusta.

A mí me dan pena los pobres animales. Creo que los animales que nos comemos deberían sufrir lo menos posible y darle una vida cojonuda, ya que nos los comemos por lo menos… Y que no los traten tan mal como los tratan en muchas industrias cárnicas.

ESPAÑA

Hay muchos países, pero de todos los países europeos a los que yo
he ido, España es un país cojonudo para vivir.
284

Andalucía

Manuel Sánchez – 1960 – Andaluz (Granada) – Administrador de fincas
Manolito Pérez – 1980 – Andaluz (Sevilla) – Reparador de casas
Daniel – 1981 – Andaluz (Sevilla) – Comercial

—España es una mieeerda.
—No hombre, no.
—¿Cómo que no?
—¡Que la gente es sincera en el bar!

—Yo soy de Granada.
—¡Ah granadiiinooo!
—Dicen que tenemos muy mala *follá*, pero a mí ninguna tía que me he encontrado ha dicho que tenga mala *follá*.
—Tú ni follas ni *ná*.
—Ja, ja.

SEVILLANOS Y TRIANEROS

—La gente de Sevilla es muy abierta.
—Depende, depende de quién te encuentres, hay sevillanos gilipollas como en todos lados.

Amigos amigos, los tienes aquí delante; conocidos, todos los que quieras. Hoy nos podemos ir de fiesta, nos lo pasamos de puta madre, pero tú eres un conocido. Nosotros tenemos la diferenciación entre conocido y amigo, y un amigo es un hermano que no es de sangre. Ahora, amigo, los puedes contar con los dedos de la mano y te sobran dedos.

—A ver, Sevilla tiene Triana, puente y aparte, y luego está el resto de la ciudad.
—Se dice puente y aparte en vez de punto y aparte, porque después del puente está el barrio de Triana y se dice que es república independiente.
—Una vez que cruzas el puente la gente de Triana se cree independiente de Sevilla.
—Los trianeros son trianeros y los sevillanos son sevillanos.

—El tópico del sevillano es que es mucha siesta, que a las tres de la tarde ya hemos terminado de trabajar... Pues yo no sé lo que es dormir la siesta. Si llego a mi casa a las dos y media, a las tres de la tarde ya estoy trabajando.
—Yo duermo la siesta a las cinco o seis.

Vas a cualquier lugar y te dicen: «Eres sevillano, ¿eres gracioso?», no, no soy gracioso; «¿Te gusta el Rocío?», no, no me gusta el Rocío, no me gusta el flamenco, no me gusta el gazpacho, no me gustan los toros.

—El ídolo del sevillano es el que es capaz de vivir sin trabajar.
—Si ahora ves a uno que está harto de currar y se compra un Mercedes, dices: «Ese seguro que vende droga». Esto es lo que pasa aquí.
—Tú te hartas de currar y eres un desgraciado, si te compras un Mercedes vendes drogas.
—Los granadinos tienen otra opinión de los sevillanos.
—Aunque yo he nacido en Granada, me vine de Granada con seis años: soy sevillano. Hay gente que somos decentes y curramos.
—En Andalucía somos un montón de payasos que trabajamos más horas que nadie.

TRABAJO

Si trabajas en Andalucía, bien remunerado no estás.

Mi cuñado es madrileño y se vino aquí pensando en el tópico nacional de que los andaluces nada más que estamos de cervecita y fiesta. Él llevaba veintidós años en Madrid, y dice «*quillo*, hasta que no llegué a Andalucía no sabía lo que era trabajar. Ustedes trabajáis de lunes a domingo. La única diferencia que hay entre ustedes y los madrileños, es que ustedes trabajáis para vivir y allí vivimos para trabajar». Aquí nosotros trabajamos para después hartarnos de cervecitas, irnos de fiesta y eso.

—Creo que en Andalucía se trabaja más que en ningún otro sitio, lo que pasa que tenemos una forma de trabajar diferente.
—Yo podría trabajar más, trabajo para mí, soy autónomo, pero como con lo que trabajo tengo suficiente para vivir, permitirme salir y no me falta de *ná*, pues no trabajo más porque no me da la gana, no me hace falta.
—Exacto.
—Esta es la diferencia entre inteligente y listo, los sevillanos somos listos, porque los otros dicen: «Es que yo tengo seis carreras pero estoy parado», pues yo no tengo estudios y trabajo y gano dinero.
—Yo no he estudiado en mi vida y no he estado parado en mi vida. Empecé a trabajar con 15 años, tengo 34 y no he estado ni un día en el paro.

—¿Y quién trabaja hasta las ocho de la tarde? Yo desde las nueve de la mañana hasta las diez y once de la noche estoy trabajando.
—El día que menos trabajo, trabajo doce horas al día, y no es broma. Aquí la media jornada no son cuatro horas, son doce horas seguidas. Normalmente hacemos desayuno y cena.
—El almuerzo es para los ricos.

CATALANES

—Nosotros no nos rebotamos tanto como los catalanes porque vivimos a nuestro ritmo.

—Pasamos de la gente.

—Dicen: «En el resto de España son unos flojos, unos fiesteros, siempre están de juerga», vale, yo te digo que los que yo conozco que han venido de fuera y se han quedado aquí se han llevado un chasco. Aquí se trabaja 12 horas.

BARCELONA Y MARRUECOS

—¿Cuánto vale una caña en Barcelona?

—Pero también ganan más, tío, que nosotros además de ser los más capullos, los que más trabajamos de esta mierda de país, encima somos los que menos cobramos.

—Pues esto también es verdad.

—Entre nosotros y Marruecos la única diferencia es que nosotros vemos todos los días pan tierno. Punto.

—No hombre, no, tío, hay más cosas.

—¿Que allí el hachís es legal y aquí no?

—Pero aquí ves los escotes de las tías, ¡aaah, vete a Marruecos, campeón!

CANARIAS

Tengo un amigo que vive en Canarias y le digo que a ver cuándo sube para España.

Canarias es como México en España. Todo para mañana, no para hoy.

Estuve hablando con un amigo canario y me dice: «He vuelto a Canarias a ver la familia y me he dado cuenta de que en Canarias se vive a otro ritmo. En Canarias no va a morir nadie de un infarto, todo es más tranquilo, no hay estrés», y aquí nos putean todo lo que pueden y algo más.

GRANADA

—De Granada se dice que es una zona más estudiantil.

—En Granada van los sevillanos a estudiar, entonces es una ciudad más fiestera. Granada es un barrio de Sevilla en tamaño.
—Yo soy granadino, discrepo por completo.
—Sí, se dice que el granadino tiene mala *follá*, que son muy *malajes*, no porque follen mal, ¡eh!
—El de Barcelona, el *catalino*, no sabe qué significa «malaje». Un malaje es un tío seco, un tío cortante.
—«Malaje» es un tío que no tiene esa salsita para enrollarse.

NORTE Y SUR

Murcia no es el sur, Murcia es Valencia.

—El clima es fundamental, un clima cálido como el nuestro con mucho sol te da mucha más vida, mucha más relación. En el norte, en Cataluña, por ejemplo, a las 7 de la tarde te vas a casa y a dormir, y aquí a las 7 de la tarde salimos de copas.
—Aquí a las 7 de la tarde se empieza a trabajar en verano.

—Los españoles por lo general somos muy abiertos.
—Pero depende de qué zona, tenemos el español del País Vasco, los madrileños… En Madrid son más cerrados.
—El andaluz es muchísimo más abierto, aunque a nivel general el español es una persona abierta, pero los sevillanos somos unas personas que te conocemos de tres minutos y te estamos invitando a una copa y te invitamos a mi casa y te abrimos las puertas.

—En Madrid entras al bar a desayunar, dices buenos días y no te contesta ni el camarero, ¿verdad o mentira?
—Verdad.
—Y tú entras aquí y te contesta todo el mundo aunque no te conozca nadie.
—Eso sí que es verdad.

Andalucía es un paraíso, nosotros no lo apreciamos porque estamos aquí. Por Andalucía se han peleado los moros, los cristianos, su puta madre, todo Cristo, ¿por qué?, porque es el paraíso del mundo, nosotros aquí en verano tenemos quince horas de sol.

Vamos a ver, el sur es de Despeñaperros *pa'bajo*, nosotros somos Andalucía y todo lo que sea Despeñaperros *pa'rriba* es España. Viven de otra manera, son de otra manera. Nosotros somos más parecidos a los moros que a los españoles.

NACIONALISMO Y MONARQUÍA

—Pero escúchame, tú verdaderamente, patriota patriota no eres.

—No me siento español. Soy español porque no me queda más remedio que ser español, pero si tú lees cualquier cosa histórica de España, en Andalucía somos la mierda de España. Somos una de las comunidades autónomas con más materia prima y somos una de las comunidades autónomas más pobres de España. Aquí todo es para los catalanes, para los vascos, para los madrileños, y Andalucía es la mierda de España. Tú mira la Federación Española de Fútbol, en los últimos diez años, si coges Internet lo puedes mirar, a ver cuántos estadios han cerrado que no estén de Despeñaperros *pa'bajo*, mira cuántas veces ha actuado el comité de oficio que no sea de Despeñaperros *pa'bajo*; es una de las razones por las que yo no apoyo a la puta selección española de fútbol. Nosotros somos el culo de España. Para el resto de los españoles Andalucía es la mierda de España.

—Yo sí me siento español.

—A mí la verdad es que me da igual, patriota no soy, me da igual que haya rey o república, yo voy a vivir igual, voy a trabajar lo mismo, voy a tomarme una cerveza.

—Hombre, a mí si no hubiera una familia viviendo a cuesta nuestra, viviendo de puta madre como a mí me gustaría vivir, pues la verdad, qué quieres que te diga…

—Pero siempre viviremos en un país con una familia que va a vivir a cuesta del pueblo, seas rey o presidente de la república.

—Pero a presidente de la república podemos optar a ser tú, yo, este y el otro, pero el ser rey, ¿por qué carajos ese tío es rey? ¡Ese tío es rey porque lo puso Franco!

—Yo me siento sevillano.

—Yo aunque sea de Granada me siento sevillano.

—Yo no me siento muy sevillano en verdad, no estoy arraigado a *ná*. Ni amamos la tierra ni la patria, nos queremos a nosotros mismos.

Se identifica ser español y la bandera de España al Régimen. Y no, yo soy español y no por el Régimen, soy español porque he nacido en España. No soy franquista. Entiendo y comparto que cada autonomía quiera ser independiente pero siempre dentro de la Constitución; que no lo permite, pues cambiémosla.

ROJOS Y FACHAS

—Deuda histórica porque de memoria histórica como que no. En España sigue habiendo rojos y fachas.
—Eso ya ha pasado a la historia.
—¿A que sí? Pero yo tengo 34 años y lo he escuchado toda mi vida. Y además como soy pobre me toca ser rojo, que son los que perdieron.
—Porque seguimos manteniendo esa ideología que nos están inculcando nuestros mayores. Mi hijo tiene 20 años y tiene un ideal político que me está hablando de una cosa y lo considero facha, me habla de otra cosa y lo considero rojo. O sea, tiene pluralidad, cosa que antes no se tenía, o eras de derechas o eras de izquierdas, no había una cosa media.
—Gente de mi edad somos cultura de parque, de pitillo, cervecita, las litronas, el vivir el buen rollo, no meternos con nadie, vivir en nuestro mundo. Para nosotros en el parque estaba totalmente prohibido ser de derechas. Tú tenías que ser de izquierda radical, yo me he criado en la izquierda radical.
—Si es que los extremos no son buenos nunca.
—Ya, pero la música que nosotros escuchábamos, los baretos a los que íbamos, la zona donde salíamos, todo era de izquierdas. Tú eres de Pink Floyd, yo soy de Reincidentes, de La Polla Récords, Extremoduro…, somos otra cultura que viene unos años después. De 30 tíos que nos juntábamos había uno de derechas, y porque era hijo de la Guardia Civil, nieto de la Guardia Civil, sobrino de la Guardia Civil, y lo único bueno que tenía de salir con el Naranjo es que no

te multaban. Cuando te paraban decía: «Yo soy hijo del cuerpo, Naranjo», y decían «ah vale, tira, tira».

POLÍTICOS Y CORRUPCIÓN

—Yo no me quejo de *ná*, yo vivo de puta madre, a mí que mande el PP, el PSOE, el de la coleta…
—Aquí no elegimos quién nos gobierna, elegimos quién nos roba.

La corrupción es del clima, mira: Italia, España, Grecia, es un cinturón; está el ecuador, los trópicos y la corrupción.

La corrupción es muy sencilla, si tú vives sin trabajar eres la polla en verso, y para vivir sin trabajar tienes que ser un corrupto. Entonces, la cultura española nos aboca a la corrupción, porque nuestros ídolos son: «¡Olé los huevos de ese tío que vive como un rey y no trabaja!».

LA CONSTITUCIÓN

—¿Democracia? ¿Eso qué es? Yo tengo 34 años y no conozco la democracia.
—¿Cómo que no conoces la democracia? Yo sé lo que es correr delante de los grises.
—No he vivido la dictadura y no puedo diferenciar entre dictadura y democracia. Si lo que vivimos ahora es una democracia, pues bueno, entonces la democracia es una mierda.
—Si ya lo dijo Platón, cada cincuenta años tiene que haber una dictadura, y ponerse a cortarles las manos a todos los mangantes.
—Lo que ocurre es que hay que cambiar. ¿Qué ocurrió en el año 75 cuando murió Franco? Que esto cambió un poco y tuvimos ese principio de democracia, tuvimos muchas cosas que no teníamos antes y entonces claro, nos hemos acostumbrado a decir qué bien que ahora podemos hablar, porque antes no se podía hablar. Entonces lo que ocurre es que se creó una Constitución que hoy por hoy está anticuada, y entonces sí que hay que remodelarla.
—Se nota la diferencia de edad, él vivió la dictadura y la Transición. Pero yo no entiendo los términos de la Constitución, ¿la

Constitución permite que los gobernantes nos roben? Vale, pues entonces la Constitución es una mierda.

EMPRESARIOS Y FUNCIONARIOS

—Es que ser funcionario es la puta polla en verso. Mi mujer trabaja para dos funcionarios, y mi mujer tiene dos meses de vacaciones al año. ¡Cojones!
—Mi hermana es funcionaria, abogada del Estado y curra como la que más. Hay gente buena y mala.
—Pero como tu hermana hay un 10 % de los funcionarios de España, *quillo*. ¿Qué oficio es el que tiene más vacaciones de España? El oficio con más vacaciones en España es el de profesor, que tienen tres meses de vacaciones al año, ¡¡joder!
—Eso es falso.
—¿Cómo que no? El colegio cierra y yo tengo que pagar una guardería para ir a trabajar.
—El colegio cierra pero el profesor sigue trabajando.

El español prefiere ser funcionario antes que hacer una empresa.

—La diferencia entre el autónomo y el esclavo es que al esclavo le pegaban con un látigo y el autónomo pone el despertador todas las mañanas.
—Pues yo vivo de puta madre y soy autónomo, y pago todos los impuestos, que me pegan unas puyadas cada tres meses que me muero, que me dejan *pelao*.

MARCA ESPAÑA

No nos sentimos identificados con los toros y el flamenco. Un porcentaje elevado de los andaluces sí, vale.

Yo no me he vestido nunca de corto ni me he puesto un sombrerito, eso son tópicos.

—En Cataluña también hay Feria de Abril.
—Lo que pasa que no la disfrutan igual y ya está.

Si yo como andaluz no me siento identificado con los toros y el flamenco, ¿cómo se va a sentir identificado un vasco?

TOROS

Yo conozco a más gente en contra de los toros que a favor.

—La tortura ni es arte ni es cultura, punto.
—Yo allí voy a discrepar un montón.
—Si en vez de un toro con cuernos fuera una rubia maciza, ¡te dolería que le clavaran la espada! ¡Coño!
—Vamos a ver, lo que yo digo, es que en vez de ir con un caballo con espada, es que vayan a pecho descubierto, con dos cojones.
—Distintos son los forcados, que son portugueses. Los forcados son diez tíos con dos huevos que se ponen delante del toro a pecho descubierto, y no el españolito que va con su capote, que tiene doscientos subalternos que ya están sacando el capote para entretener al toro, y ahora saco el caballo. ¡Anda ya, hombre!
—El toro de Lidia, si no hubiera corrida, no existiría. Esos animales existen para ser toreados. Yo lo que veo es, ¿por qué no le dan al toro tres espadas, coño? Que se las peguen en la frente.
—Yo creo que es cultura, es un arte torear.
—Es negocio, los toros traen mucho dinero.

—Los antitaurinos se pasan, no quieren que maten a los toros pero se pelean con esta gente, ¡pero padreee, vamos a ver! no os peleéis con la gente.
—Son radicalismos.

INDEPENDENCIA

—A los catalanes los independizaba a todos.
—Yo los independizaba con matices, como Cuba. ¿Queréis ser catalanes? De puta madre, de España no entra nada *pa'* Cataluña y de Cataluña no sale *ná pa'* España.
—Y punto pelota.
—Vamos a ver, no es cuestión de que entre o salga, es cuestión de negociar. ¿Cataluña quiere ser independiente? Perfecto, ahora, si

queréis ser independientes, independientes en todos los sentidos, si queréis tener liga de fútbol, vale, liga de fútbol catalana.
—No les conviene.

—¡Que voten! Que les pongan una pegatina en la frente: «Yo he dicho que sí, yo he dicho que no».
—No podéis ser tan radicales, tíos, hay que ser consecuente con las cosas.
—Yo es que aparte de este hombre no he conocido a un catalán bueno, ¡eh!
—Muchas veces decimos cosas que no sentimos, somos más emocionales que racionales.

Tío, quien no quiera ser español que no lo sea y punto. Si a ver, si a Cataluña le dieran la independencia, yo me hacía catalán, ¡coño! Pero afincado en Sevilla.

IDIOMAS

—El castellano es un idioma muerto, nosotros hablamos andaluz. Y yo estoy orgulloso de hablar andaluz.
—Hablamos como hay que hablar.
—Ahorramos saliva.
—Ahorramos tiempo, nos comemos las palabras para sacar beneficio del tiempo.

—Una vez fui a Madrid y digo «ponme una cervecita», y se me queda mirando, y yo «que pongas una cervecita», ¿y tú sabes lo que me puso la señora? ¡Un chupito de cerveza!
—Ja, ja.
—Nosotros todo lo hablamos en diminutivo.

—La lengua o idioma que hay en España, es el castellano.
—Bueno el catalán…
—No, no, perdón, por mucho que digan, el catalán es un dialecto.
—Pero está reconocido por la Real Academia de la Lengua, te pongas tú como te pongas.
—Para mí es un dialecto.

—Para ti sí, pero legalmente es un idioma y el vasco es más antiguo que el español.

—Nosotros aquí estudiamos castellano hablando andaluz, ¿por qué los catalanes no van a poder estudiar castellano en el idioma que les salga de los cojones? ¡Coño!

—Cuando hablamos nos comemos la mitad de las palabras, pero cuando escribes, escribes castellano puro y duro. En Cataluña no lo sé porque no sé escribir catalán, pero me imagino que un catalán que habla castellano escribirá en castellano como se escribe en todo el mundo.

En Cataluña estudias castellano si quieres, ¿no?; la asignatura castellana te la dan en catalán, ¿no?

—Si no eres de Cataluña y te molesta tener que estudiar en catalán en Cataluña, ¡pues no te vayas allí! ¡Y ya está! La gente es que se busca problemas donde no los hay.

—A mí me ofrecieron irme a Francia y no me fui, *¿pa'* qué?, *¿pa'* tener que aprender francés? Mi mujer el francés lo hace de puta madre, ¿para qué me voy a ir allí?

—Yo es que como soy tan conservador pues por muy catalán, muy vasco, muy valenciano o por muy andaluz que seas, el idioma es el mismo. Mi forma de pensar es que si yo soy español y mi hijo va al colegio, pues que le enseñen el castellano. Y si le exigen el catalán, oye perdona, estamos en España.

—Pero es que yo no me iría para allá simplemente. Me exigen eso, pues no voy.

—No, no, perdona, es una zona de España que no está independizada, que si se quiere independizar me parece muy bien, y entonces sería como tú dices, no me voy para allá porque no tengo por qué aprender otro idioma, pero mientras sea zona de España si voy a Cataluña, Valencia o a Vascongadas, qué menos que, como estamos en España, se hable en castellano.

—Pero la ley de su comunidad autónoma obliga a eso, pues no vayas a estudiar allí.

—Pero que sea una comunidad autónoma no implica que te obliguen.

—Ya pero si está escrito en el Estatuto.

—No, no, señores, ¡el Estatut!
—Ja, ja.

RELIGIÓN

La Semana Santa es un arte, porque no deja de ser, con el perdón de a quién le vaya a molestar, un muñeco encima de una mesa con arte, pero básicamente es eso. Porque eso la Biblia lo prohíbe, que he estudiado en un colegio de monjas y eso la Biblia lo prohíbe, que me he leído la Biblia cuatro o cinco veces. Eso no es ser religioso, eso es ser folclórica.

—Yo odio la Iglesia y todo lo que representa, pero no puedo dejar de reconocer que tanto la Esperanza de Triana, como la Macarena y la estrella de no sé qué, son obras de arte que sacan a la calle una vez al año. ¿Qué pasa que los cuadros de Van Gogh que están allí metidos en un museo y no los sacan de paseo? Pues vale, nosotros sacamos de paseo nuestras obras de arte.
—Y no deja de ser un muñeco encima de una mesa.
—Exacto.

ESPAÑA

—No recomendaría España para vivir, recomendaría Sevilla, Cádiz o Málaga; en Córdoba hace demasiado calor.
—Doce meses al año y sólo un mes con frío y que te llueva. ¡Coño!, ni en el Caribe, macho.
—Yo me iría a vivir donde no me tuviera que poner un chaleco de manga larga en la vida. Manga corta, calzona, chancla y mi barquito de pescar. Ese sería mi paraíso.

Agua – 1964 – Madrileña (Madrid) – Higienista dental
Mercedes – 1978 – Andaluza (Sevilla) – Dentista
Victoria – 1987 – Andaluza (Córdoba) – Odontóloga
Rocío – 1984 – Andaluza (Sevilla) – Higienista dental

—Las gentes de Sevilla son tradicionales. Amantes de las costumbres pero en gran parte con mucha doble moral: «Soy muy creyente, me gusta mucho la Semana Santa, pero a ratos me lo paso pipa y no miro las creencias».

—Estoy de acuerdo menos una salvedad, todo depende de la gente con la que tú compartas los momentos. Hay de todo, gente muy tradicional, más cosmopolita, que tambіén hay mucha más de la que se piensa, y por supuesto, muy amigables, pero no siempre para toda la vida, muy del alterne.

—De la copa y el puro.

—No tiene por qué haber puro tampoco.

—Ja, ja.

NORTE Y SUR

No somos muy diferentes del resto de España.

—El primer contacto es más fácil aquí que de Despeñaperros *pa'rriba*. Porque yo cuando he estado más arriba el primer contacto me ha resultado más difícil.
—Pero cuando llegas a intimar es más profundo y duradero.
—Probablemente.

ANDALUCÍA

—Se dice que somos la pandereta de España y que no partimos un
palo al agua, y eso es una falsedad, porque aquí estamos a trabajar
como la que más.
—Sevilla la llevamos *pa'lante* los sevillanos y los que vivimos en ella,
y aquí hay que trabajar como en todos sitios. Otra cosa es que sepa-
mos aprovechar y disfrutar de nuestro tiempo libre, de nuestro dinero, de nuestras posibilidades.
—Cuando hay fiesta estamos los primeros, pero el trabajo lo primero
también.
—A ver quiénes se creen los del norte que están dando clases en los
colegios de aquí o que están trabajando en cualquier sitio.

—Nos tienen el cliché del latifundio, el negrero y el sometido, y eso
está cambiando porque cada vez estamos más formados. Y es verdad
que a las 6 de la mañana nos recogemos con veinte copas, pero a las
8 nos levantamos y damos el callo.
—Y muchas veces no salimos, ni nos tomamos veinte copas para dar
a las 8 de la mañana el callo.
—Pero es que aquí, como en todas las ciudades, hay médicos, policías, maestros, comerciantes, obreros…, que son los que llevan *pa'lante* el país como en todos sitios. ¿O el maestro aquí entra
más tarde? «En Sevilla están todo el día en el bar», ¿en el bar? ¿Y
quién me paga mi sueldo?
—Tenemos el mismo horario pero quizá con otra actitud condicio-
nada por el ambiente, por el clima. Es que el clima condiciona mucho, porque si tú sales del trabajo a las 8 de la tarde y hace 37°, pues
no te apetece irte a casa. Te duele el cuello, te duele la espalda, los
riñones, ¿y no me merezco una cerveza? Pues claro que sí. Y la
cerveza se te alarga hasta la una de la madrugada, pues claro que sí,
pero a las 7 estás en planta y a las 8 en la puerta de tu trabajo.

TOROS

Mi padre ha sido torero y a mí no me gustan nada. No me gusta que se le haga daño a un animal, no lo paso bien. Pero entiendo que cada uno tiene que tener libertad para ir a ver el espectáculo. La fiesta de los toros se va a extinguir por sí sola, los catalanes prohibiéndola lo que han hecho es cabrear a la gente.

—Los antitaurinos son radicales.
—Lo que no me gusta nada es que cuando uno se juega la vida delante de un animal que tiene cuernos se pongan fuera a montar ruido, eso no me gusta, y a mí no me gustan los toros, pero no me parece respetuoso ni con el animal ni con el torero. Hay otras formas de luchar.
—Los antitaurinos son irrespetuosos y violentos.

—A mí me gustan los toros y ver las corridas, pero no me gusta que le hagan daño a los animales, pero las corridas me gustan.
—Que se le toree y no se le mate.

MARCA ESPAÑA

No me siento identificada con la pandereta y la saeta, pero no es una ofensa porque nos da de comer. Pero somos mucho más que eso.

Hemos creado una industria que es el turismo. Y la tenemos que vender para que la gente venga aquí y se gaste el dinero aquí. No me siento identificada con la imagen de flamenco y toros, pero tampoco porque venga alguien de Estados Unidos pienso que es un *cowboy*.

—En España nos valoramos poquísimo y estamos muchísimo mejor formados que mucha gente que está fuera.
—Pienso que somos nosotros mismos los que muchas veces nos creemos que vamos por debajo. En Holanda, en Gran Bretaña, Portugal y en muchísimos sitios se están pegando porrazos por tener a dentistas de España. Y estamos yéndonos a trabajar fuera para tener un sueldo digno comparado con lo que trabajamos aquí.

—Fuga de cerebros.

EUROPA

—Hay una cosa que me gusta mucho del resto de Europa que no veo aquí. Se empieza antes la jornada laboral y se termina antes; yo algunas veces estoy hasta las 10 de la noche trabajando en la consulta.
—Y son mucho más productivos.
—Creo que es muy importante que los horarios europeos se instauren en España. Es fundamental para conciliar la vida familiar con la vida laboral.

ESPAÑOLES

—No podría definir cómo es el español. Es como si estás en Bélgica y quieres comparar los que son del norte con los del sur.
—Como los italianos mismos, los del norte son mucho más europeos y los otros más mediterráneos, más eufóricos, más salvajes, más como nosotros.
—Pero más que verlo como diferencia, hay que verlo como una forma de enriquecerse culturalmente. El problema que estoy viendo es que actualmente la política lo que intenta es segregar, diferenciar, separar a la gente, y eso no tiene sentido ninguno.

POLÍTICOS Y CORRUPCIÓN

Los españoles sabemos debatir pero los que nos representan no saben debatir, porque se radicalizan mucho en sus posturas en vez de encontrar posturas comunes. Y a mí eso me da que hay como un derecho al pataleo, y me toca las narices.

—En Alemania por menos de nada un político dimite, y aquí se llevan dos millones de euros y se van de rositas, se van dos meses a la cárcel a un módulo separado y estudian Derecho en dos meses. Salen y siguen teniendo sus cuentas en Suiza.
—Yo quiero partir una lanza en favor a la justicia. Lo que veo es que no se están poniendo medios para que la justicia actúe rápidamente.

MEDIOS DE COMUNICACIÓN

—Los medios de comunicación están politizados, sólo hay que cambiar de canal para verlo. Una misma noticia te la pueden dar radicalmente opuesta Antena 3 y Cuatro. Y además cada uno de nosotros vamos a poner el canal que queremos escuchar, porque la misma noticia la quieren escuchar de la voz y de la opinión de alguien que les gusta. Siempre confirmaremos nuestra teoría porque vamos a escuchar nuestra teoría. Buscamos que nos den la razón.

—¿Sabes cuál es la clave de eso? Educación y no ser borrego, y a partir de allí sabremos qué tenemos que diferenciar y con qué te tienes que quedar y con lo que no.

EDUCACIÓN

Cuando aparecieron las autonomías tú sabes muy bien que la educación que han dado a un catalán es más segregada que la que me han dado a mí. Te voy a decir por qué. Según qué autonomía, te intentan dar una identidad que no siempre va unida al resto de todo lo que te rodea. En Cataluña o el País Vasco los han educado para sentirse tan exclusivamente distintos que todo lo externo es rechazable y no tiene su integridad, y a mí eso me toca las narices. Y eso lo he notado cuando Montilla, el expresidente de Cataluña, dijo que todos los andaluces estábamos recibiendo un montón de subvenciones para luego estar echando el rato en el bar, y eso es una falsedad con mayúsculas, es muy fácil hacer política barata.

IDIOMAS

—Yo con mi nota de selectividad podía estudiar Odontología en Valencia pero no en Andalucía. Me tuve que presentar otra vez a la Selectividad para sacar más nota y poder estudiar en Andalucía; no podía irme a Valencia porque hablaban valenciano. ¡Hostia!, pero es que un valenciano se puede venir aquí a estudiar Odontología.
—Eso es una discriminación positiva.
—Yo no me voy a Inglaterra y quiero que me den la clase en francés, tendrás que aceptar la lengua madre. ¿Pero por qué Cataluña hace

de lengua madre el catalán? Tenemos que tener un denominador común.

—Lo normal es que tú hables español y luego aparte, si quieres aprender otro idioma lo aprendas, pero que nada sea por imposición. Y a mí me encantaría saber vasco y catalán por el simple hecho de poder comunicarme.

—No hagamos de la lengua un elemento de separación.

—Si hay alguien que tiene connotaciones negativas de cómo hablamos en Andalucía, es que está muy poco informado, porque el laísmo madrileño es una gran irregularidad en la lengua, y sin embargo nosotros tenemos el ceceo en algunas zonas, el seseo en otras zonas, pero que todo forma parte de nuestra propia idiosincrasia.

—Lo importante es el respeto.

—Yo soy sevillana y en muchas cosas tengo una forma diferente de hablar que ella, que es cordobesa.

—La base es el respeto, que no eduquen en una superioridad ni en un independentismo, en el «somos independientes porque somos mejores».

INDEPENDENCIA

—¿Has escuchado eso de Triana república independiente? Crúzate el río, república independiente de Triana total.

—Ja, ja.

—Hay una frase de la infanta que es preciosa, que lo que dice es algo así: «Andalucía nunca podría independizarse de España porque Andalucía es una de sus esencias». Es una frase muy bonita porque no implica que tú, que eres catalán, te tengas que identificar con algunas particularidades de esta región, pero sí implica que muchas particularidades diferentes pueden enriquecer muchísimo una unión. Yo no he escuchado a ningún político hablar así.

—Si los catalanes quieren independizarse yo no tengo ningún tipo de problema.

—Pero para todo, ¿eh?, para derechos y para obligaciones. Para todo lo que implique ser una nación independiente, que si se van que se vayan del todo, que si te he visto no me acuerdo.

—Más o menos como cuando cortan dos novios.

—Exacto, los ex, pero de muerto y enterrado.

—Yo creo que deberíamos votar todos, porque a día de hoy todos somos uno. Yo tengo que tener mi opinión si quiero que se independicen o no. Si tú no quieres estar conmigo, vete. Probablemente si se hace un referéndum a nivel nacional igual yo voto que sí. Porque si ellos no quieren estar conmigo yo tampoco quiero estar con ellos, pero que me dejen votarlo.

—En una relación de pareja si se quieren separar por lo menos hay una discusión.

—Si tú me manifiestas que no me quieres, yo no te puedo retener a la fuerza.

—Pero la persona que instiga a eso sí debe hablar de todas las consecuencias políticas, económicas y sociales.

—Es que no se puede hablar de la «España, la opresora», yo no soy opresora de nadie.

—En Cataluña tenéis el estigma de que no tenéis nada que ver con nosotros.

—De los raritos, de los diferentes, de los ególatras.

—¿Y a los andaluces no se nos critica?

—De catetos, de paletos, de palurdos.

—«Sois los subvencionados, los que estáis comiendo sin hacer nada de todas las subvenciones, sois los que estáis comiendo de toda la riqueza que produce Cataluña»; yo eso lo he tenido que escuchar de los propios políticos catalanes, y no de los catalanes.

FUEROS VASCOS

Hubo un momento en España que se dijo café para todos. Uno de los que más apoyaron el proceso de hacer la comunidad andaluza dijo: «Si se le da la autonomía a Cataluña y al País Vasco, pues también a Andalucía, café para todos». Entonces lo que no puedes tú decir es «yo, por mis narices, porque tengo otro idioma, porque yo lo valgo, a mí tú me das un poder económico». A mí me encantaría tener el tejido productivo que tiene Cataluña, aquí el problema es que no se ha estimulado suficientemente, por lo que sea, que ya me da coraje, pero eso no sirve para que digas que «si eso se ha hecho en el País Vasco, pues en Cataluña también». Pues entonces café para todos, hagamos un Estado en el que todos estemos contentos. Lo que pasa es que en su momento se habló de un principio de solidaridad.

El País Vasco es verdad que tuvo más control económico por un tiempo por el tema del terrorismo, hubo un principio en el que se dieron más inserciones económicas y de todo tipo, pero después no me puedes negar que los catalanes, digamos la parte del norte, con eso del pataleo habéis conseguido, en su momento, no te digo ahora después de la Constitución, sino en su momento, muchas más subvenciones para hacer un tejido productivo empresarial mucho más fuerte, todas las empresas se fueron allí. Todos los andaluces se fueron allí a trabajar. Lo conseguisteis en su momento, muy bien. Me encantaría que hubiera esa mentalidad empresarial aquí, pero no me vengáis ahora como niñas lloronas diciendo «es que somos los más perjudicados de España», no lo veo.

NACIONALISMO

—Mi madre me dijo que lo ideal es que te sientas de dónde has nacido, porque los orígenes nunca se deben perder, pero que tú eres del sitio donde naciste y de todos sus alrededores.

—Y tus alrededores pueden ser Nueva York.

El sitio donde tú te crías no es el centro del mundo. Hay una variedad grandísima de personas, de formas de vida y de costumbres, que nos ayudan a enriquecernos a todos.

—Nos sentimos españolas, tengo una lengua que me identifica, un currículum escolar que me identifica, una sanidad que me identifica.

—Los que no se sienten españoles deberían viajar más. Porque cuando estás fuera sabes las cosas positivas de fuera, pero también sabes muy bien las cosas positivas de aquí.

Este país está siempre impregnado de un cierto pesimismo de lo propio.

—No entiendo que uno no se sienta español, eso me suena a arrebato de enfado puntual, ¿entonces qué te sientes? ¿Ciudadano del mundo?
—¿Finlandés?

—En España no estamos unidos.
—Es muy triste, porque dicen: «Yo no soy español, pero soy andaluz».
—Los políticos no hacen ningún favor.

Los canarios no se sienten identificados con nosotros, nos denominan como los peninsulares, o los españoles en algunos casos, que es una cosa que me vuelve loca, como si fuéramos de otro país.

FRANCO

—Mucha gente relaciona la bandera de España con la dictadura.

—Sí. Es que tenemos la memoria histórica, que es muy dañina, por otras cosas es enriquecedora, porque si sabemos de la historia no repetiremos lo pasado. Pero vamos, por donde vamos me parece que mal camino llevamos, porque vamos a otra guerra civil.

—De la época de Franco hace cuarenta años; es que es de antes de ayer.
—Pero se tiene que quedar en el pasado, no se debe negar pero se debe evolucionar.
—Y aquí más de una o de dos seguro que ha tenido represaliados en su familia.
—Yo en concreto tengo de los dos bandos.
—No te estamos hablando desde ningún culmen de ultraderecha.

—Afortunadamente creo que fue un logro cómo se salió de eso, y cómo se ha evolucionado y dónde estamos hoy en día.

—Somos un ejemplo en Europa por la transición que hicimos.

—Pero no sabemos valorarlo.

RELIGIÓN

—Hay más religión en el norte que en el sur.

—Que la ETA nació en un seminario, no nos equivoquemos.

—Y el Opus Dei. ¿A ver de dónde salió Josemaría Escrivá de Balaguer? De la Navarra profunda, de la derecha radical.

MONARQUÍA

—Creo que debería haber un referéndum y que la gente decidiera si quiere monarquía o no, y punto.

—Yo también.

—Y una vez sale sí, dejamos de dar por culo.

—El derecho a referéndum no se le debería negar a nadie, igual que no se le debería negar a Cataluña, al País Vasco o a nosotros.

—Todo es prohibido, el rey ha estado allí toda la vida y toda la vida va a estar allí, es que no se tiene que tener ni la duda de si tiene que haber rey o no. Si ha estado allí toda la vida, pues que siga toda la vida así.

—Pero hay gente que a lo mejor no lo quiere tener.

—Pero es que todo es una pega: los toros son una pega, el fútbol también es una pega, España no está de acuerdo en algo; todo es una pega.

Extremadura

Alba – 1992 – Extremeña (Mérida) – Estudiante de Bachillerato
Elena – 1991 – Extremeña (Mérida) – Estudiante de Educación Infantil
Daniel – 1991 – Extremeño (Mérida) – Estudiante
Elena – 1992 – Extremeña (Mérida) – Estudiante de oposiciones

—A los extremeños nos llaman burros. ¿Por qué nos llaman burros?
—He llegado a escuchar que si teníamos televisión, Internet…
—Yo también lo he escuchado.
—A ver, sí que es una comunidad más de sector agrícola, pero tampoco somos…
—Tenemos wifi.
—Ja, ja.

SOLIDARIDAD

Aquí hay mucha vida de pueblo, mucha gente vive del campo. Hay ayudas porque ahora la cosa está mucho peor.

Lo que unas comunidades aportan a una cosa, otras tienen que aportar a otras, y si uno tiene más, ¡coño!, ayuda al prójimo. Estamos en el mismo país, todos hemos luchado por las mismas cosas, tenemos un pasado en común. Nosotros no disponemos de los recursos que otras comunidades disponen en otro tipo de sectores o industria, y ellos realmente un buen jamón de bellota se lo llevan encantados en Navidad a la boca.

A nivel europeo he escuchado que con algunas industrias, a lo mejor del tomate, estamos a la cabeza. Me refiero que tampoco tú puedes decir que Extremadura no está desarrollada, o no se está desarrollando, realmente estamos luchando por desarrollarnos con lo que podemos y con lo que tenemos. Si somos ricos en tomate y en trigo, no nos vamos a fomentar en el hierro. Nosotros vamos a hacer un trigo bueno y tomates de calidad.

EXTREMADURA

—En el norte de Extremadura la gente es un poco más cerrada y en el sur más abierta. Creo que la gente en general es abierta, en los pueblos quizá un poco más cerrada sobre todo por la gente que no ha salido fuera, pero en general, sobre todo los estudiantes en Cáceres o Badajoz son bastante más abiertos.
—Comparando con otras comunidades, tanto País Vasco, Asturias, etc., se respira otra alegría. Como tenemos ciudades pequeñas, entonces siempre tienes grupos con los que coincides y te dicen «¡hasta luego!». Como que disfrutas dando un paseo por el centro.
—Te conoce todo el mundo en Mérida.
—Exactamente, en otras ciudades más grandes cada uno va metido en su calzón y va para *alante*.
—Y de Badajoz para abajo creo que hay mucha influencia de Andalucía.

ANDALUCÍA

—Yo he estado estudiando en Córdoba y ni punto de comparación, la gente allí, vamos, te unes a cualquiera, aquí no es lo mismo. Allí puedes hablar de cualquier tema y aquí te miran raro.
—También porque Mérida es más pueblo, te vas a Badajoz y a Cáceres y ya es como más ciudad.

MÉRIDA Y BADAJOZ

No sé muy bien el conflicto entre Mérida y Badajoz, pero hay cierto pique, discutimos un poco por la capitalidad. A Mérida no se le conceden todos los derechos de capitalidad que debería tener porque hay muchas instituciones que están en Badajoz, y entonces aquí se queda como pobre.

ESPAÑOLES Y MARCA ESPAÑA

—Los españoles con la picaresca culturalmente nos creemos muy listos, pero realmente no lo somos. Y deberíamos aprender mucho de países del norte. Sobre todo se ve muy reflejado en el sur de España, lo típico: la siesta, la fiesta. Cuando puedes hablar con los Erasmus nos conocen por la fiesta, paella, toros y poco más.
—¡Flamenco y olé! El estereotipo del español, siempre está allí. ¿A qué español no le gusta una buena cerveza, una buena playa con chiringuito y luego una siesta?

En el norte les debe doler que se les identifique con toros, porque no es tan típico. A lo mejor se pueden sentir identificados por algunas tradiciones suyas, que no por el tema del toreo y el flamenco.

TOROS

—Antiguamente en Extremadura eran muy conocidas las corridas de toros, ahora ya no tanto.
—Está un poco en decadencia. Pero en los pueblos, en las fiestas tradicionales siempre se suelen hacer corridas de toros, que no soy partidaria, pero bueno.
—Yo no estoy de acuerdo con las fiestas del toro.
—Yo tampoco.
—No es por nada, pero me parece muy sangriento. En el Toro de la Vega, por ejemplo, son auténticas salvajadas; parecen trogloditas corriendo detrás del toro. Que es muy bonito y tiene sus tradiciones y todo lo que tú quieras, pero masificado queda un poco feo, ¿no? Se pueden sacar muchas fiestas, ¿por qué no tiras una pelota enorme

cuesta abajo y corres detrás de la pelota? La gente lo que quiere es la adrenalina y lo de sentir algo.

—Claro, no tienes por qué hacer daño a un animal.

—Creo que hay poca gente joven que está de acuerdo con los toros. Creo que la gente ya está más concienciada con el tema de los animales.

RELIGIÓN

—La gente mayor es más religiosa.

—La gente joven no lo es, y eso se ve en Semana Santa. Me contaba mi madre y abuela que en los pasos no hacía falta buscar gente, porque sobraba la gente, y ahora vas a una procesión y hay cuatro pelagatos comparados con antes.

—Antes te inculcaban esto, esto y esto, y tienes que creer en esto, esto y esto, si no mal. Ahora te dan un abanico un poco más amplio donde te dan un poco más a razonar.

—La religión es un método para controlar a la gente que está mucho menos evolucionada.

—Yo creo en la moral autónoma y la heterónoma. Si eres autónomo tú haces ciertas cosas porque tú crees que tienes que hacer esto. Si haces esto porque crees que alguien te va a castigar, no lo haces porque tú lo crees, es porque te están vigilando, no lo haces por tu propia decisión.

FUNCIONARIOS Y EMPRESARIOS

Creo que el sueño de cualquier persona es tener un sueldo fijo cada mes, trabajar de ocho a tres tranquilamente en su oficina y tener su buen dinero. No tienes que levantarte a las seis de la mañana para irte al campo, tienes tu sitio calentito, vas a tener tu máquina de café al lado, tienes tus vacaciones, te sientes seguro. ¿Quién se arriesga hoy en día a montar una empresa?

—El jefe siempre es el malo.

—El malo de la película, porque tiene que tomar ciertas decisiones para su empresa que nos afectan a todos.

—Habrá empresarios buenos y malos, yo me quedo con los buenos, los malos no los quiero ni ver.

—Es muy fácil criticar, es como en la política, es difícil complacer a todo el mundo, y más cuando quieres mantener algo. Tienes que tomar ciertas decisiones que no son fáciles muchas veces.

POLÍTICOS Y CORRUPCIÓN

—A todos nos gusta la comodidad del dinero y la buena vida.

—Los políticos son un reflejo de la sociedad que tenemos, la cultura española es así. Es vergonzoso, pero si puedes agarrar algo para ti lo haces: la picaresca española.

—Es algo que hay que cambiar.

Los españoles no sabemos debatir, es algo en lo que deberíamos educar. Estamos muy pendientes de memorizar los libros y no sabemos hablar.

—España es democrática pero todavía le quedan unos pasos.

—Tenemos que avanzar aún democráticamente.

INDEPENDENCIA

—Creo que toda España debe hacer una votación. Somos todos los que realmente debemos decidirlo.

—Sí, todos deberíamos votar.

—Sí, hemos estado todos unidos, no lo ha conseguido ni ETA. En el pellejo de Rajoy te diría que no se vota, porque es que si no se te va de las manos. Si tú realmente no quieres que algo se haga, ¿para que vas a dar la mínima opción a que se haga? Si no quieres que se haga, no se hace.

—Pero lo democrático sería permitir el voto, pero para todos.

—Pero tú no puedes meter un referéndum que no está en la Constitución española.

—Bueno, pero la Constitución española se modifica en lo que les interesa a ellos, no en lo que nos interesa a todos en realidad.

—La Constitución se debería cambiar.
—Pero sólo algunos aspectos. Porque si entramos por Cataluña, pasamos por País Vasco… ¡Nos quedamos Extremadura y Andalucía!

Nosotros podemos opinar desde lo que vemos por la tele, los periódicos y tal, pero realmente yo no sé lo que siente una persona que quiera la independencia. Entonces la gente habla desde un punto de vista muy lejano, que no conoce; para hablar y poder opinar y dar una solución tenemos que conocer más. Si tú quieres la independencia y yo no sé por qué viene eso, ni por qué razón, ¿qué opino? «Los periódicos dicen, y yo soy muy patriota y España es una y entera», pues no, tienes que saber de dónde viene la cosa.

FUEROS VASCOS

—Es la primera vez que escucho lo de los fueros vascos.
—Yo tampoco tengo mucha idea.

MEDIOS DE COMUNICACIÓN

—Todos los medios están politizados.
—¡Hasta los periódicos deportivos, macho! Se nota muchísimo, unos te cuentan la misma película, pero uno te lo va a suavizar de una manera y el otro te lo va a contar a la tremenda.
—Para tener una visión más objetiva lo tienes que mirar desde todos los puntos de vista, no sólo lo que a ti te conviene y te gusta. Porque a lo mejor unos te dicen una cosa y otros te dicen otra, y los dos tienen razón, pero claro, cada uno cuenta y calla lo que le interesa.

MONARQUÍA

—Por lo que tengo entendido el dinero que va destinado a la monarquía por cada español es muy poco. Y con el tipo de políticos que tenemos actualmente, prefiero que haya una persona que esté por encima de ellos antes que esas personas que están allí nos gobiernen con la máxima autoridad.
—Yo tengo la imagen contraria, ahora mismo no veo que aporten mucho, los veo como figurines que van en representación de. Al

igual que elegimos al presidente del Gobierno, creo que podríamos elegir qué persona queremos que nos represente.

—Pero creo que el rey actual está muy preparado en comparación con personas que puedan estar también en un alto cargo.

—Me parece un poco retrógrado lo que has dicho, ¿si estamos criticando a la Iglesia, lo antiguo, por qué no la monarquía? Los reyes son de medievales: ¿vamos en burro?

EDUCACIÓN

Cada vez que llega un partido cambia algo, y así no se pueden hacer las cosas. La educación en España es una mierda porque la gente no tiene respeto al profesorado. Y sólo nos importan matemáticas, lengua y conocimiento del medio, el resto no nos importa.

—Tenemos una educación más de memorizar que de razonar: «¡Hasta que no hagas tres páginas del cuadernillo Rubio no sales de casa!».

—Los padres y los profesores en general piensan que la educación infantil son guarderías. Hay un punto en el que ya no sólo tienes que enseñar, sino educar incluso, porque las familias no llegan a educar. Y los padres llegan y dicen: «¿Por qué mi hijo no ha empezado a escribir y no ha empezado a leer?». Creo que es más importante primero inculcar unos valores y unas bases, para que luego se pueda construir sobre ellas, y sobre todo que el niño tenga un desarrollo para poder llegar a eso.

—Si tú estudias historia tienes que estudiar historia hasta la actualidad, y el problema es que empiezas generalmente desde la época romana y luego llegas a la Guerra Civil, y como se te acaba el curso, no tienes tiempo y ya no estudias más. Pues es muy importante, aparte de estudiar todo lo anterior, conocer qué es lo que está pasando ahora y por qué.

—Pero entonces ya entramos en que si un profesor es de una idea política y tú eres de otra idea política.

—Pero eso no tiene nada que ver, Dani. Si eres profesor tienes que saber dar clases desde un punto de vista objetivo.

—Pero tú sabes cómo son los profesores.

—Pero me da igual, una cosa es cómo son, y otra cosa cómo deben ser y cómo tienen que explicar.

IDIOMAS Y EDUCACIÓN

—Salvo el vasco lo demás son dialectos.

—Yo eso no lo recuerdo.

—El catalán es un dialecto de toda la vida, se parece al valenciano, y si el valenciano lo es... Si los escuchas hablar es como el que te habla balear.

—También es que estamos hablando desde un punto de vista desconocido.

—Pero para mí son dialectos, igual que el gallego. Es que lo que a mí me da rabia es que te vas a estudiar a Cataluña y por sus santísimos tienes que tener una asignatura en catalán. ¿Y si soy extremeño, macho? ¿Cómo quieres que aprenda también? En mi propio país me están diciendo que tengo que hablar otra lengua.

Si estoy hablando en castellano, respóndeme en castellano, no te quedes con cara de tonto. Yo no me lo he encontrado, pero sí de mucha gente que me lo ha contado que le ha pasado de viajar a Barcelona, vas a una tienda y le pides algo, y te responde en catalán.

Cada uno tiene que mantener su cultura; me parece estupendo que la gente mantenga el catalán, el vasco, porque es cultura. También me parece una limitación, no lo sé exactamente porque no vivo allí, pero es una limitación que en el colegio sólo se dé catalán, porque luego vas a salir al resto de España.

En la escuela nos han explicado las lenguas, estudias los orígenes de cada lengua o dialecto, como le quieras llamar. No es que te profundicen en plan como si estuviera estudiando en Cataluña o en Galicia, prefiero que me enseñes quién fue Trujillo, que a lo mejor a vosotros no os aparece en vuestros libros, y a lo mejor en los míos por ser de Extremadura sí aparece.

—En Extremadura tenemos nuestro propio dialecto, el castúo. Pero no nos lo han explicado en la escuela.
—Eso es un dialecto muerto, a lo mejor lo saben mis abuelos o bisabuelos.
—A mí los catalanes me dan cierta envidia por el mero hecho de poder decir que tienen otra lengua aparte de la que ya hablan. Mucha gente aquí dice: «Me sé castellano y me olvido».
—Yo estudié latín.
—Y griego.

NACIONALISMO

Si llevas la bandera ya eres un facha. Yo no suelo llevar la bandera española, pero tampoco como en Estados Unidos, que la gente lleva la bandera hasta en los calzoncillos; igual es un poco excesivo, pero bueno, ¿por qué no? No tendría por qué ser facha.

En Extremadura hay muchos pueblos que no son de ultraderecha, pero sí que hay mucha tendencia a la derecha. Por ejemplo, mi abuela: sé que a ella le gusta su Falange, y no quiere avanzar, se va a morir así y punto. Esa visión de la vida tenemos que cambiarla nosotros, esto es historia de España, hay que dejarlo allí, progresar ahora, y por Dios, que eso no vuelva nunca. Yo *ná* más que he conocido democracia y de momento quiero seguir así, me han contado cosas muy malas.

Extremadura te cansa, tu cuerpo te pide más, entonces necesitas a lo mejor evadirte a una gran ciudad, no te estoy hablando de Madrid y Barcelona, puede ser Granada o Sevilla. Extremadura es una tierra que luego añoras, mi tierra, el paseo por el campo, el ambiente que respiramos. Los aires son más limpios, no tienes tantísima polución, en veinte minutos estás en el campo, no vas a tener *ná* más que pájaros. Realmente son lujos y privilegios que otras sociedades no pueden disfrutar. Que sí, que otros tienen montañas, valles, pero supongo que cada uno tira para su tierra, y a mí donde me pongas una encina en el campo y con unas buenas castañas…

INMIGRACIÓN

—Siento vergüenza cuando la gente dice de forma despectiva «este que es rumano, el negro», somos todos personas, somos todos iguales. Mientras vengas aquí a trabajar y a tener una vida digna, como todos pedimos, ¿por qué no?

—El problema está en conseguirla hoy en día; si no la consigue el español imagínate el que viene de fuera.

—Lo que pasa es que con el tema de la crisis sí que se agrede un poco más este tema, se dice «yo no tengo, ¿y vas a venir tú y te van a dar las ayudas que yo necesito?».

—Nos volvemos egoístas, en plan «es mi tierra, yo trabajo aquí». Si por ejemplo eres de pueblo dices: «Vaya tela, este verano podía tener trabajo en el pueblo y resulta que han cogido a tres que le pagan lo que a mí». Entonces pues duele; a todo el mundo, cuando nos tocan el bolsillo, nos duele. Pero esas imágenes de la valla de Melilla son espantosas. Me planteo: ¿a qué nivel de vida tienen que estar allí para simplemente pensárselo? ¿A qué nivel tiene que llegar una persona para decir «me tengo que ir de aquí y saltar dos vallas de no sé cuantísimos metros, y sabrá Dios si las paso, y lleno de sangre y de calamidades»? Nos tenemos que poner en el pellejo de cada uno.

—Hasta que no nos duele no nos damos cuenta de las cosas.

—Nosotros nos podemos ir en avión, pero estamos haciendo lo mismo. Los jóvenes nos estamos yendo todos.

Castilla-La Mancha

David – 1989 – Castellano y manchego (Consuegra) – Programador
Mario – 1989 – Castellano y manchego (Consuegra) – Administrativo
Susana – 1990 – Castellano y manchega (Consuegra) – Estudiante de ADE
Sergio – 1987 – Castellano y manchego (Consuegra) – Dependiente
Rocío – 1990 – Castellano y manchega (Consuegra) – Trabajadora social

—«Jesús amantes, qué pena», es una expresión de pueblo. Es como decir «*joer*, qué pasa».
—En Toledo se dice mucho «¡anda bolo!»; bolo es en plan tonto pero no de forma despectiva, sino amigable.
—La gente de aquí somos campechanos.
—Somos más de campo que un terrón.
—Somos cercanos, si nos comparamos con Madrid estamos en otro mundo.
—Yo por ejemplo vivo en Madrid y son mucho más desapegados, a los vecinos ni los conozco.

CASTILLA-LA MANCHA

—Según tiras para Ciudad Real, son más brutos.
—Más castizos.

—Sí, y para Cuenca ni te cuento, son más bastos, más brutos que nosotros, no hablamos como ellos. Dicen «copón» por ejemplo, que es más bruto que decir «bolo».

Los pueblos son más cerrados de mentalidad. Parece que porque tú hagas algo va a estar mal visto por la sociedad en el pueblo, y en una ciudad es como que la mentalidad está más abierta y no se ve tan mal. En un pueblo no puedes ir con pintas, en una ciudad vas con pintas y ni te miran siquiera.

ESPAÑOLES

Los pueblos, aunque seas del norte o del sur, suelen ser más abiertos que las capitales. Por ejemplo en Asturias los pueblos me han tratado como si fuera parte de allí, son más cercanos que si te vas a una ciudad, Santander u Oviedo por ejemplo.

Conocemos gente de Andalucía que para decir granja dicen «voy a ir a la *ganja*» sin «r», y le decimos que si es gangoso, en plan broma.

Somos muy de criticarnos y poco de ayudarnos. Porque si tú antepusieras el bien común a tus ideas, se podrían hacer mucho mejor las cosas.

Cuando viajamos fuera decimos que somos de España. Es que no creo que haya que avergonzarse por eso.

MARCA ESPAÑA

Hay tantas cosas que se venden como marca España y que da vergüenza que se vendan como marca España…

—Nos sentimos identificados un poco con la fiesta porque nos gusta divertirnos, pero tampoco es como nos ven en el extranjero, muchas veces piensan que es fiesta y siesta. Pero no somos eso.
—Son estereotipos que se han implantado en una época y lo siguen manteniendo.

—De toros nada, por mucho que sea cultural no me gusta, y flamenco pues como quien dice es Andalucía, en el resto de España no hay esa cultura. España tiene muchísima cultura, no puedes meter todo dentro de una baza.

TOROS

—No me gusta el hecho de matarlos. Sin embargo, los rejones son de las cosas más bonitas.

—Los rejones son los caballos que bailan y pinchan al toro. Esa forma de diversión no la veo correcta: «Mato un animal y me divierto», pues yo no le encuentro la diversión.

—Otra cosa es el arte, pero el hecho de matar... En Portugal creo que no los matan y es igual de bonito.

—Respeto esa manera de ocio que tienen pero no le encuentro ninguna gracia.

—Y en muchas plazas de toros que ves a niños, no se qué le puede inculcar a un niño ver matar un animal en una plaza.

EDUCACIÓN

Veo mal que cada cuatro años el Gobierno cambie la educación. Al final cuatro años estudias más hacia derechas, otros cuatro hacia izquierdas. Un año por ejemplo tienes obligatorio estudiar Educación para la ciudadanía y otro año Religión, ¿qué coño es esto? Es un cachondeo.

POLÍTICOS Y CORRUPCIÓN

—Yo estoy en una tienda que genera bastante dinero y pasa por mis manos bastante dinero, y a mí no se me ocurre cogerlo. ¿Para qué? Si ya estoy trabajando, ya me estás pagando.

—Pero los altos cargos tienen un nivel de vida que nosotros no tenemos y lo ven de otra forma.

—Pero ya cobran, ¿por qué tiene que llegar y sacar más dinero?

—Porque son ambiciosos, supongo que cuando llegan a ciertos cargos a lo mejor ya quieren más y más.

—Mucho de la corrupción creo que es porque se ha puesto mucha gente a dedo, gente que a lo mejor no merecería ese puesto o no está suficientemente preparada para el puesto.
—El 80 % de los políticos no están capacitados ni tienen cualificaciones.

—En este país la democracia se limita a votar cada cuatro años y ya está.
—Gana un partido y hala, y lo que nos digan. Deberían escuchar al pueblo, ¿no?
—Aunque el pueblo hable se lo pasan por las narices, incluso ahora ni te dejan hablar con la Ley Mordaza.
—En realidad no miran las necesidades del pueblo, miran las necesidades de ellos, el conseguir votos, y a los demás que les den por saco.

INDEPENDENCIA

—A mí no me gustaría que se independizasen, para mí son parte de España. Es verdad que a lo mejor el País Vasco y Barcelona tienen bastantes empresas porque antiguamente se fueron allí. Pero sí a la votación, todo el mundo es libre de dar su opinión.
—Debería votar toda España, Cataluña es parte de España, afecta a todos.
—Me parece correcto que voten siempre y cuando fuera bajo el margen de la Constitución. La Constitución no lo permite, y para eso previamente deberíamos hacer el cambio en la Constitución y que fuera votado por toda España.

—No puedes comparar un país con una pareja.
—Sí, ¿por qué no? Son dos partes divididas y cada uno tira para su lado, tienen que llegar a un consenso con algo.

Realmente no sabemos lo que pasa allí, sabes lo que te cuentan, puedes creerte las noticias, ¿pero realmente sabes lo que pasa allí? No estás, al no estar no puedes saberlo.

FUEROS VASCOS

—O lo tienen todas o no lo tiene ninguna. Y si lo tiene alguna comunidad es porque realmente lo necesita, porque por ejemplo su motor económico sea lo suficientemente grande como para que sea administrado por ella misma, que conoce mejor su propio motor económico.

—Pero por eso Cataluña quiere eso, porque tiene un buen motor económico.

—Pues ya están creando desigualdad.

—Pero claro, se tienen que dar cuenta de que todos somos un conjunto.

MEDIOS DE COMUNICACIÓN

En la tele se marea mucho la perdiz. Muchas veces he estado viendo un programa y dices, ¿qué me habéis solucionado? Si estáis *ná* más que hablando de lo mismo todo el rato, uno dice sí, otro no, ¿y qué? ¿A qué conclusión hemos llegado? A ninguna.

En Castilla-La Mancha la televisión autonómica está totalmente politizada. Lo primero que hizo el Gobierno de Castilla-La Mancha cuando entró fue cambiar al director de Castilla-La Mancha Televisión. No me parece correcto que una televisión que se paga con el dinero de los contribuyentes esté orientando noticias y demás hacia el lado del Gobierno.

LA CONSTITUCIÓN

Se debe cambiar porque está anticuada, hay que ir evolucionando, adaptándose a las situaciones.

NACIONALISMO

—Soy español, no me siento ni muy orgulloso ni al contrario.

—En estos momentos no estamos para presumir de España. No es el momento oportuno para decir «soy español», si estamos peor que nunca.

Está la idea equivocada de que la bandera de España es facha, pero no lo es. No es una bandera franquista.

FRANCO

—Hay mucha gente a la que le gustaría que los tiempos de Franco pervivieran.

—Y cada vez más se escuchan más comentarios sobre que ojalá estuviera Franco en este momento.

MONARQUÍA

—Creo que el rey no debería existir. ¿Qué función tiene? ¿Representar el país? Para eso tienes un presidente. ¿El jefe del ejército? Joder, ¿no hay generales o qué? No veo ninguna necesidad.

—Si lo piensas bien no.

—Lo que pasa es que tiene muchas relaciones internacionales, cosa que a lo mejor a un presidente de Gobierno que llega nuevo nadie lo conoce. Sin embargo, el rey como está año tras año tiene mejor relación con países extranjeros. Pero a lo mejor no debe ser él, sino alguien escogido por el pueblo.

RELIGIÓN

—La gente mayor sí que es muy católica.

—Estás viendo injusticias aquí y luego ves el Vaticano forrado, y hay gente pasando hambre. Están bañados en oro y aquí nosotros picando piedra si hace falta.

—Once mil millones dedicados a la Iglesia en este último año, ¿no pueden dedicar eso en ayudas sociales?

—Y luego no pagan nada ellos, te piden a ti y ellos no dan nada. ¿Tú crees que yo voy a creer en ti cuando tú no demuestras?

FUNCIONARIOS Y EMPRESARIOS

—Yo, por lo que oigo, la gente quiere ser más funcionario que empresario; empresario ahora mismo por la situación no les conviene.

—Yo creo que funcionarios, pero por la idea que tenemos.

—Por la comodidad.

—En muchos casos el empresario es explotador. Es verdad que el que es empresario tiene todo el riesgo, tanto si tiene beneficios como si tiene pérdidas, es quien está asumiendo un riesgo, pero también es verdad que en muchos casos se abusa: «Si te puedo pagar 1.000 € te pago 600, y 400 que van para mí. Y están muy mal las cosas y no te puedo pagar más», y mientras está ganando dinero.
—Ellos no ganan igual pero siguen ganando.
—Las grandes fortunas con la crisis aún ganan más dinero.

CULTURA

—Yo no he leído el *Quijote*.
—El personaje es un poco estrafalario.
—Creo que el *Quijote* enseña cosas, da alguna lección.
—A nivel mundial sí que ha influido mucho a dar conocimiento de La Mancha. Por ejemplo en China seguramente conocen Castilla-La Mancha por el *Quijote*.

Islas Baleares

Bernat – 1997 – Baleárico (Palma) – Estudiante de Bachillerato
Marina – 1999 – Baleárica (Palma) – Estudiante de ESO

Bernat: La gente de Mallorca es muy suya. Creo que queremos ser muy abiertos al mundo pero en el fondo lo nuestro es nuestro. Como la sobrasada, las ensaimadas son nuestras, por ejemplo en Barcelona si ves una ensaimada dices «esto es nuestro, está aquí pero en realidad es nuestro».

MALLORCA

Bernat: Las ensaimadas, al menos en mi casa, sólo se comen los fines de semana y cuando quedas para comer con amigos. Mis padres quedan con amigos y lo que llevan es la ensaimada como postre. Pero si no la ensaimada no se come mucho.
Marina: Comemos las Quelitas, son una galletas hechas en Inca, un pueblo de Mallorca, que son para acompañar el fuet, el queso…

Bernat: Puedes separarlas, las muerdes, las abres y puedes meter dentro lo que quieras, Nocilla, sobrasada, que también es de aquí, paté, jamón, de todo.

Marina: Y las Quelitas a secas también están buenas.

Bernat: Mi madre y mi hermana, siempre que vamos de viajes, meten en la maleta tres o cuatro bolsas de Quelitas por si acaso.

Marina: Eso sí, siempre hay una bolsa de Quelitas por si tienes hambre.

Bernat: Creo que hay más competencia entre los pueblos de aquí que entre las islas. Aquí cuando alguien dice Mallorca no piensa en los pueblos, piensa directamente en Palma, y eso a los pueblos les toca la moral.

Marina: Hubo un madrileño que me preguntó si Mallorca estaba en Canarias.

Marina: La gente piensa que como estamos en una isla estamos como apartados del mundo, apartados de España. Un catalán me dijo que si a mí me gustaba vivir aislada de España. Yo no estoy aislada, estoy en una isla. Es que se piensan que estamos en otro mundo.

Bernat: La que da el tiempo en la tele siempre nos tapa.

Marina: ¡Sí! ¡Eso siempre!

Bernat: Y es «quita de allí, que nos tapas, que no sabemos si va a llover o no».

Marina: Yo estuve cuatro meses en Irlanda y me di cuenta que Mallorca es el paraíso. Pero sí, hay gente que lo odia, que se quiere ir y no quiere volver aquí nunca.

Bernat: Esto me lo dijo el mejor profesor de Historia que he tenido nunca, es un hombre que se ríe de la historia de España, y dice que los mallorquines hacemos siempre lo que nos dicen desde el Gobierno. Que nos callamos porque nos han dado tantos palos a lo largo de la historia que callamos y hacemos lo que nos dicen. Teoría de mi profesor de Historia. Yo no sé tanta historia como para juzgar eso.

CULTURA

Marina: A mí no me han explicado por qué en el País Vasco hablan vasco.

Bernat: Enseñan mucha historia pero nunca nos han enseñado la cultura actual de otras partes de España. De un extremeño sólo sabría decirte que allí hacen buen jamón, nada más, y ellos dirían de aquí que hacemos ensaimadas. Creo que falla conocernos más.

EDUCACIÓN

Marina: Hay gente que me pregunta: «¿A qué *cole* vas?», y digo a este, y me dice: «¡Uh! Independentistas, fuera».

Bernat: Pero es que en la entrada del colegio pone «Mata de Jonc» y debajo una bandera catalana.

Marina: Ya no, lo pusieron una época; pero sí, a veces se pasan.

Bernat: De mi grupo de amigos casi todos iremos a estudiar a Barcelona. Pero como los colegios aquí todos quieren ser en catalán, hay gente que llega como a odiar el catalán, por eso quieren ir a estudiar a Madrid. Pero a los demás nos da igual.

IDIOMA

Bernat: En teoría la escuela es porcentaje de 33, 33, 33: inglés, catalán y castellano por igual. Pero en inglés se hace la asignatura de Inglés, en castellano se hace el castellano y a lo mejor Matemáticas, y en catalán todo lo demás. No se cumple lo del 33, que va. Si en el colegio La Salle, por ejemplo, el libro de Historia es en catalán pero el profesor lo da en castellano. El profesor hace un poco lo que quiere.

Marina: Me di cuenta de que en verdad me hubiera gustado hacer alguna asignatura en inglés, aunque sea Sociales, más que nada por el vocabulario. Pero los profesores no tienen el nivel suficiente como para enseñar una asignatura en inglés.

Bernat: Yo hice Sociales en inglés y me fue bien.

Marina: En Irlanda había algunos catalanes que casi no podían hablar el castellano, les costaba mucho hablarlo. Los madrileños y los de Asturias no los entendían porque soltaban palabras en catalán y yo tenía que traducir. Me contaron que ni en su casa, ni con los amigos, ni en el colegio, nunca hablaban castellano. Entonces claro, quieren defender tanto el catalán que salen de Cataluña y les cuesta mucho hablar el castellano.

Marina: Hay gente que dice que el mallorquín no es catalán, que son lenguas diferentes. Algunos catalanes a veces no me entendían y me llegaron a decir: «Si hablas el catalán, háblalo bien».
Bernat: Yo los catalanes que conozco son más normales.

Bernat: Mi abuela habla en catalán y mi padre le contesta en castellano.
Marina: Igual que mi abuela y mi madre.
Bernat: Mi abuela siempre se queja de que sus hijos hablan castellano y no catalán, y culpa a mi abuelo que es de Torrevieja, y mi abuelo es el que habla mejor catalán de todos, pero bueno…

Bernat: El catalán no es un dialecto del castellano, en todo caso si fuera un dialecto sería del latín.

NACIONALISMO

Marina: Nos sentimos mallorquines, pero hay gente muy extremista que dice que odiamos a los catalanes. Pero sí, yo me siento mallorquina.
Bernat: Sí, yo soy mallorquín, estoy orgulloso de haber nacido aquí, de saber catalán y castellano. Pero no me gustaría que el catalán desapareciera.

Marina: Mallorca está dividida, están los independentistas que se quieren juntar con Cataluña.
Bernat: Estos son muy pocos.
Marina: Luego están los mallorquines.
Bernat: La gente normal, que ni fu ni fa.
Marina: Y los otros que son mallorquines y no catalanes.

Marina: Esta temporada que he estado en Irlanda, he estado con gente de todas partes de España. Y a ver, tenemos cosas diferentes, pero en verdad no somos tan diferentes.

Bernat: En el fondo todos somos españoles.

Marina: También estaban los que no se sentían españoles, y también estaban los que criticaban a los que no se sentían españoles. Una de Toledo llegó a decir: «Si os inventáis un idioma no copiéis el español».

Bernat: Todo el mundo piensa que lo que tiene que decir es más importante que lo que tienen que decir los demás. Y los que saben escuchar y te pueden debatir con argumentos son gente que queda tapada por los insultos de los otros.

Marina: Creo que como unos están súper orgullosos de ser españoles en plan «España, y nada más», y como los otros España no, pues se enfadan. Se faltan mucho al respeto.

Bernat: Creo que los dos extremos, tanto los súper independentistas, como los súper españolistas, son gente que necesita sentirse parte de algo, por lo que sea, les gusta sentirse en un colectivo y que tengan cierto poder.

Bernat: Nos sentimos españoles. La gente que no se siente española creo que es porque les da vergüenza la gente que hay arriba. No es que le falten razones, pero es el sitio donde has nacido, y si no te sientes de aquí, pues… no tienes sitio. ¿De dónde te sientes si no te sientes de aquí?

ESPAÑOLES

Bernat: Los españoles eludimos los temas más importantes como la política porque son temas incómodos para nosotros, y gustan las cosas triviales de la vida, como el fútbol, los deportes en general.

Bernat: Aquí cuanto más podamos ganar trabajando lo mínimo, mejor. Pero creo que la gente quiere trabajar; sobre todo ahora más que nunca la gente quiere trabajar.

Bernat: Con la crisis creo que estamos cambiando un poco la mentalidad con la forma de hacer las cosas. Se nos rompió una ducha hace como seis años y los albañiles nos decían «ya vendremos, ya vendremos», y estuvieron como un año para ponerla, y ahora se nos ha roto otra ducha y en una semana ya la teníamos puesta, y eran los mismos albañiles.

MARCA ESPAÑA

Bernat: España no es toros y flamenco, también tenemos muchas otras cosas. En Cataluña, por ejemplo, ya no hay toros.

Marina: Estoy totalmente en contra de las corridas de toros. No les encuentro sentido. Me da vergüenza.

Bernat: A mí no me convence, es un animal, siente, sufre… Si te lo tienes que comer vale, pero matarlo por matarlo…

Marina: No lo encuentro normal. Que estés orgulloso de matarlo, de salir por la tele matándolo, viendo cómo sangra.

POLÍTICOS

Bernat: Yo este año podré votar, y no tengo ni idea a quién voy a votar. Pero la gente de mi edad, las borracheras y todo eso, pienso: ¿esta gente en serio puede votar? ¿En serio vamos a votar? Y pienso que no estamos nada preparados para votar, la gente joven ve que está todo tan mal que dice «¿para qué? Si no lo va a arreglar nadie».

Marina: Yo no suelo hablar de política con mis amigos. No sabemos tanto como para criticar. Con lo que oímos en casa, en la tele, pues creo que se está estropeando el país.

Bernat: También hacíamos debates en la escuela. Tenía un profesor de castellano muy bueno que hacía una clase de literatura, luego una clase de gramática y luego una de debate a la semana, y la verdad es que la clase de debate nos servía mucho, hablábamos de política, de aborto…

Bernat: Aquí se eligen personas y no partidos. Elijes a la persona por el carisma y no por lo que defiende. Tú votas, pero luego esa persona se queda allí y hace lo que quiere. Igual podría consultar qué hacemos ahora. Es democrático pero podría serlo más.

MONARQUÍA

Bernat: La monarquía no la veo bien. Me parece un gasto inútil. El profesor de Historia que me cae tan bien dice: «Felipe es un chico que está muy preparado para ser rey, vale, pero si hubiese un Carlitos que hubiese nacido un segundo antes que Felipe, Felipe ya no estaría preparado, ¿no? Ya no serviría para rey». La monarquía caerá por su propio peso.

Bernat: El rey preparado para hacer lo que tiene que hacer está, pero de allí a que merezca más que cualquier otro por estar donde está…

FRANCO

Bernat: Es parte de nuestra historia, nuestros abuelos vivieron con Franco y nuestros bisabuelos lucharon en la guerra, es nuestra historia, está reciente todavía.

LA CONSTITUCIÓN

Marina: No sé qué es la Constitución.
Bernat: Yo sí sé qué es. Es algo que hay que cumplir, pero no es parte de mí.

Francisco Llompart – 1954 – Baleárico (Palma) – Promotor
Catalina Jaume – 1958 – Baleárica (Palma) – Administrativa
Francisca Morey – 1957 – Baleárica (Palma) – Funcionaria
Guillem Mas – 1955 – Baleárica (Palma) – Médico

—Somos isleños, y la isla te configura un carácter, pero en principio podemos parecer un poco más cerrados de lo que somos en realidad. Cuando se nos conoce después nos abrimos, y si nos abrimos, nos abrimos para siempre. Es un tópico, pero es la realidad. No somos de los que abrimos la casa en principio, pero a la larga la abrimos.
—Somos reservados.

MALLORCA

La gente de aquí normalmente es gente currante, somos muy parecidos a los catalanes. Muy trabajadores.

Canarias son diferentes a nosotros. Tienen otro tipo de influencias, incluso no los veo tan peninsulares.

—Al principio, cuando venían los de la península les decíamos forasteros.
—Es semicariñoso y un poco despectivo.
—Incluso si nosotros vamos a Madrid los forasteros son ellos.
—Ja, ja, esto es en broma.
—No, no, es así.
—Claro, son forasteros porque pensamos que cuando vengan a Mallorca serán forasteros igualmente.
—Ja, ja.

NACIONALISMO

Nos sentimos españoles, catalanes, vascos, gallegos, asturianos, andaluces, todo, españoles es todo. Alemanes no. Han venido alemanes aquí y prácticamente están comprando casi todo, por no decir todo, pero son diferentes, son otra cultura, otra raza, otra manera de ser.

—En Mallorca hay de todo. Hay gente que no quiere ser española, hay gente que quiere ser catalana, hay gente que quiere ser mallorquina, están todas las posibilidades. Pero no crean mucha crispación.
—No hay peleas. Hay opiniones divergentes.

El antiespañolismo en Baleares creo que se nota más en los pueblos que lo que es en la capital. Son más nacionalistas en los pueblos.

BARCELONA

—La gente de aquí normalmente va a estudiar a Barcelona.
—Me gusta mucho Madrid, pero la familiaridad que sientes cuando vas a Barcelona no la sientes en Madrid.
—Los de Barcelona son más primos.
—Nos sentimos más identificados.
—Los catalanes y mallorquines somos muy parecidos.
—Lo que no nos gusta es que nos quieran imponer o dominar. Que haya un centralismo desde Barcelona, eso no nos termina de gustar. En ciertos sectores se siente esto.
—Yo no la tengo esta opinión. No pienso que en Barcelona tengan un sentido centralista. Es como una unión. Lo de los Países Catalanes

pienso que es así, aunque no guste a muchos. La unión de Cataluña, el País Valenciano y lo que son las Baleares tiene un sentido histórico.

—Históricamente sí, pero me da la sensación que a veces quieren imponer en las islas desde Cataluña, y tampoco se trata de esto.

—Quieren imponer el catalán como idioma de aquí. Nosotros tenemos nuestra lengua, reconozco que la columna vertebral del mallorquín es el catalán, pero tenemos nuestra manera de hablar, y la cultura es diferente de la de Cataluña, y la de Valencia lo mismo.

VALENCIA

—Las periferias tienen miedo al centralismo, tanto Valencia como Baleares. Y supongo que los de Lérida, del norte, estarán preocupados porque en Barcelona no los dominen en ciertas cosas. El centralismo puro y duro no le gusta a nadie.

—Incluso creo que en Valencia son más radicales en este sentido que en las Baleares.

—En Valencia hay un sector anticatalán y aquí hay un sector de gente que tiene este sentimiento anticatalán; yo no lo comparto, pero hay mucha gente que lo tiene.

—Yo. Porque nos quieren implantar el catalán aquí como idioma oficial. Es decir, lo quieren imponer como si las islas fueran de Cataluña. Mallorca es Mallorca, si nos quieren conquistar, que vengan con las armas. No lo digo con ningún sentimiento de odio a los catalanes, que no lo tengo. La imposición la percibo desde la política, de la población no se nota, ni aquí ni en Cataluña. De la gente que conozco en Cataluña ni hablamos de esto, nunca, es política.

—Yo no opino lo mismo. El catalán y el mallorquín es la misma lengua.

—Yo también opino que el catalán y el mallorquín somos primos hermanos, pero hay muchas palabras que son nuestras pero no las quieren respetar. Si hubieran dicho «vamos a cambiar el nombre del idioma, que sea el mediterráneo», pues a lo mejor no hubiéramos dicho nada, pero que vengan aquí y digan catalán, no.

IDIOMAS Y EDUCACIÓN

—La lengua valenciana es el valenciano, no es el catalán.

—Incluso tienen más diferencias que el mallorquín con el catalán.

—Yo no estoy de acuerdo, creo que la estructura es la misma: catalán.

—Pero sí ves diferencias.

—Claro, pero igual que el mallorquín, como si te vas a Ibiza y está el ibicenco, o te vas a Pollensa y está el pollencín, pero todo es catalán, el de Valencia, el de Barcelona, el de Lérida y el de aquí.

—El problema de la lengua está en los políticos catalanes; en el momento en que me lo vienen a imponer, cuidado, ya no lo acepto. Cataluña no aceptaba en la enseñanza de aquí el artículo salado, aquí decimos «*sa cadira*», no «*la cadira*».

—Yo no opino esto, no es desde Cataluña que lo quieran imponer, sino que hay una lengua estándar.

—Esto es el meollo, no tocan la lengua catalana pero el mallorquín te lo quitan, y de aquí viene el problema, mi problema.

—A ver, la lengua estándar tiene el artículo culto que es el «la» en lugar del «sa», y aquí mucha gente no lo ha entendido. Toda lengua tiene su parte culta que no es la de hablar en casa.

—Creo que cada escuela tendría que tener su sistema educativo, o todo en castellano o todo en catalán, y el que quiera que vaya a estudiar en la escuela que quiera. Yo si tuviera un hijo prefiero que estudie el inglés o el catalán. ¿Con el catalán dónde vas a trabajar? Solamente puedes hablar en Cataluña, Mallorca… pero no puedes ir a ningún otro sitio, en cambio con el inglés sí. Normalmente el catalán o el mallorquín lo aprendes en casa, a lo mejor escribir es otra cosa si no te lo enseñan. Yo no lo aprendí a escribir, porque en mi época, en los tiempos de Franco, el profesor decía «hablad en cristiano», que era el castellano.

—Pero aquí te imponían hablar el castellano, eso es otra historia.

—Yo creo que se tendrían que aprender las tres cosas, catalán, inglés y castellano. Y estoy avergonzado de no escribir bien el catalán, lo hablo y no lo sé escribir porque en su día tampoco lo estudiamos.

—Yo lo he aprendido de mayor. Lo suyo para mí sería la escuela medio catalán, medio castellano, bilingüismo total, y un buen inglés, pero no lo que han hecho en las Baleares con el sistema trilingüista, que me parece una verdadera chapuza por cómo lo han aplicado. La idea es buena, aprender castellano, catalán e inglés, pero lo querían aplicar muy mal.

Aquí pasa una cosa muy curiosa políticamente; cuando entra el Partido Popular machacan el catalán y cuando entra la oposición favorecen el catalán: es un tema político. Y luego entre ellos las revanchas, cuando entra uno la revancha contra el otro. Uno lo potencia, el otro lo castiga.

Creo que en España, a los que sólo hablan un idioma les fastidia un poco el hecho de que alguna zona tenga dos idiomas. Porque ellos tienen una deficiencia más que nosotros, somos más ricos si tenemos dos idiomas, que no uno.

FRANCO

Yo he vivido el tiempo de Franco y había cosas malas y cosas buenas. Era un régimen en que los cuatro cerebritos tuvieron que irse de España, pero nada más. Y con la Guerra Civil se cruzaron los cables y al catalán lo putearon de esta manera, que en las escuelas era solamente el castellano.

Creo que Franco hoy en día ya ha pasado a la historia.

MONARQUÍA

—El rey ha hecho bastantes cosas buenas para España, ¿que se ha equivocado al final? Pues sí. Ahora su hijo parece más preparado que su padre.
—Felipe a mí me cae bien.
—La monarquía sirve como representación, no sirve para nada más. Pero los contactos que tenía el rey con los árabes y con toda esta gente nos ha dado beneficios en muchas cosas, pero aparte de esto…

—Yo prefiero república aunque no tengo nada en contra del rey.

—Yo creo que se tendría que haber votado ahora, cuando hubo el cambio. Se tendría que haber dado la oportunidad de que la gente lo votara. No obstante a mí me cae bien. Felipe creo que es un hombre muy preparado y que puede hacer un buen papel, y que de hecho está haciendo cosas, que tiene buena intención de hacer bien. Más que nada por cómo ha acabado su padre, que pobrecito, después de haber hecho mucho, al final…

POLÍTICOS Y CORRUPCIÓN

Creo que los políticos en general no están preparados, hay pocos preparados.

Es una vergüenza lo que hay. Los políticos de este país han demostrado que lo que les interesa es lo suyo, sus negocios, sus amigos, la familia…, y la política lo segundo.

En Mallorca ya hay dos políticos que están en la prisión y podría haber bastantes más en la prisión. Creo que no hay ningún ayuntamiento en España que no sea corrupto. Creo que es el sistema lo que no funciona.

Los grandes partidos han tenido unos sistemas muy cerrados, unas listas cerradas, y esto ha condicionado mucho la política en general.

MEDIOS DE COMUNICACIÓN

Los medios están súper manipulados por los políticos. La televisión de aquí es una vergüenza, todas las noticias son del Partido Popular; Televisión Española lo mismo. Es una visión muy partidista.

MARCA ESPAÑA

—La cultura no es sólo toros y flamenco.

—Desgraciadamente fuera de España nos conocen por los toros y el flamenco. Y hay más cosas.

—Hay muchas culturas en España.
—Es un país multicultural.

Hay partes de España que no son flamenco y toros, no representa lo suyo, se sienten discriminadas: Cataluña, País Vasco, Galicia, nosotros… Creo que es una multicultura que debería ser representada por muchas más cosas. Mucho turismo del que viene aquí creo que lo tiene claro cuando vienen a Mallorca. El turista de calidad sabe a qué viene y cuál es nuestra cultura.

TOROS

—No me gusta que hagan sufrir a los animales, pero me gustan las corridas de toros, me gusta la fiesta. Pero estas fiestas que hacen en los pueblos que les pegan fuego y cosas de estas a los animales, me parece una salvajada.
—A mí no me gustan los toros, y de hecho los prohibiría.
—A mí me gustan los toros como a él, el que quiera ir a la corrida va a la corrida y el que no la quiera ver que no vaya. Los animales de los mataderos se matan una barbaridad cada día, el toro también es para comer.
—El toro en la plaza también se puede defender, ahora cuando le hacen perrerías por los pueblos no.

—A los antitaurinos los respeto, es una opinión.
—Se tiene que respetar a los que les gusta y a los que no les gusta, ahora, que haya según qué enfrentamientos no me parece bien.

FUNCIONARIOS Y EMPRESARIOS

Creo que comparativamente no hay más funcionarios que en otros países. Creo que hay más empresarios que funcionarios.

—Cuando vienen bien dadas quieres ser empresario, y cuando va mal, funcionarios.
—En época de crisis la gente quiere ser funcionario porque tiene la seguridad del sueldo cada mes.

Si no hubiera empresas en España habría pocos trabajadores, el empresario es el que da trabajo a mucha gente. Tiene que haber empresarios porque si no los países no funcionarían.

SANIDAD

—Por un lado estoy a favor de la nacionalidad, de las autonomías y de las diferencias, y por otro lado estoy muy cabreado con todas estas diferencias. A veces pienso que está muy bien un Estado de autonomías avanzado, y a veces las prohibiría. Porque si te fijas en mi profesión, aquí a lo mejor tienes unos recursos muy limitados para ciertas cosas en los hospitales que hace que haya listas de espera de mucho tiempo, y a lo mejor en otra comunidad no, entonces si esto no se regula desde el centro, estas diferencias son injustísimas. Y esto me hace que a veces dude mucho de la autonomía y la nacionalidad. Hay cosas sagradas y todo el mundo tiene que ser igual. El presupuesto de sanidad y educación tiene que ser para todo el mundo el mismo, no por comunidades más o menos, no, el mismo, y las prestaciones las mismas.

—También pienso esto, que el país debería tener centralizadas educación y sanidad. No todo, las autonomías tendrían que poder meter baza en muchas cosas, pero en cuanto a presupuesto debería ser centralizado para ser un país igualitario.

FUEROS VASCOS

¿Por qué el País Vasco tiene que tener los fueros vascos y no Cataluña, o nosotros, o los andaluces? Crea desigualdades.

—Cataluña a lo mejor genera más beneficio a España que otras regiones.
—Aquellos currando y los otros con los vinitos, tampoco es esto.
—Andalucía tiene lo de los ERE, trabajan cuatro meses al año y después al paro.

Lo del País Vasco creo que mucho motivo es por lo de ETA, que han tenido que negociar esto, y en este caso los de la ETA sí que han ganado.

ETA

—El terrorismo nunca tiene sentido.
—En tiempos de Franco había otras armas para utilizar.
—Somos democráticos y tenemos que serlo en todos los sentidos.

INDEPENDENCIA

—No tendrían que haber empezado para el bien de todos. Lo que han creado es frustración, crispación y un desastre. Creo que Cataluña no puede pedir la independencia porque forma parte de España, entonces tener la opción de una votación para la independencia cuando de todas formas no se la van a dar… ¿Para qué vas a preguntar si quieres ser independiente? ¿Para crear crispación? Creo que debemos estar juntos porque los queremos mucho. Yo quiero Cataluña, no quiero que se vayan.
—Yo creo que en Cataluña hay un problema social gordo, y que así como están las cosas, a los catalanes les deberían haber dejado votar. Y probablemente si les hubieran dejado votar al principio, cuando se propuso todo esto, hubiera salido que no. Hay más catalanes que quieren ser españoles, que no los independentistas, pero al estar cerrando la posibilidad de que se manifiesten, lo que hacen es que haya más catalanes que quieran ser independentistas. Visto lo visto, los dejaría votar, una votación no vinculante pero legal. A mí no me gustaría que se fueran, me siento en Cataluña como en casa.

—Yo creo que no se puede separar, que debe formar parte de España, y que además es anticonstitucional y no se lo pueden dar nunca, es un querer y no poder.

LA CONSTITUCIÓN

—Nosotros votamos la Constitución.

—Bueno votamos… No sabíamos tampoco mucho lo que votábamos, y votamos que sí, supongo. Éramos muy jóvenes y era una cosa muy nueva. Una Constitución hecha en un consenso como parecía te vendía que tenías que votar que sí. Lo vivimos como una fiesta.
—Habíamos vivido una infancia franquista y la educación en la escuela era franquista. Entonces claro, llegar a jovencitos y poder votar esto… Lo que teníamos era un hambre de democracia, de apertura y de cambio. Lo que queríamos era votar la Constitución y que la cosa se abriera.

—Creo que iría bien actualizarla para el tema autonómico.
—Para poner las cosas en su sitio, todos iguales.
—Una Constitución para que quedemos bien atados, no para separarnos.

Canarias

Rubén – 1976 – Canario (Santa Cruz de Tenerife) – Informático
Nira – 1989 – Canaria (San Cristóbal de La Laguna) – Maestra
Aniagua – 1986 – Canaria (Santa Cruz de Tenerife) – Trabajadora social
Amelia – 1984 – Canaria (Santa Cruz de Tenerife) – Estudiante de Ciencias
Luis – 1985 – Canario (San Cristóbal de La Laguna) – Estudiante

—Tenemos nombres guanches. Los guanches son los aborígenes canarios.
—Eran los habitantes de esta isla antes de llegar los castellanos.

Los guanches antes de que pudieran ser esclavizados por los castellanos, llegaban a un acantilado y se tiraban, morían en el mar, y antes de tirarse gritaban «¡atis tirma!» que significaba «por ti y por mi tierra». Preferían pertenecer a la tierra antes que pertenecer a los castellanos.

GUANCHES

Desde que llegaron los castellanos, la influencia que han tenido las islas Canarias en general por el cristianismo ha sido bestial. La cultura que básicamente conocemos de romería y muchas fiestas que hacemos, no todas, pero muchas, están sobre todo influenciadas por el cristianismo.

—Hubo una masacre, los guanches murieron todos. No hay ni una herencia que sea guanche.
—Hubo un par de esclavos.
—Se mezcló la sangre, sangre guanche ya no hay.
—Los que estaban aquí o los mataron o se los llevaron de esclavos.

—La mayoría de gente independentista de Canarias sigue defendiendo que ellos tienen sangre guanche.
—No, que en el ADN todavía tienen algo, pero normalmente tenemos ya una mezcla exagerada, no sólo de la península. Canarias ha sido desde el sigloXVI un puente comercial enorme con Latinoamérica y con Europa, realmente tenemos una mezcla bestial.
—La conquista de Tenerife creo que terminó siendo en el 1505, claro, ya es muy raro querer convencernos que desde el 1505 con todas las rutas comerciales, más las conquistas y demás, todavía hubiera sangre aborigen aquí.
—Yo por ejemplo he investigado un poco mi árbol genealógico por parte de mi madre, y mi familia hasta mis tatarabuelos son de Tenerife, pero ya sus anteriores eran del Hierro, y del Hierro venían del País Vasco. Te hablo ya de muy *p'atrás*. Yo soy Canario, pero a lo mejor mi sangre vino de muchos sitios, y del País Vasco..., vete a saber qué mezclas hubo allí. Somos canarios pero a nivel genético somos una mezcla.

Han quedado vestigios, muchas tradiciones, y muchos deportes como el caso de las artes marciales en Canarias: la lucha del palo, el garrote canario, la lucha canaria que aquí es famosísima, incluso internacionalmente a veces se celebran campeonatos por allí.

—La historia de la isla la conocemos por la gente que nos rodea, por los centros sociales, como el de Taucho, qué significa memoria histórica. En mi juventud me metían muy poca cultura canaria porque los castellanos la han intentado anular desde toda la vida, porque ese era el plan, que la cultura canaria fuera desapareciendo para que fuera totalmente castellana. De esto te hablo desde el siglo XIV.

—Aquí generalmente la gente que defiende las raíces guanches frente al invasor, incluso un alfabeto guanche, se asocia a la gente de ideas de ultraizquierdas. El equivalente que puede ser en Galicia de la gente reivindicando el gallego-luso, la unión con Portugal, o lo que es en el País Vasco reivindicando el euskera y todas sus tradiciones, y en Cataluña la defensa del catalán frente la imposición de usar sólo el español.

IDIOMAS

—En La Gomera tienes el silbo gomero, que muy poca gente lo hace; de aquí sólo conozco tres o cuatro que lo han aprendido.
—Eso es una costumbre autóctona por la necesidad de comunicarse los pastores del siglo pasado por los barrancos. A base de silbidos se entendían, y está demostrado que son capaces de comunicarse. El tema de las palabras guanche y el diccionario y demás…, ya cada uno le da la importancia que le quiere dar.
—Hay nombres guanches que se saben por las princesas y los reyes.

—El guanche ya no se habla, es una lengua considerada muerta.
—Te podrás encontrar algún independentista que opine que él es capaz de hablarlo.
—Se conocen palabras, pero no la gramática, se perdió con el tiempo.

NACIONALISMO

—Nos sentimos canarios, guanches no.
—Los guanches se erradicaron, incluso en la dictadura se prohibían completamente los nombres distintos a la religión. Fue a partir de la Transición que empezaron a arraigarse los nombres canarios porque volvieron los intereses históricos de un pasado ya perdido. Historiadores que quieren saber la verdad de la historia.
—A nosotros nos interesa porque forma parte de nuestra tierra.
—En mi caso es cultura general, me gusta informarme de todo y siendo una cosa tan cercana me entra curiosidad.

—Es una cosa que se ha escondido demasiado tiempo y hay que conocer, se ha intentado prohibir por todos los medios la verdad y el saber.

—No es que emocionalmente sintamos que nos han quitado eso, porque eso pasó hace más de 800 años, sencillamente nacimos aquí, estamos en las islas Canarias, que los guanches las llamaban de otra forma; es más, Canarias es un nombre que le dieron los castellanos, porque había mucho perro canario autóctono de aquí, a Canarias la llamaban «tierra de perros», por eso lo de «can» que significa perro. Me refiero a los castellanos, obviamente, hablando en el pasado.

—Ahora les llamamos godos.

—Yo desde el respeto siempre digo españoles.

—Españoles también somos nosotros, se supone.

—A lo que voy es que aquí te puedes encontrar muchos tipos de personas, tres maneras de pensar: los más ultraindependentistas, que se consideran canarios y no quieren asociarse con la palabra español; están los que aceptan los dos términos, que piensan que una cosa es el gobierno y otra cosa los habitantes que hay en la península; y luego están ya los que a lo mejor les da igual el tema canario, y por ser de derechas se consideran españoles.

—Yo me considero canario pero no tengo un rechazo hacia los españoles, otra cosa es a nivel político, pero a nivel social no tengo ningún rechazo.

—Yo probablemente de esta mesa soy el más moderado, en el sentido que si hablo con alguien de otra parte de España te digo que soy canario, y si hablara con alguien de fuera de España, digo que yo soy español. No me siento a distinto nivel.

—Yo también pienso igual, cuando he estado en Inglaterra cuando me decían si era española decía que sí, pero me siento más canaria. Suelo decir que soy de Canarias y no de España.

—Yo digo de Tenerife.

—Yo me siento bastante más canaria, políticamente soy española, pero resulta que este Gobierno está pasando olímpicamente de las dificultades que tenemos en Canarias. Vivimos muy lejos, tenemos otro tipo de necesidades. No tengo amor a España porque se suele arraigar mucho la palabra de querer ser español con la palabra de unidad. Y es una unidad de boca *pa'fuera* y no una verdadera unidad de pueblo.

—Sé que soy español, tengo un DNI español, pero emocionalmente no me siento español. El sentimiento patriótico nacional nunca me ha gustado.

—¿En qué se diferencia el patriotismo nacional con el patriotismo regional?

—Yo sé que si me hago militar español seré de la armada española, no de la armada canaria, no existe armada canaria, estaré luchando por el Gobierno y la Corona española. Y no me gusta luchar por reyes que no conozco y menos que no me caen bien. Me alejo del espíritu patriótico español, es más, el espíritu patriótico lo tengo más canario que español, los gobiernos y la forma de funcionar, y en Canarias también lo hacen fatal, pero no quita que mi tierra sean las islas Canarias, y la distancia es algo que me ha afectado desde que nací. No es como ser andaluz que te sientes español porque vives en la península.

Entiendo que alguien no se sienta español porque hay un sentimiento falso de patriotismo al no tener en cuenta problemas reales, decir que lo importante es el sentimiento patriótico español… Lo siento, pero entiendo que haya gente que diga «mira, yo estoy hasta las narices del sentimiento español, yo me siento canario, o catalán, o gallego, o vasco». Incluso entiendo mucho más a un catalán y vasco por la represión que ha habido encima, porque no solamente es el rollo de hacerte sentir español, sino que también es: «Tú no eres vasco, tú antes que nada eres español; tú no eres catalán, tú antes que catalán eres español, ¿por qué tienes que tener una lengua distinta?». Es absurdo, es cultura, por qué demonios tienes que imponerme lo que yo sienta o no sienta, o lo que yo quiera sentir o no sentir.

ESPAÑOLES

A los españoles de la península se les llama peninsulares o godos. Godos de visigodos, de la historia de la invasión de godos. Hay gente que lo hace de forma despectiva y hay gente que no, simplemente es una forma de calificar.

—Se supone que el godo suele ser el típico peninsular arrogante que viene en tono despectivo.

—Curiosamente tenemos un montón de alemanes y rusos viviendo aquí, y a la gente les cae mejor ellos que los peninsulares, así que imagínate.

Estuve viviendo en Salamanca y efectivamente al principio es un poco complicado. Tenemos la manía de clasificar y tender a clasificar las diferencias entre un canario y un castellano, castellano de Castilla, quiero decir. Es tremendamente diferente y te lo hacen ver desde el principio, «esta es la diferencia», «tú eres canario». Además, la forma de expresarte y de ser es totalmente distinta, son bastante más secos, menos dispuestos a la charla fácil con un desconocido. Sí, hay mucha diferencia entre un lugar y otro, pero una vez que te acostumbras… Es cuestión de simplemente acostumbrarte a un hábito distinto. No creo que sea como un país distinto, culturalmente tenemos cosas distintas, pero culturalmente las tendremos también un andaluz con un castellano, de hecho las había, o un murciano con un castellano o incluso con un madrileño, aunque no es tan exagerado. Sólo que veo que cuando estás dentro de Canarias te das cuenta de las dificultades que puedes vivir y la hipocresía que tiene la gente al decir «no, es que hay cosas que hay que dar por España, por el bien español», ¿pero a cambio de qué?

CANARIOS Y ESPAÑA

Se dice que estamos aplatanados, o que no se nos entiende al hablar. Ese mito del «*muyayo*» no lo entiendo yo, yo digo muchacho o *chacho*.

—Aplatanados es porque se supone que con el calor de aquí somos más pausados.
—Más lentos.
—Y es verdad, porque yo me he visto en el supermercado en Salamanca y aquello es todo rápido, y tú, «coño, id más lento».

—En Madrid la gente en las calles caminando a fuego, tienen más prisa para ir a todos lados, y aquí vamos más relajados.

—Son tópicos superlativos. ¿Los andaluces están todo el día de siesta y no trabajan? No. ¿Los catalanes son unos agarrados? No. ¿Los madrileños son unos chulos? No. ¿Los gallegos son torpes? No. Evidentemente te encontrarás casos en que una persona sea así.

—En Madrid me dijeron que si era latinoamericano.

—Uf, sí, muchísimo.

—Típico, a mí también.

—Cuando usas el «ustedes» mucha gente se choca: «¿Pero tú eres de Argentina?».

—«¿Tú de dónde eres? ¿No eres español, verdad?».

—Por ejemplo, te dicen chileno o ecuatoriano.

—Cada una de las islas tiene su sonido, su musicalidad.

—La Palma, por ejemplo, tiene mucho de Cuba, por muchas migraciones cubanas que hubieron. Tengo amigos que hablan casi como cubanos.

—Canarias no es conocida en la península, para nada.

—Lo único que sé es que nos consideran una tierra lejana. Recuerdo una vez en una competición de artes marciales que fui a la península y me dijeron: «¿De dónde vienes?», y digo Tenerife, Canarias, y la reacción fue: «¡Tan lejos! ¡Tan lejos, mi madre!», como que estamos *pa'l* quinto pino.

—Y comentarios como «¡ah!, ¿y ustedes llevan esta ropa también tan moderna?», y lo típico: «¿Y cómo atraviesan la barrera?», y yo: «¿Qué barrera?». «La barrera que se ve en el mapa».

—O cuando Canarias en el mapa estaba en el meridiano de Greenwich y creían que estaba debajo de Murcia.

—Ja, ja, ja.

—Sí, sí, eso es en serio, no es una broma, en serio la gente lo ha preguntado.

—Y hasta los políticos se confunden. Don Manuel Soria del Partido Popular, si ves un vídeo de él se confunde con que Canarias todavía estaba en el meridiano de Greenwich, justo debajo de Murcia. Lo dijo en una conferencia.

CANARIAS

—Entre Tenerife y Gran Canaria hay un pique muy similar, como la Coruña y Vigo, o Barcelona y Madrid.
—Tenemos doble provincia. Han competido a lo largo de la historia sobre quién es más económica, sobre todo con la construcción de muelles. Ha habido una separación donde una parte es Gran Canaria, Lanzarote y Fuerteventura y la otra parte Tenerife, La Palma, El Hierro y La Gomera.

—Tenemos motes, los de ahí son canariones.
—Y nosotros somos chicharreros, hasta tenemos una canción.
—Pero todas las islas tienen un nombre, están los conejeros, los herreños, los palmeros, los gomeros y los majoreros.

—Canarias ahora mismo tiene la tasa de paro más alta.
—Nos tienen olvidados, no interesa Canarias, no importa.
—En subvenciones somos en los que menos invierten, sobre todo en prestaciones sociales. No llegamos ni en lo que invierten en Extremadura y Andalucía.

—Nosotros estamos aislados en nuestras siete islas, hablando entre nosotros, no es lo mismo que los madrileños o catalanes que las tierras están pegadas y durante toda su vida y por 30 € pueden verse. Nosotros para plantearnos un viaje a Madrid o a la península tenemos que rascarnos bien el bolsillo, porque no es lo mismo que coger un Renfe que vaya de Barcelona a Madrid. Tenemos el mar de por medio, y obviamente nuestro aislamiento con el mar ha hecho que seamos de otra forma.
—Tenemos ayudas y subvenciones a los viajes precisamente por eso. Pero yo no me veo distinto a alguien de la península o distintas zonas europeas.
—¿No te sientes distinto a otros países europeos?
—Yo no me siento distinto más allá de las propias tradiciones que tiene la persona. Y que sí, que tú te vas a encontrar gente del este, rusos, ucranianos y demás que son gente más fría, pero es el carácter, y también los nórdicos. Y la gente del mediterráneo es más abierta.
—Eso, a países del Mediterráneo sí me siento muy unida.

—Y no a los del norte, yo no me siento nada unida.

—Yo no he dicho unido, he dicho que no me veo diferente.

TOROS

En Canarias los toros se quitaron antes que en Cataluña.

Yo hasta que no salí a la península no sabía que aún existían, creía que ya se había eliminado todo el rollo de los toros.

Estamos en contra de los toros, por el maltrato animal, por el genocidio animal. Lo llaman arte y no sé dónde ven arte.

Aquí no hay toros por la dificultad económica de transportar los toros, porque en Canarias no existen esos toros. Se quitaron por un tema económico y no ético.

Se desconoce en la península que en Canarias se quitaron los toros porque no fue necesario usar ese dato como arma arrojadiza. Si hubiera sido necesario lo hubiesen puesto en todos los medios, como pasó con Cataluña.

MEDIOS DE COMUNICACIÓN

La gente cuando lee los periódicos o ve los medios sólo escucha lo que quiere oír. Por eso mismo la gente de izquierdas te va a leer *Público*, *El Diario* y *20 minutos* y va a dar por bueno todo eso, y la gente de derechas te va a leer *Libertad Digital*, *La Razón* y *ABC*, y va a dar por bueno eso.

ESPAÑA

No se viaja mucho dentro de España como para poder conocer a las otras personas, y obviamente si no se viaja no hay conocimiento de fuera, aparte de tu región.

Creo que no sabemos mucho de otras comunidades, falta el conocimiento entre unas comunidades y otras, y en realidad podríamos tener esa cierta unión.

INDEPENDENCIA

Tenerife ha tenido su propio grupo armado en los 70, que hacía atentados pidiendo la independencia. El mayor independentista de aquí, el que montó el movimiento de independentistas más fuerte, no era canario, nació en Valladolid: Antonio Cubillo.

Mucha gente piensa en ser independiente sin pensar cómo. Pienso que lo que sí favorecería es tener más soberanía, no ser independiente 100 %. Si por ejemplo Canarias se convierte en un futuro en un sitio que lo utilizaran como punto estratégico para una guerra, o para explotarla y satisfacer otra gente de fuera y los canarios que nos vayamos al carajo, entonces diría que sí, vamos a ser independientes porque están utilizando Canarias como suministro para otra gente. Pero lo que sí pediría desde ya es más soberanismo.

—Si el pueblo de Cataluña quiere votar, yo lo veo bien. Tienen todo el derecho a elegir. Lo que pasa es que el Gobierno español pone las trabas porque obviamente Cataluña es una comunidad de las que más dinero genera. Perder Cataluña equivale a perder una gran fuente de dinero.
—Porque es una de las pocas comunidades que no se ha limitado al turismo. España una vez entró a la Unión Europea, Canarias se limitó al turismo, y una de las comunidades que no se limitó sólo al turismo y siguió fomentando y explotando los otros sectores de comercio, de producción agrícola y más, es Cataluña.
—Y País Vasco sigue a Cataluña en ese aspecto.

CORRUPCIÓN Y POLÍTICOS

—Se nos ha educado en la picaresca española: «Es que el otro lo hace, ah, pues yo también lo hago».
—La educación ha sido un factor importante, sobre todo por la forma de educar. No educan para trabajar en equipo, trabajar en

cooperación para ayudarse, nos han educado en la competitividad para ser mejor que el otro.

—Para ser individualistas.

—Cuando hablamos de educación hablamos en general, el contexto que rodea a la persona.

—La corrupción es de la gente que tiene el poder.

—No, es de todo el mundo.

—Tenemos la capacidad de ser buenos o malos, pero lo que falla es el sistema penal, la justicia no es igual para todos. Muchos han robado millones y no son ni multados.

—España no es un país democrático. No se nos da al pueblo casi ninguna libertad, ni de expresión ni soberanía, se nos engaña constantemente, se nos omite información, se nos eliminan las posibilidades de protesta como ciudadanos. No puede decirse que un gobierno es democrático cuando nuestros propios derechos están siendo cada vez más limitados.

—Es la teoría de la rana y la sopa: si pones la rana en una sopa caliente la rana salta pero si la vas calentando se queda allí y fallece la rana. Pues lo mismo con las leyes: si tú quitas las leyes de golpe tienes una revolución, pero si vas poco a poco quitando, la gente no se entera, lo va asimilando y conformando, y así la gente no protesta, no lucha y no hay una revolución.

—Yo sí creo que es un país democrático. Hay elecciones, el pueblo sigue teniendo posibilidades de elegir. ¿Y qué significa democracia? El poder del pueblo.

Sólo votamos quién va a ser el presidente, pero no votamos quiénes van a estar de ministros. Por ejemplo Rajoy no los nombró hasta que fue elegido presidente del Gobierno.

MONARQUÍA

Una de las cuestiones por las cuales no estamos en democracia. Porque se supone que una de las decisiones más grandes que se tiene que tomar es si queremos vivir en una república o seguir en una monarquía, y no se nos hace esa pregunta.

El rey representa una figura simbólica que hace que haya pactos con otros países, que haya relaciones comerciales con otros países. No tiene por qué usarse la figura del rey para eso, los reyes son cosa del pasado y de otro sistema, ni siquiera del capitalismo, lo veo más del imperialismo.

Más reyes no queremos.

RELIGIÓN

—Yo soy ateo pero España es un país religioso y Canarias ni te cuento. El Estado ha utilizado la religión para manipular y darle poder, sobre todo Franco ha utilizado mucho la Iglesia, porque la religión sirve para controlar las masas. ¿Con los presupuestos generales cuánto recibe al año la Iglesia? 11.000.000 de euros. Luego de la Iglesia se dice que es buena porque utiliza Cáritas, cuando esto es un negocio. España es católica porque el Gobierno necesita que España sea católica para controlar las masas.
—No creo que el Gobierno use la religión para controlar, pero los partidos que son católicos, pro-vida y todas estas cosas, usan la religión para atraer votos.
—La religión debería ser algo optativo para la gente que quiera seguir creyendo, pero que no tenga nada que ver con la forma de gobernar ni con el Estado. Y que quiten los presupuestos excesivos que tiene la Iglesia.
—La religión es una cuestión de existencia, mientras que las ideologías son una cuestión de creencias en el sistema económico en el que queremos estar arraigados. Juntar una cosa con la otra es perjudicial porque no se habla de ética, sino de dioses.

FRANCO

Piensa que históricamente el franquismo empezó aquí, porque Franco estaba destinado en Tenerife. Aquí fue donde planeó el golpe de Estado y luego ya fue para la península. Incluso Canarias, en el ámbito de de Guerra Civil, tenía más porcentaje de gente que fue con el lado franquista que con el lado republicano. Nos ha tocado muchas veces el lado oscuro de la moneda, por desgracia.

—La época de Franco aún sigue, sobre todo en la política y socialmente hay grupos de extrema derecha.
—Y la frase: «Con Franco se vivía mejor».
—Hay una cosa que me está dando mucho miedo, y es que la crisis es tan jodida que últimamente estoy teniendo conversaciones en las que hay gente que está empezando a hablarme bien de Franco, incluso gente de izquierdas. Dicen: «Esto ya es peor que la dictadura de Franco». Nos estamos olvidando de la memoria histórica, repitiendo los mismos errores.

Francisco – 1953 – Canario (Las Palmas de Gran Canaria) – Marino
Félix Quesada – 1946 – Canario (Las Palmas de Gran Canaria) – Marino
Juan Bentacor – 1956 – Canario (Lanzarote) – Marinero

Estuve en el servicio militar, en Vigo, y todavía decían que Canarias no era España. Es que de hecho todavía la mayoría de la península no sabe dónde quedan las islas Canarias. Vas a los colegios de allí y no tienen ni idea de Canarias; en cambio de aquí sí saben dónde está Sevilla y cualquier parte de España.

CANARIAS

Cuando aquí a un español le llaman godo, se están acordando de su madre.

Y del dicho está el hecho: «Canarias ya no es Canarias, porque está llena de godos, querido padre Teide, levántate y dale a por culo a todos».

ESPAÑA Y DICTADURA

Yo fui a la mili con Franco, en el año 66, y de Franco a ahora he visto una diferencia tremenda. Las únicas libertades que Franco tenía recortadas, para mí, es que no se podía ver una teta, o dar un beso en el cine. Ahora hay más restricciones para la libertad que antes. Si yo salgo ahora por protestar por cualquier cosa que haya hecho Rajoy, me ponen 30.000 euros de multa. No me siento muy cercano a España. Me siento más marroquí que español, le debo más a Marruecos que a España. Estuve navegando en Marruecos, he estado navegando por medio mundo, es más, en España hostias en vinagre. Tengo una hija que está en Australia porque aquí no consigue trabajo y tiene dos licenciaturas en Ingeniería. Cuando salió de aquí le dije: «No mires *pa'trás*, de España ni te acuerdes, esa palabra la borras de tu lenguaje».

EDUCACIÓN Y TRABAJO

Yo tengo mi hija que fue a la Pontificia de Salamanca, me gasté un dineral, se sacó dos carreras y está en mi casa. ¿Y sabes por qué? Porque hace ocho o diez años me dijeron en Salamanca que las que salían de allí al día siguiente tenían trabajo. Hoy si los cogiera les cortaba el pescuezo.

ESPAÑOLES Y EUROPEOS

La gente de aquí vive más *pa'fuera* que los de fuera *pa'cá*.

Cuando mandaba Felipe González, había en Bélgica unos letreros en los bares que decían: «Se prohíbe entrar a gallegos, perros y españoles».

Los españoles diferenciándolos de los de Canarias, son acomplejados. Cuando hablan de Europa es como si tuvieran un complejo de los alemanes, o de los franceses o ingleses. Cuando hablemos de la igualdad en Europa, hablemos de que el albañil que trabaja en España cobre igual que lo que cobra el alemán.

INMIGRACIÓN

He navegado por media África, he vivido muchos años en esa zona. Si en vez de ser ellos los que vienen *pa'quí* somos nosotros que vamos *pa'llá*, los pueblos de allí en la misma playa te matan a palos. El verdadero racista es el negro. En el sur de Nigeria con veinte y pico años, soltero, voy a una discoteca, voy a entrar con una chica negra, y un negro me pone la mano delante y me dice «no, no, blanco sí, negro no», y yo ¿qué pasa?, ¿que los que están allí son amarillos? Y al final era que los que estaban dentro tenían dinero y la negra no tenía dinero.

SANIDAD

Si estás estudiando en la península y caes enfermo, tienes que ponerte de residente allí porque la sanidad de Canarias no te cubre allí, y al hacerte residente allí cuando quieres venirte para acá los billetes son más caros. Si somos España debería tener derecho a médico aquí como en el último rincón de España, pues no, tengo que ponerme de residencia allí y quitarme la de aquí. ¿Esta es la solidaridad que tenemos allí? ¿Por qué tengo yo que renegar de mi tierra si sólo estoy de transeúnte por unos estudios que estoy haciendo? Así que fíjate la solidaridad que tienen.

NACIONALISMO E INDEPENDENCIA

Una cosa es la obligación y otra cosa es el sentimiento; el sentimiento de tu tierra no hay nadie que te lo quite, pero es un sentimiento propio. Pero con el sentimiento tú no vas a vivir, no vas a comer, no vas a hacer nada.

Me siento canario y me gustaría que un día esto fuera un territorio independiente.

Nosotros tenemos más motivos, sesenta mil veces más, para ser independientes que Cataluña. Porque a Cataluña le dan todo y a nosotros no nos dan nada. Ahora, si un día nos despertamos, España que se agarre los calzoncillos.

Vamos a ver, ¿cómo me puedo sentir representado por una presidencia que de mí no se acuerda? Porque él se acuerda de mí simplemente para abrir la mano: dame, dame, dame.

Creo que al catalán se le está dando más de la cuenta. Por mí mañana mismo, si se quieren marcharse, ¡vete! Pero primero que pague las deudas.

¿Por qué no deberíamos dejar que voten por la independencia los catalanes? Lo que no entiendo es por qué Artur Mas, cuando tenga la mayoría absoluta, no dice allí en el propio Parlamento catalán: «Señores, vamos a declarar la independencia». Y te dejas de historias y complicaciones. ¿Por qué no lo hacen? Son los que representan al pueblo, son mayoría, si tienen mayoría tienen suficientes cartas para jugarlas.

MEDIOS DE COMUNICACIÓN

Yo he ido a Barcelona un montón de veces y lo que yo veo por la tele no es lo que yo percibo allí. Los veo muy amables y tranquilos, y no las tonterías que dicen en la tele.

POLÍTICA

España no es democrática. La democracia es igual que la vergüenza, no existe en España. Si hubiera vergüenza ya habrían dimitido un montón de ministros y el primero que hubiera dimitido es el presidente del Gobierno.

Si el Partido Popular tuviera vergüenza no pondría una gaviota de representante del partido; una gaviota es un ave carroñera. Además la gaviota no trabaja, roba, la gaviota no pesca, va a robar lo que otro pesca. Tienen el ejemplo de la corrupción de su partido en la gaviota.

MONARQUÍA

¿Y por qué está él y no la hermana que es más vieja? Si la herencia es basada en el primogénito, ¿por qué está él? La Constitución proclama la igualdad, ¿no?

Los únicos reyes útiles que hay son los de la baraja.

FRANCO

Todo Canarias era inglés, estaba todo abandonado, fue Franco quien lo recuperó. Si no fuera por él, seríamos ingleses o independientes.

Con Franco no estaríamos hablando aquí de esto. Pero sí te digo una cosa, en la época de Franco esto estaba lleno, entre las mesas aquí había que buscar hueco para meterse dentro. La democracia se ha cargado el puerto, se lo ha cargado todo.

Cataluña

Joan Crespo – 1984 – Catalán (Manresa) – Responsable comercial
Huvirgel Cuadrado – 1981 – Catalán (Manresa) – Carpintero

Joan: Tengo la mitad de la familia catalana, y los padres de mi padre son de Valencia y Almería.

Huvi: Mis padres son andaluces. A mi padre le preguntas por qué no te vuelves a tu tierra y te dice que su tierra es donde está. Se siente medio catalán, aunque en 45 años que lleva aquí no habla catalán.

IDIOMAS

Joan: Si viene un amigo de fuera que no entiende el catalán, y yo a ti te hablo catalán y él no lo entiende, evidentemente estoy siendo maleducado. Sea español inglés o de la Cochinchina. Lo que no me parece bien es que digan que debo hablar en castellano con otra persona que habla castellano pero sabe catalán, si esa persona entiende el catalán, ¿por qué debo dejar de hablar en catalán? Por ejemplo, Huvi siempre habla en castellano y yo en catalán y viceversa, a veces él habla en catalán y yo en castellano. En Cataluña cada uno habla con el idioma con el que se siente más cómodo.

Huvi: La mayoría de mis amigos hablan en catalán y yo hablo en castellano, y nunca me han pedido que les hable en catalán.

Joan: Es algo que nunca nos planteamos, que cada uno hable como quiera. Yo tenía un jefe que me hablaba en castellano y yo le hablaba en catalán, y nos entendíamos perfectamente. Porque él se expresaba mucho mejor en castellano y yo en catalán, y los dos entendíamos los dos idiomas.

Huvi: El resto de España debería entender este comportamiento, se basa en hacerte entender de la manera más fácil. Si todos sabemos catalán que cada uno hable como quiera.

Joan: No me planteo si el resto de España entiende este comportamiento, realmente me da absolutamente igual, es su problema. Porque yo sé que no estoy haciendo daño a nadie. Yo me expreso como quiero y mi amigo se expresa como él quiere.

Joan: A veces lo que pasa es que si estás acostumbrado a hablar en catalán con tu amigo, y viene alguien que no entiende castellano, te cuesta hablar en castellano cuando miras a tu amigo, porque no estás acostumbrado a hablarle en castellano. Pero no es por mala educación, no es que quieras que no te entienda quien no sabe catalán, es que no te sale tan fácil cambiar de idioma cuando miras a alguien a quien siempre le has hablado con un idioma.

Joan: El idioma que se habla en Barcelona es el castellano, no es el catalán. Tú me puedes hablar en castellano pero puedes ser de cualquier lugar de Cataluña. Si yo te hablo en catalán y tú no me entiendes, me dices «Joan, que soy de Málaga», y yo encantado de la vida te hablaré en castellano, pero claro, si tú no me lo dices… Hombre, al final detectaré que no pillas nada.

Joan: En algunas zonas muy residuales de Cataluña no saben hablar bien en castellano, pero lo entienden y saben expresarse perfectamente. ¿Me estás diciendo que un catalán de Lérida, o un pueblo de Gerona habla peor el castellano que un andaluz? A mí a veces me cuesta entender a un andaluz.

Joan: Aquí no tenemos conflicto con el idioma, hay conflictos en las Baleares o Valencia, pero no aquí. ¿Por qué el Partido Popular prohíbe la televisión catalana en Valencia? Porque hablan catalán. Si hablaran español seguro que no la prohíben. ¿Qué sacan de prohibir el catalán en Valencia? Pues que la gente cada vez hable menos el catalán. Llámale catalán o valenciano, me da absolutamente igual, para mí es el mismo idioma. Pero la evolución del valenciano de los últimos 40 o 50 años, es que cada vez se habla menos, porque ponen trabas.

EDUCACIÓN

Huvi: El porcentaje del catalán en las escuelas siempre tiene que ser mayor que el castellano y el inglés, porque vives en Cataluña, y esa comunidad autónoma tiene un idioma, y ese idioma tienes que respetarlo.

Joan: El modelo lingüístico catalán lleva 30 años demostrando que funciona. El catalán es un idioma muy débil, y cuanta más inmigración hay, cada vez es más débil, porque el español es un idioma muy potente, el catalán se tiene que proteger. Tenemos que vigilar los idiomas minoritarios para protegerlos.

Huvi: Si vienes a Cataluña a crear una nueva vida, en un lugar con una lengua diferente donde se usa en el día a día, como el catalán, debes estudiar en catalán, que es la lengua de donde tú a partir de ahora vas a vivir. En el caso en que sólo vengas una temporada a estudiar entonces sí que deberías poder estudiar sólo en castellano.

Joan: Cuando tú te vas a hacer un Erasmus a Irlanda, ¿verdad que no te entran estas dudas? Porque allí sabes que hablan inglés. Pues a mí me gustaría que la gente supiera que en Cataluña se habla catalán y que no es malo. Me gustaría que la gente no creyera que hablamos catalán para joder España, no es así, hablo catalán porque es mi idioma.

Huvi: Creo que las universidades en las que viene gente del resto de toda España, la educación debería seguir siendo en castellano para facilitar la formación.

Joan: Yo no estoy de acuerdo. Si me voy a Londres a estudiar una carrera no voy a exigir que hablen en castellano, porque su idioma es el inglés. Y en Cataluña, aunque esté dentro de España, el idioma principal es el catalán. Porque me venga una sola persona de Castilla-La Mancha no vamos a cambiar el idioma.

Huvi: Pero no te va a venir una sola persona.

Joan: Ni que me vengan diez, y digo un español como si viene un italiano. Si estoy estudiando en la universidad y me viene un italiano y me dice que se tiene que hacer en italiano porque se tiene que hacer más fácil para él, le diré que no.

Huvi: ¿Pero entonces no le estás complicando la vida al resto de españoles que vienen a aprender aquí?

Joan: Primero vamos a hablar de por qué vienen aquí a estudiar. ¿Es porque a lo mejor hay una carrera que sólo se puede estudiar en Cataluña? Eso no es problema de Cataluña, sino del resto de España.

Huvi: Pero si el profesor sabe hablar castellano, ¿por qué te niegas? ¿Qué te aporta negarte? Nada. Son tus ideales, sí, ¿pero te aporta algo bueno? No.

Joan: Pero si eso pasa en todos los sitios no vamos a aprender en catalán, no vamos a estudiar en catalán, va a desaparecer el catalán.

Huvi: Sí, a mí me han catalanizado. Pero no siento que me hayan hecho crecer con unas ideas más catalanas que españolas. Estudiando geografía me he aprendido todos los ríos de Cataluña y los principales de España, pero evidentemente si vivo en Cataluña aprenderé antes los de mi comunidad que los del resto.

Huvi: Nos deberían españolizar pero sin prohibir lo nuestro.

Joan: No puedes españolizar a nadie, ni catalanizar. Tú estás educando a unas personas con unos criterios, con una moral y con unas fórmulas. Lo que no puede ser es que desde la Transición, cada partido político que ha gobernado ha montado un plan de educación particular. ¿Por qué no se forma un formato genérico? Ahora han hecho una ley por la que te obligan a estudiar religión. ¿Por qué tienen que obligar a mi hijo a estudiar religión si yo no creo en Dios?

RELIGIÓN

Huvi: No creo que se deba enseñar religión en la escuela.

Joan: Y él cree mucho en Dios, y yo nada.

Huvi: Creo que la religión está por encima de la política a día de hoy, incluso genera más daño que la política. La religión es una cuestión de fe, no tiene que ser una asignatura que te pongan en el colegio. Cuando la gente sepa qué es la fe entonces que lo valore, pero no en un colegio. En mi época se hacía ética o religión, y elegí ética.

Joan: Los políticos quieren hacer España más religiosa de lo que es. Si es que la mayoría de los políticos del PP son del Opus.

Huvi: Tampoco creo que sea un tema que preocupe muchos a los españoles.

Joan: Creo que en la zona de Andalucía son mucho más religiosos que lo que es el norte. Ahora que estamos en Semana Santa con todo el tema de las vírgenes que sacan a pasear y todas estas cosas. En mi entorno la gente cada vez es mucho menos religiosa, prácticamente nada.

FÚTBOL

Huvi: En el deporte no debería haber política. Si fuera el presidente de la Federación Española prohibiría todas las banderas en los estadios, sólo banderas de fútbol.

Huvi: En las Olimpiadas que se hicieron en Barcelona en el 92 la gente no tenía tantos prejuicios con las banderas. Ahora la gente tiene más prejuicios, en el Camp Nou no vas a ver una bandera Española, y si la hay te la van a hacer quitar. Yo lo he visto en directo, estaba en el palco y salió uno de Málaga que era culé, y el club se la hizo quitar.

NACIONALISMO

Huvi: Me siento español, pero como español España no me deja crecer como catalán.

Huvi: Es raro que alguien catalán se sienta español. Años atrás me compré las camisetas de la selección española, pero ha pasado el tiempo y yo no veo el momento de ponerme la camiseta de la selección, porque no quiero vincularme a ese escudo. Porque ese escudo que representa un país, a mí no me aporta nada como catalán. Me está poniendo muchas trabas para hacer algo que yo quiero hacer, que me aporta beneficios a mí.

Joan: Yo soy español igual que catalán, a nivel legal. Pero no me siento español, me siento catalán, y realmente me gustaría sentirme español. Ves los ingleses, los franceses, los alemanes, los italianos, argentinos, brasileños, uruguayos, americanos; todos se sienten orgullosos de su país, pero yo estoy en un país en el que no me siento para nada orgulloso, incluso me da vergüenza decir que soy español. Y no por la gente de España, que son exactamente iguales o incluso mejores que yo, pero la forma en cómo está gestionada España políticamente no me gusta para nada, no me siento nada, nada español.

Joan: No he estado en Extremadura, ni en Andalucía, ni en Galicia, ni en Cantabria, no he estado en muchas comunidades autónomas, no puedo opinar de un castellano y manchego si no he estado en Castilla-La Mancha, pero no puedo decir que me sienta orgulloso de ser español. En cambio me siento muy orgulloso de ser catalán, y siempre lo defenderé. Y tampoco me siento orgulloso de los políticos catalanes, pero me gusta el conjunto, las tradiciones que tenemos aquí, la prohibición del toro.

TOROS

Huvi: Estoy totalmente en contra de los toros, y creo que no tiene nada que ver con sentirse o no castizo. Con los toros uno no se puede sentir más o menos español. Los toros son una aberración contra los animales.

Joan: Para mí no matar el toro es una evolución, como fue en su momento el fin del circo romano.

Joan: Es posible que haya desconocimiento sobre la tortura de los animales que nos comemos, pero una cosa no justifica lo otro. Además tú pagas para ver a un animal sufrir.

Joan: Hay gente que dice que incluso los encierros son malos para el animal. Echar un animal correr calle abajo no creo que sea malo.

FRANCO

Huvi: Mira si es preocupante cómo está el país que la gente se acuerda de Franco. Hemos llegado al límite en que la gente dice: «Es que estábamos mejor con Franco». Mis padres no son franquistas pero a veces me han puesto el ejemplo. Para llegar a ese punto significa que estamos muy mal.

Joan: Cualquier persona que me diga «gracias a Franco tenéis…», no me merece ningún tipo de respeto. Una persona que ha matado a miles de personas… Una de las vergüenzas más grandes que hay en este país es que hay calles que se llaman Francisco Franco, hay estatuas de Franco, hay un partido que se llama la Falange, que puedes votarlo. Vete a Alemania y vota a un partido nazi; no existen.

Huvi: Pero Franco hizo muchas cosas por Cataluña, será dictador pero no quiere decir que sea gilipollas. Franco dijo: «¿Dónde pongo la industria? Salida a Europa, vamos *pa'llá*», y puso la industria en Cataluña, al borde de Europa. No hay que ser ingeniero para ver estas cosas.

Joan: Yo dudo que fuera así.

Joan: No me puedo sentir cómodo en un país donde hay un partido político que se llama la Falange Española, ¡y existe la fundación de Francisco Franco! Para mí es inconcebible.

Huvi: Pero poner en tela de juicio los ideales de otra persona no te hace mejor que ellos, te pone en el mismo nivel. Tú criticas que sean fachas; perdona, facha es todo aquel que lleva a lo radical su pensamiento político. Uno que es independentista radical también puede ser un fascista, porque rechaza todo lo que no piensa él. ¿Que uno quiere pensar así? Bueno, tienes que dejar que piense así. La libertad de expresión es para todo el mundo por igual.

Joan: No estoy de acuerdo, porque estás defendiendo un partido político que exige matar a gente.

Huvi: ¿Quién exige matar a gente?

Joan: La Falange Española, Franco mató un montón de gente.

Joan: La diferencia de Franco con el resto de dictadores es que Franco es el único que ganó la guerra. Y la historia la hace quien gana la guerra. Hitler perdió la guerra, Mussolini también la palmó, pero Franco no, ¡Franco murió en su cama!

Huvi: Creo que la gente no es muy consciente del daño que hizo Franco a Cataluña.

LA TRANSICIÓN

Joan: La Transición fue una estafa y sólo voy a poner un ejemplo, Fraga. Un franquista declarado, que ha firmado sentencias de muerte y se enterró con honores. Para mí eso es una vergüenza, y ni he vivido la Guerra Civil. Cuando se firmó la Transición se firmó un decreto donde se dijo: «Todo lo que ha pasado desde ahora hacia atrás queda eliminado». La Transición sirvió para que los que mandaban antes siguieran mandando de otra forma.

Huvi: Si le preguntas a los que vivieron la época de Franco si estamos en democracia, para ellos ahora sí estamos en una auténtica democracia, porque vivieron esa época. Pero la gente que no hemos vivido una guerra ni una dictadura como ellos, enseguida nos sentimos como dictados por alguien, y a la palabra democracia creemos que debemos sacarle más partido. Sí vivimos en una democracia, pero no la sentimos así.

Joan: No somos un país democrático, ¿un país democrático es el que impone las leyes o veta consultas populares?

MONARQUÍA

Joan: Con la monarquía tengo un amor-odio, soy antimonárquico, pero considero que el tío más preparado para llevar el país es el rey Felipe. Es una persona que desde que nació se la ha formado para gobernar. Pero no debería haber un rey.
Huvi: A mí no me molesta.

Joan: La monarquía es un concepto antiguo, anclado al pasado. ¿Qué se han ganado esta gente? ¿Ser hijo de su padre? No considero que sea algo bueno para la democracia.

LA CONSTITUCIÓN

Joan: La Constitución no se puede tocar desde el año 78, eso sí, viene la canciller alemana Merkel con un bastón y te dice: «Tú, o me la cambias este fin de semana o te vas a tomar por culo». Partido Popular y PSOE se juntan, se dan un besito y te la cambian en un fin de semana con nocturnidad y alevosía. Pero te vienen los catalanes, que son de tu propio país, que te generan riqueza, y te dicen «oye, ¿por qué no gestionamos esto?», y te contestan «no se puede tocar, es intocable». Ves que algo no funciona, que todo va por intereses.

INDEPENDENCIA

Huvi: Llevo 33 años sin votar.
Joan: Esto es muy bueno, votó sólo un día, ¿qué día votaste?
Huvi: Voté el día de la consulta. No creo en ningún partido político, pero aquel día creo que era histórico para que el catalán se pudiera expresar y decir lo que realmente sentía, tuviera validez o no. Sentirse valorado como catalán, poder decir «me voy a expresar, voy a decir a la gente lo que pienso». Joan me acompañó, tiene hasta una foto que lo corrobora.

Huvi: No soy independentista.
Joan: Yo sí soy independentista, y deseo dejar de serlo. Si mañana Cataluña fuera independiente ya no sería independentista, sería

nacionalista catalán. He perdido toda esperanza de formar parte de una España como a mí me gustaría que fuera. Una España estilo Estados Unidos de América, que cada uno tiene su Estado, sus leyes, pero todos defienden la misma bandera, para mí eso aquí es imposible.

Huvi: Desde los 17 años somos amigos, pero yo tengo más esperanza en España que él. Tengo una mezcla de sentimientos. Creo que con la independencia no nos iría mal, creo que Cataluña tendría mucho futuro, pero a mí me gusta el resto de la península, no me molesta decir que soy español. Me molesta cómo está gestionada España.

Joan: Él a nivel sentimental no lo quiere, pero sabe que para los que vivimos aquí es lo mejor, quizá no para mañana, pero quizás sí para pasado mañana.

Huvi: Creo que los catalanes nos hemos parado a pensar dónde estamos estratégicamente y hemos visto que hacia Europa estamos muy bien, tenemos mar y aire. Y lanzamos una ofensiva al Estado: «Mira, tenemos estas cartas a favor, creo que durante muchos años hemos estado aportando mucho y creo que como una de las comunidades más fuertes, por no decir la más fuerte, dando siempre tanto y recibiendo tan poco, pues oye, queremos hacerlo por nuestra cuenta. Pero no tenemos nada en contra de vosotros, simplemente queremos esto porque creemos que estamos bien situados».

Joan: Huvi es más tolerante, en el sentido en que tiene más confianza en que las cosas se puedan arreglar, y yo soy del parecer que hace demasiados años que estamos con la misma mierda. Que si el Estatuto no, que si competencias aquí o allí. Al final digo, es que no quiero que decidan los políticos de Madrid, quiero que decidan mis políticos.

Joan: España siempre ha sido un país conquistador. Siempre ha impuesto sus pensamientos, y si no pensabas como ellos, pues no servías. ¿Qué hicieron en América? Fueron para allí, los exterminaron y tal. Eso es un extremo muy exagerado pero al final es lo que están haciendo con nosotros. Sacamos el Estatuto aprobado por el Parlamento de Cataluña y lo recortan por todos lados.

Joan: ¿Por qué el País Vasco tiene el concierto económico y nosotros no? Y ya no entro en el momento en que se decidió eso. ¿Por qué 30 o 40 años después de que dijimos que no, si ahora decimos que sí, no se nos da?

Joan: Si me respetaran no me querría independizar. Por mil cosas no me respetan: no aceptan mi lengua, no aceptan mi cultura, no aceptan que en Cataluña se prohíban los toros y en el resto de España no, no aceptan la inmersión lingüística… Tengo la sensación de que estoy en un país donde todo lo que hacen es para joderme.

Huvi: A veces te acuerdas de la abeja que te pica y no de las quinientas que no te han picado.

CORRUPCIÓN

Joan: La corrupción creo que es una mentalidad del país. Si eres un empresario o un trabajador y dices «¿con o sin IVA?», la gente de la calle tendría que decir «por favor, con IVA siempre», porque sabes que estás colaborando con el país, que estás aportando un dinero que es común, para hospitales, colegios, carreteras, etc. ¿Por qué está generalizado no pagar IVA? Primero por querer pagar menos de lo que toca, que es muy latino, ya no español, sino latino. Yo siempre he sido de pagar todo lo que *pertoca*, pero al final llega un punto en que dices: «¿Si yo pago este IVA dónde va este IVA? ¿Va para que el hospital vaya mejor? ¿Para que la escuela vaya mejor? A que no va para allí, a que va para el bolsillo del político o banquero de turno que se está forrando». Al final llega un punto en que dices: «Para que se lo quede él me lo quedo yo». Y eso es una cosa que me hace sentir mal conmigo mismo, porque yo quiero pagarlo todo, quiero que el Gobierno invierta el dinero en educación, cultura, etc.
Huvi: Siempre pierdes tú, el ciudadano. «El Gobierno no me da ayudas, me roba», pues a la mínima que puedes no le pagas el IVA.
Joan: Si la gente viera que todo lo que paga de impuestos generara beneficio común, la gente sería más honrada en ese aspecto.

ESPAÑA Y ESPAÑOLES

Joan: España está dividida entre el norte y el sur, y los del norte somos más norte-europeos que latinos.

Joan: Creo que el español, generalizando, es visceral, que vomita lo que piensa y siente, y no tolera el pensamiento diferente al suyo.
Huvi: Yo creo que antes de definir al español se debería preguntar de qué zona de España es el español, y a raíz de allí analizamos al español que tenemos enfrente. Somos diferentes entre nosotros.

Joan: El tema de la pela, de que el catalán sólo mira la pela, no es que seamos tacaños, simplemente somos ahorradores.
Huvi: Tópicos que no son reales, es real hasta que conoces a la persona. ¿Que el andaluz es vago? No, no es vago, mi padre lleva en Cataluña no sé cuántos años trabajando, haciendo malabares para mantener a cinco hijos, ¿cómo va a ser vago? «Es que se le pegó de los catalanes», no, no nos echemos flores.
Joan: Yo tampoco defiendo el concepto del vago, un andaluz no es vago, se le hace vago. Si trabajando seis meses puedes estar seis meses cobrando del paro, tú no eres vago, te hacen vago, porque te adaptas a esa forma. En Cataluña es impensable, porque ni que quisieras, no puedes hacerlo, no tenemos esa fórmula. Si yo trabajando seis meses al año pudiera estar seis meses en mi casa con mi mujer, saliendo a correr y comprándome un perro, ¡pues también lo haría!

Huvi: También entiendo que el Estado no nos quiera hacer caso según qué consultas, porque mantenemos a mucha gente. Cataluña y tres o cuatro comunidades autónomas más mantenemos en España.

Huvi: Cuando estoy fuera de España digo que soy de España.
Joan: Yo no, yo nunca. Me da vergüenza decir que soy español, no por los españoles, por la forma en que se ha gestionado el país desde hace muchos años.

Paula Casado – 1996 – Catalana (Sant Cugat) – Estudiante de Relaciones Internacionales

Mar Ortega – 1996 – Catalana (Barcelona) – Estudiante de Relaciones Internacionales

Jordi Pujol – 1995 – Catalán (Viladecavalls) – Estudiante de Relaciones Internacionales

Carlota – 1996 – Catalana (Barcelona) – Estudiante de Relaciones Internacionales

—¡Buf! Ya verás ahora para hablar en español fluidamente.
—Ja, ja, ja.

De Cataluña nos gusta la cultura, la mentalidad, la gente, el día a día, el sitio, todo, me encanta.

NACIONALISMO

—Me siento catalana, española, europea y del mundo, pero catalana al fin y al cabo, es algo de lo que no me pueden privar. Un español debería sentirse más puro si es catalán o vasco, porque tienes doble identidad, que las combinas y ya las tienes de nacimiento. Hay muchísimas cosas que son puramente catalanas a las que les sumas las españolas. Tenemos fiestas y celebraciones como Sant Jordi, súper intelectual, súper culto, la gente regala un libro y una rosa, hacemos los juegos florales, o sea vamos juntando cosas teniendo todo lo español y lo catalán. Para mí es como un punto superior. No me siento superior al resto, pero creo que gracias a mi bagaje, el que tengo por nacer, es más, se me añaden cosas.

—Yo soy de familia española, madrileña, pero he nacido aquí, toda mi vida aquí y me siento catalana. Yo no soy española, soy catalana y luego europea.

—Yo igual, catalán, no me siento español. Me gusta mucho la cultura española pero del mismo modo que me puede gustar la cultura francesa o inglesa. No me siento parte de la española.

—Yo igual que ellos.

—Yo soy la única que se siente española.

—Ella es la rarita de la clase.

—La queremos igual, ¡eh! Que nos llevamos muy bien.

—Se pueden tener amigos independentistas sin tú serlo. Se pueden tener y vivir muy tranquilo.

España hasta hace cuatro días mal contados ha salido de una dictadura que hacía bandera nacionalista, eso ha hecho mucho daño. Ahora ser español es ser un facha. Hay mucha gente que no quiere sentirse española porque no quiere ser una facha.

El problema es que tenemos que aceptar que en España hay diferentes culturas y diferentes naciones, por lo tanto no todo el mundo tiene que sentirse identificado por los mismos símbolos. Relacionamos el nacionalismo español con la no aceptación de nuestra propia cultura, con la represión que hubo años atrás.

FUEROS VASCOS

¿Por qué al País Vasco sí y a Cataluña no? ¿Cuántas naciones aceptamos que hay en España? Cataluña es una nación, País Vasco es una nación, Galicia es una nación, y las otras partes de España son territorios. Estas tres comunidades tendrían que ser naciones federadas o móntalo como quieras, pero este café es para todos, esto de inventarnos doce banderas y les hacemos creer que los catalanes son igual de distintos que los murcianos... Eso no funciona así. Es forzar la historia, es inventarse la historia.

CATALANES

—La mentalidad y la cultura catalana es muy diferente del resto de España, igual que si comparas un andaluz con un madrileño, son mundos distintos.

—No creo que el modo de pensar sea tan diferente, sino que a nosotros nos llega una cosa que creo que no es la realidad, o es sólo parte de la realidad, y a ellos les llega otra cosa que es sólo parte de la realidad. Creo que en Cataluña tenemos mucha cultura y tradiciones que en otras partes de España o no las tienen, o no les dan tanta importancia. A lo mejor porque aquí las queremos mucho, porque en general queremos mucho nuestra tierra.

—Sobre la opinión que tienen los españoles de los catalanes siempre está la idea de «qué rata es el catalán», «el catalán cree que es distinto», es una idea que es tan errónea que me hace gracia. Cuando vienen a Cataluña la típica frase es decir «ah, pues tampoco son tan ratas». Tienen una imagen de nosotros que es una burrada, una tontería, es como si dices que todos los del sur son unos vagos.

—Los catalanes no somos monstruos.

—Es recíproco, aquí si te sientes muy catalán no es malo, pero si te sientes muy español eres un facha. Hay estereotipos por ambos lados, y son ambos erróneos.

A veces me llaman facha por decir cosas españolas, pero yo también me harto a decir «independentista de mierda» y no tengo ningún complejo. Me gusta mucho ser española pero no soy ciega, los problemas los veo.

MEDIOS DE COMUNICACIÓN

Los estereotipos salen de la prensa. Se dice que hay un conflicto de idiomas aquí, que si a mí alguien me viene hablando español yo no le hablaré en castellano... Todo esto donde lo venden es donde interesa que tengan una mala imagen de Cataluña, y lo mismo pasa aquí.

Sí que aceptaría que hay una manipulación desde los medios de comunicación, al final todos los medios de comunicación manipulan, también manipulan a los españoles y catalanes para ser anti-independentistas, y también lo hacen los políticos. Desde la democracia más antigua los griegos también manipulaban a la población. Es trabajo de cada uno crearse su propia opinión escuchando de todos los lados.

Los españoles sólo tienen la mirada española. Será un periódico de derechas, izquierdas o de centro, pero en el tema catalán todos van hacia el mismo lado, el anti-independentismo, y los españoles sólo reciben propaganda anti-independentista.

INDEPENDENCIA

En la situación que estamos es un momento en el que en Cataluña es independentista o facha, no hay un punto medio.

No soy independentista, pero fui muy pro-consulta. No hay ninguna propuesta para la independencia. Tengo una empresa familiar que si hay independencia se va. Creo que la independencia no es la solución que necesita Cataluña, pero no puede quedarse como está ahora, decir que estamos bien como estamos es ser ciego.

Soy independentista. Al final somos una nación y esto no se nos puede arrebatar, digan lo que digan, inventen lo que inventen, nosotros no somos España. Sólo por este motivo deberíamos tener la soberanía para decidir si queremos ser independientes o no, y yo escojo el sí, y lo haré si me dejan votar o no me dejan votar.

En Francia también había distintas nacionalidades y distintas culturas, pero en su día se cargaron esas culturas y los hicieron a todos franceses, y ahora tienen un Estado centralizado y son muy felices todos, pero aquí van tarde.

Hace muchísimos años mis generaciones se manifestaron para quejarse, para que les dejaran votar, ¿y me estás privando a mí por un derecho por el que ya se luchó? No, esto sí que no, votaré lo que me dé la gana. Es puro miedo, miedo de que salga sí, pero con este miedo incrementan que salga sí. Provocando un enfado es lo peor.

—Soy independentista y no hay ninguna manera para que lo deje de ser, aunque siempre puedes tener un cambio ideológico. Para mí la independencia es para hacer un cambio de la sociedad catalana, para cambiarlo todo. A lo mejor si España se convirtiera en un país como el que yo quiero ideológicamente y Cataluña fuera un país gobernado por las derechas, a lo mejor, preferiría ser español, pero como no va a pasar. El independentismo lo he mamado siempre en casa. Pero en mi casa nunca me han dicho «tienes que ser independentista o tienes que odiar España», no.
—Ser independentista no es odiar España, no va ni siquiera ligado.
—Pero en España se creen esto.

—A mí la historia de España me la han enseñado igual que en el resto de España, y lo he comparado con gente, y aparte de eso, tuve la suerte de que también me enseñaran la historia catalana. En España te la pasarían por encima, supongo, pero a mí me la profundizaron. Pero la historia de España es la historia de España al fin y al cabo.
—Aquí tenemos la visión de las dos partes, y allí sólo tienen la historia de España.

EDUCACIÓN E IDIOMAS

Si vienes a vivir a Barcelona y llegas en Bachillerato no hace falta que estudies catalán, te puedes examinar de todo en castellano, esto es legalmente así. Pero para los demás hay un programa de adaptación. Por ejemplo, una de mis mejores amigas es de Cádiz, vino en tercero de la ESO, tenía que aprender en catalán y en un año escribía mejor catalán que yo. Tienes dos años de adaptación, te ayudan y te lo enseñan. Obviamente no te ponen en una clase de catalán y te dicen: «¡Hala!, pues como tus compañeros, ponte a hablar igual».

—La gente que dice que en Cataluña se debe estudiar en castellano porque es España, me parece que deberían venirse a Cataluña y preguntarle a la gente si le apetece que venga un español a decirle lo que tiene o no tiene que hacer, en un sitio donde no ha estado en su vida.

—En Cataluña hemos luchado mucho para que podamos hablar en catalán, y ahora ningún español va a venir a decirnos si podemos o no podemos hablar en catalán.

—Yo me he quejado cuando, en la asignatura de Historia en primero de la ESO, la profesora hablaba en catalán y el alumno contestaba en castellano, los profesores no le decían nada, por lo que yo le dije: «Tío, por favor, es una escuela en catalán, habla en catalán».

—Bueno, yo ya he discutido con ella alguna vez. Para mí lo que dices es buscar conflicto donde no lo hay. Si estamos haciendo historia y la hacemos en catalán, y el chico le habla en castellano porque le es más fácil, creo que lo natural tiene que pasar por encima de la imposición.

—Es muy radical esto, es de las pocas personas que he conocido que me dice esto. Es un caso raro, no es lo general. En mi clase somos 68 personas de las cuales 60 por rutina hablan en catalán, les contesto a todos los *profes* en castellano, y nadie me ha dicho nunca nada, es una conversación súper normal. Ellos me hablan en catalán y mi contestación es en castellano, y seguimos hablando sin ningún problema. La ley de inmersión lingüística no obliga a que el alumno hable en catalán.

—Que yo sepa no se obliga al alumno a hablar en catalán, decirle que conteste en catalán fue una decisión mía de lo que yo creo de cómo debe ser.

Que en una conversación media frase sea en catalán y la otra media en castellano, para una persona monolingüe obviamente le resulta muy raro pero para nosotros, que somos bilingües de nacimiento, nos parece lo más natural del mundo.

—A veces se dan situaciones en las que el catalanohablante habla en castellano y el castellanohablante habla en catalán, y se cruzan, y es lo más normal del mundo y lo más bonito, qué cojones, estamos hablando dos idiomas en una mesa.

—Es que a veces cambias el idioma y no te das ni cuenta.

—A mí me pasa con mis yayos que son andaluces, a veces estoy hablando con mi yaya castellano así, mal como lo hablo, y mi yaya está intentando hablar catalán, y mis neuronas están bien de momento.

—Mi abuelo con mi abuela igual, mi abuelo es de Murcia y mi abuela catalana. Mi abuela habla en catalán y mi abuelo le contesta en castellano.

—Ha habido mucha inmigración dentro del país, es muy difícil que alguien tenga los dos padres catalanes, o los dos padres andaluces, o todos sus abuelos catalanes.

—Yo siempre celebro la Nochebuena y al día siguiente la comida de Navidad.

—Sí, exacto.

Es muy típico decir las cosas más finas en catalán, suenan menos fuertes.

MARCA ESPAÑA

—Desde fuera se ve España como toros y flamenco, pero no tiene por qué serlo.

—Como la imagen del francés con la camisa a rayas y el pan bajo el brazo; hasta cierto punto son ciertos, pero hasta cierto punto.

—No nos sentimos identificados con el flamenco y los toros.

—Si me viene un canadiense, pues para que me diga Barça prefiero que me diga la sevillana y el toro.

—¿Sí?

—Ostras.

—Qué daño ha hecho esto.

—Que me diga Barça.

—Qué va, no, cuando viví en Canadá Cataluña estaba en el sur de Grecia, ¡de Grecia!

—Tienes que decir Barcelona.

TOROS

—Es una pena que esté prohibido.

—¿Una pena? Es una suerte.

—Es una pena, porque si no te gusta no lo mires. Ese prototipo de toro está hecho para eso, se moriría igualmente si no.

—¿Dónde crían estos toros que quieren ser torturados?

—No quieren ser torturados. Es un animal.

—¡Vamos a torturar animales!

—También se muere cuando le clavan por arriba la última, tampoco es tan exagerado, la descarga eléctrica en la cabeza tiene que doler más. Yo nunca lo vi como hacer sufrir a un animal, a mí me gustaba porque me parece que es un arte el del torero, que hay que tener valor para ponerse allí delante. Si me preguntas si quiero matar al animal, pues no, pero si me dices si quiero los toros, pues sí, porque para mí eso es un arte. Que lo prohíben, tampoco me voy a poner a quejarme mucho porque lo entiendo, pero mientras lo tuve, en la primera fila que estaba yo.

—Eso no es arte ni cultura.

—Tu qué vas a saber. Eso sí es cultura, que sea una mala cultura vale, pero es cultura.

—Vale es cultura, la cultura de la tortura. Para mí es perfecto que la prohíban, y además que no es mi cultura, no es mi tradición, y tengo un yayo que ama los toros.

RELIGIÓN

—Tú intentas meter ahora religión en España y España se levanta. No se puede decir que sea un país religioso.

—Yo lo veo más como que nos estamos librando poco a poco de la Iglesia más tradicional que estaba siempre unida al Gobierno. Pero aún faltan muchas cosas.

FRANQUISMO

—Hace muy poco que salimos de la dictadura, y no salimos muy bien.

—Al menos los que no éramos del todo españoles. El español, español, es aquel que no tenía ningún tipo de problema con la dictadura, es el que opina que Franco hizo cosas bien, «hizo alguna que otra cosa mal, pero qué querías que hiciera, estaba allí arriba, no se enteraba, le llamaba uno y le decía "¡aquí hay un catalán!", y lo tenía que matar»… Este es el prototipo español. Y Cataluña salió muy mal parada y cuando se acabó la dictadura no era como una victoria, era como «ya no hay más derrota que tener, más bajo no podías caer», y sales con otra mentalidad de allí.

—Y la Transición para mí no ha terminado, se dice que la Transición se acabó en el 78 con la Constitución, pero es una Constitución pactada con los franquistas, con los dictadores. Una Constitución debajo de la que aún vivimos. La relación del nacionalista español con el franquista es una de las muchas consecuencias que tiene esta transición.

—La época franquista aún sigue viva, porque si no el hecho de decir facha al español normal no existiría.

—Yo soy la típica persona que dice «bueno, Franco tampoco hizo las cosas tan mal».

—Buff…

—En Cataluña tienen esta reacción, y yo lo explico tranquilamente, pues mira los pantanos…

—No lo vamos a discutir, no se puede defender a un dictador.

—Te defiendo a cualquier dictador.

—¿Hizo cosas buenas? ¿Quién no ha hecho cosas buenas una vez en su vida?

—El problema que tienes tú es que te pesa más lo malo que lo bueno.

—No, no, no me jodas.

—Los únicos pantanos que hay en toda España sólo los ha hecho Franco, ¡los únicos!, nadie más ha hecho esa cosa buena que hizo «esporádicamente» una vez este tío. Sí, es verdad, ha matado a mucha gente y a catalanes, pero no pasa nada, lo hemos superado.

—¡No lo hemos superado!

—Pues es tu problema, no puedes comentar el tema entonces.

—¿Sabes qué pasa si en Alemania dices que Hitler hizo cosas buenas?

—Yo he dicho muchas veces a un alemán que Hitler hizo cosas buenas, me parece una estupidez decir que no.

MONARQUÍA

—Fuera, es vergonzoso, es una estupidez. Si tuviéramos un rey tipo la reina de Inglaterra, oye, bienvenidos. Un rey como la reina de Inglaterra es un relaciones públicas internacionales excelente.

—¿A quién representa la reina de Inglaterra? A todo el país, ¿no? ¿Y quién la ha elegido para que esté allí representándote?

—Eso es lo bueno, que le viene de cuna, desde que tiene capacidad de leer que lleva preparándose. El problema de la monarquía en España es que es chupar del bote.

—Monarquía ni en España ni en Inglaterra ni en ningún sitio. Monarquía es lo que nos queda de nuestros peores años como historia de la humanidad.

—Qué va, es la mejor capacidad de poder suave.

POLÍTICA Y CORRUPCIÓN

—España no es democrática, es una falsa democracia.

—¿Algún país de Europa es una democracia?

—¿Para mí? ¿Total? No.

Los políticos que tenemos, para gente que está estudiando relaciones internacionales o políticas, es vergonzoso. No es que sólo no se lo han preparado, es que encima es un cualquiera, inventan, engañan.

—Robar no es español, es de jeta, es mundial.

—Lo que pasa es que aquí no se está haciendo nada.

—Creo que es el sistema. ¿Todas las personas pueden llegar a ser corruptas? Sí. Hay sistemas donde es más difícil robar y también la ciudadanía tiene más moralidad política, para llamarlo de alguna manera. Por ejemplo, en los países del norte si saliera un caso de corrupción de lo que pasa aquí… Se montaría un jaleo.

—En España dejas una bici, aunque esté muy atada toda la noche, y te dejan el sillín. En Suiza a primera hora de la mañana apoyas la bici en una barra y a la noche aún tienes la bici allí.

—Claro, pero, ¿qué le pasa a alguien que roba una bici allí y qué le pasaría aquí? O ¿qué le pasa al político que roba tres millones allí y qué le pasa aquí?

—Aquí te roban la cartera y a los dos días te encuentras la misma persona que te la intenta volver a robar, y no pasa nada.

—Cuando el sistema está tan podrido como ahora, ¿ser antisistema es malo? Si el sistema es lo malo, ser antisistema tiende a lo bueno, ¿no?

FUNCIONARIOS

—Somos un país de funcionarios, es exagerado, se nos van los números un poco.

—Pero tener un país con muchos funcionarios no tiene por qué ser malo. Tenemos un mal sistema de funcionarios.

ESPAÑA

—Cuando salgo de viaje digo que soy de Barcelona, pero no me da cosa decir España, es la costumbre de decir que soy de Barcelona. Y cuando no entienden dónde está Barcelona ni España entonces digo Barça, y entonces ya cambia el chip, y dicen «¡aaah!», no sabrán dónde está pero te localizan un poco.

—Yo primero digo Cataluña, flipan, están un rato a ver si les explota la cabeza, entonces digo Barcelona y entonces ya, si no saben dónde es, digo España y les explico un poco. Hago adoctrinamiento internacional cuando viajo. Les explico que hay una parte pequeña, Cataluña, donde hay bastante gente a la que no le gustaría ser parte de España, pero que no nos dejan votar. Mi pequeño grano de arena en el proceso.

—De la bandera de España lo único que me produce rechazo es que no tenga la libertad de si me da la gana pisarla, quemarla y machacarla. Un estadounidense, si algo tiene, es la máxima libertad de expresión: pueden quemar, pisar, y pintar la bandera. Es una bandera, y si la quieres la destrozas y si no, no la destrozas.

—Siempre que seas estadounidense, no se te ocurra ir con turbante y hacer esto que te encierran en Guantánamo.

—Eso está claro, pero a mí como española me gustaría tener la libertad de quemar la bandera de España. No la quiero quemar ni la rechazo, pero no entiendo por qué tan guardada.
—Yo no me siento identificado, y probablemente equivocándome la rechazo. Porque la relaciono con un sentimiento de opresión, no de la época franquista, pero es la representación del Estado español, y como considero que el Estado español a Cataluña nos oprime porque no nos deja votar, no nos reconoce, la rechazo.

Richard Michael Wakefield – 1964 – Catalán (Barcelona) – Creativo publicitario / Profesor

He nacido en Barcelona pero tengo nacionalidad británica. Viví en Londres pero soy más de aquí que de otro sitio, aunque cuando voy a Inglaterra siento que es mi segunda casa.

Me siento catalán, británico y español. Mi padre y mi madre nacieron en el norte de India, y luego tuvieron pareja británica. Yo he vivido más la influencia británica que la india. En realidad me siento ciudadano del mundo. La fusión me gusta.

CATALANES, MADRILEÑOS Y PUBLICIDAD

Los catalanes no son diferentes del resto. La gente mediterránea somos muy parecidos entre nosotros. Encontraríamos más diferencias con gente de Rusia o Noruega.

Profesionalmente me he tenido que relacionar mucho con Madrid, porque la industria publicitaria es fuerte en Madrid y Barcelona. Y no somos diferentes de carácter ni personalidad, las diferencias son históricas, culturales y políticas, pero no tiene nada que ver con las personas. Madrid siempre ha sido un lugar muy centralista que se ha beneficiado muchas veces de influencias a nivel político, y eso ha hecho que el negocio de la publicidad se fuera en gran parte hacia Madrid, porque las grandes empresas han tenido tratos especiales para que se instalen allí. Pero eso no tiene nada que ver con mis amigos y amigas de Madrid.

Defiendo mucho la cultura catalana, y creo que a nivel político hay un desequilibrio con las decisiones económicas. Me gustaría que Cataluña tuviera más autonomía sin ser independiente.

INDEPENDENCIA

No soy independentista. En los momentos que vivimos parece que cuesta pararse a pensar, vamos todos muy estresados, hemos tenido una crisis tremenda y sólo pensamos en tener trabajo, en llegar a final de mes, y entonces visceralmente y compulsivamente uno se puede sentir independentista. Pero si uno piensa, si reflexiona detenidamente sobre qué significa ser independentista, entonces ya veríamos si tanta gente quiere serlo.

Estoy de acuerdo con el derecho a decidir. Pero creo que la gente no es consciente de lo que significa una Cataluña independiente.

El principal impulsor del movimiento independentista catalán ha sido el Partido Popular. El PP ha avivado la llama del independentismo latente que había en Cataluña, tomando decisiones que evidentemente han molestado a los catalanes. Gracias al PP mucha gente se siente más independentista.

Creo que muchos se han hecho independentistas para que se marche el PP, como una manera de reaccionar: «Ya no puedo más, me estás faltando tanto al respeto que ahora me hago independentista».

Creo que tanto en Cataluña como en el resto de España falta información y conversación.

MEDIOS DE COMUNICACIÓN

Ha habido una manipulación mediática en el resto de España que ha situado a los catalanes como personas antisistema, extrañas, se está vendiendo una historia de que no puedes pisar Cataluña si no sabes catalán porque te marginarán, leyendas urbanas de a mí me pasó no sé qué y tal, y la verdad es que aquí la gente es bastante tolerante y hospitalaria, si uno no sabe el idioma pues se le habla con el suyo. Fuera se vende la moto de que somos radicales y no es verdad, no tienen la información adecuada sobre nosotros, se manipula mucho tanto de un lado como del otro.

Cada medio de comunicación tiene unos intereses económicos y políticos, y manipulan según sus intereses.

No existe la objetividad periodística, la inmensa mayoría de los medios de comunicación ya tiene su ideología. Los medios han favorecido el enfrentamiento entre España y Cataluña, por interés político, pero que realmente creo que no existe entre las personas.

Se ha vendido tanto el hecho diferencial de la lengua como algo antisistema… Hay gente que se lo cree, es culpa de los medios de comunicación. No creo que una persona por hablar vasco en su intimidad sea antisistema, ni un catalán, pero se insiste en ello.

Creo que el independentismo es un tema económico-cultural y no tanto de qué idioma hablas. No creo que nadie en su sano juicio diga «no, a partir de ahora en Cataluña se hablará sólo en catalán». La sociedad catalana es una sociedad muy fusionada. Ahora te puedes encontrar niños chinos que son bilingües.

UNIVERSIDAD E IDIOMAS

Las clases de seminarios las hago en catalán, y las de máster en castellano. Los alumnos de máster son mayoritariamente de fuera: Venezuela, Francia, Rusia, Italia… Ya me puedo poner a hablar en catalán que no lo van a entender. Y en las clases en catalán si un alumno pide que le aclare algo en castellano pues lo explico en castellano, ningún problema, y nunca he tenido un alumno que se quejara. No conozco profesores que no cambien de idioma.

A mí me han dicho que la docencia en seminarios la haga en catalán, pero en los máster no. En la licenciatura de relaciones internacionales hay muchos profesores que vienen de fuera y hablan en inglés, en el idioma que se pueden expresar.

Un profesor si realmente quiere enseñar, debería cambiar de idioma si se lo piden. Si tengo una clase de máster donde 23 de 25 son de fuera, no tiene sentido insistir en el catalán. Seamos prácticos.

Hay pueblos catalanes pequeños donde les cuesta hablar castellano, pero no pasa nada, son sitios rurales donde no ha habido mucho flujo de personas de muchos sitios, por lo que me parece normal, no han tenido la necesidad de hablar en castellano.

Creo que cuando vas a otro sitio tienes que hacer una inmersión, como si yo voy a Inglaterra y no sé inglés, o pretendo vivir en Rusia y no sé ruso, tengo que hacer un esfuerzo, me va a llevar un tiempo pero tengo que hacerlo. Por el hecho de que hables sólo un idioma no tienes por qué no aprender otro. Estoy de acuerdo en hacer la inmersión pero también estoy de acuerdo en que sea bilingüe.

Creo que el sistema educativo desde la escuela hasta la universidad no fomenta la creatividad ni estimula la imaginación. Es un sistema educativo antiguo.

La universidad lo que tiene que hacer es enseñar a pensar y no a coleccionar trabajos.

POLÍTICA

España como sistema es un país democrático. Un país democrático creo que debe intentar igualar las clases y no crear una distancia entre quien tiene dinero y quien no lo tiene, y en estos momentos creo que hay mucha diferencia entre los que tienen una clase social y económica privilegiada y los que no. Es democracia porque es lo que ha votado la gente, pero desde mi punto de vista la gestión del dinero no es correcta.

La gente al final vota por lo que más le conviene a su familia. Si a tu familia le van bien las cosas con el Partido Popular pues votará al Partido Popular, y si no le va bien pues votará a otro partido.

MONARQUÍA

La monarquía es totalmente prescindible.

Creo que el rey está mejor preparado que Rajoy, el presidente del Gobierno. Pero no entiendo por qué es necesaria la figura del rey, no veo qué aporta a la democracia.

RELIGIÓN

España es un país religioso. Se ha dado mucho poder a la Iglesia, han intervenido en las decisiones políticas.

MARCA ESPAÑA

Creo que las campañas de turismo de España que se hacen para el exterior son bastante buenas. Son abiertas, fusionadas, me parece que están bien hechas en general. Se vende una España plural, cultural.

A pesar de que damos una pésima imagen como gestión política, los europeos ya saben que España es un país que tiene mucho más que flamenco o toros.

TOROS

No me gustan los toros, no me gusta el sufrimiento animal, tampoco en los circos. Pero la prohibición de los toros en Cataluña creo que ha sido una prohibición política, no ha sido por ética, creo que «como toros es igual a España, pues ahora los prohíbo».

Creo que los toros son algo que tiene que funcionar por su propio peso, si hay suficiente gente que va a los toros, pues que vaya. Si eso genera un negocio, pues que lo genere. No me gustan, he hecho campañas contra el maltrato animal, pero respeto que si crea puestos de trabajo y sigue siendo rentable, pues adelante. Sí, es contradictorio, todas las personas somos bastante contradictorias.

Estaría a favor de prohibir los toros si la sociedad lo votara. Pero estoy en desacuerdo con prohibir por decreto ley, porque esa prohibición como se hizo en Cataluña tiene un trasfondo político.

ESPAÑOLES

No puedo definir cómo es el español. Imposible. Es como si tuvieras que definirme a mí: pues a veces soy romántico, a veces impulsivo, a veces soñador, a veces reflexivo… No se puede etiquetar a nadie y menos en general. Hay puntos en común, como la gente mediterránea, gente que ha vivido la cultura del mar, la cultura del sol, gente de salir a pasear, tomar algo en las terrazas… Pero luego cada persona es un mundo.

No todos los españoles son iguales. No creo que sea lo mismo ser asturiano que ser valenciano, o gallego, o extremeño; cada comunidad tiene sus diferencias.

Yo he estado mucho en Sevilla por razones de trabajo y están bastante hartos del tópico de que no trabajan, lo que pasa es que tienen mucho paro; no es que no quieran trabajar, es que no tienen trabajo. El andaluz es tan trabajador como el que más.

EUROPA

La visión de España desde Europa es bastante penosa, porque estamos dando una imagen desde el punto de vista político lamentable, todo es corrupción, malversación…

Mi familia y conocidos que viven en Inglaterra me dicen que en qué país estamos, cómo es posible que las personas no estén en la cárcel y no devuelvan el dinero. Les parece muy escandaloso. Aquí no dimite nadie, el sistema en general está muy corrupto.

NACIONALISMO

Me siento más catalán que español. Porque he vivido con una familia catalana, he crecido con la cultura catalana y comparto el sentimiento catalán. No siento que me manipulen. Si me dices español no me ofendo.

Cuando estoy fuera de España y me preguntan de dónde soy, digo de Barcelona. No tiene una segunda lectura, es lo que me sale espontáneamente. Creo que es porque quiero mucho a Barcelona, pero no me molesta decir que soy de España.

DICTADURA

La dictadura hizo mucho daño, aplastó comunidades como la vasca y la catalana, entonces quieras o no a la bandera española mucha gente la sigue viendo como la de Franco.

Creo que algunos en el Partido Popular quieren mantener vivo el espíritu de Francisco Franco y aplicar una extensión evolucionada de esa dictadura. Esa parte de la historia no se ha cerrado.

Elena – 1978 – Madrileña (Madrid) – Actriz

Hace tres años que vivo en Barcelona. Hasta los 26 años viví en Madrid, y también viví siete años en Tenerife.

MADRID

Me siento de cualquier sitio donde vivo, pero es verdad que si van en contra de Madrid, entonces empiezo a sentirme madrileña.

Nunca me había sentido madrileña, pero de repente al salir de Madrid ves mucho resquemor y dices «coño, ¿qué pasa?».

También lo comprendo, es verdad que mucha gente viene de la capital un poco subidita, más chulitos. No me había dado cuenta hasta salir de Madrid, y sí, a veces puede resultar hiriente. Son dejes que tiene cada sitio. Yo diría que no somos chulos, pero es más la forma de ser, la forma de hablar, como rollo chulapo, pero nada más.

Creo que Madrid es un sitio en el que hay tanta gente que no importa de dónde vengas, no hay estas cosas como el catalán del año, o premios del cine madrileño, no existe; aquí sí existe el premio del cine catalán. En Madrid no he sentido que se le dé tanta importancia de dónde viene la gente, es un dato más, como si eres rubio o moreno.

CATALUÑA

A ratos me siento catalana y a ratos no. Mi pareja es catalana y es independentista, cuando me lo explica lo comprendo y lo respeto, pero si de repente me manda un artículo donde parece que el resto de España es fascista, es como «¡eh!, ¿dónde vas?». Y allí me alejo del sentimiento catalán. Considero que desgraciadamente hay mucho fascismo todavía en España, pero no puedes decir que el resto de España sea fascista.

Que en el resto de España se crea que los catalanes son malísimos y desde aquí se crea que el resto de España es malísima... Creo que a alguien le interesa que nos llevemos mal.

En Cataluña, aunque sea por la independencia, hay una ilusión, y es bonito, en cambio en el resto de España lo que veo es una gran desilusión hacia la política, no se lucha.

Entre Madrid o Barcelona, hoy te digo que me quedaría a vivir en Barcelona, pero no por la situación política, sencillamente por la ciudad, por el mar, porque me gusta.

CANARIAS

Me sentí más rechazada al llegar a Tenerife que en Barcelona. Cuando llegué lo primero que me dijeron fue: «Una goda que me está quitando un puesto de trabajo». Yo había aprobado unas oposiciones que ese año ningún canario había aprobado. Me costó un montón que me quitaran lo de goda.

Canarias está físicamente muy apartada de España, y en parte creo que tienen razón cuando dicen que se les tiene un poco olvidados. Y son distintos, como lo somos todos en cada región de España.

También ha habido mucha emigración de los canarios a Venezuela y al revés y eso ha hecho que hayan cogido muchas costumbres de la cultura sudamericana, la comida, por ejemplo. Estando allí, entendí por qué algunos se sentían apartados y olvidados.

ESPAÑOLES

Si comparas el español con el extranjero, veo al español un poco paleto, pero a un yanqui, según para qué, también lo veo así. Viajo mucho, y reconozco que a veces cuando veo a según qué español, no me siento española, hacemos algunas paletadas que te hacen sentir vergüenza. En esos casos me siento completamente ajena, sigo hablando en inglés.

Dentro de España somos bastante distintos, un gallego es muy distinto a un vasco, o a un catalán. Pero es que en cualquier sitio dependiendo de dónde vivas eres diferente, si vives cerca del mar o en la montaña, en una ciudad o un pueblo, eso te va a condicionar aunque sea la misma comunidad autónoma.

El español es criticón por naturaleza, ante lo que es distinto a él, critica.

No considero que España, ni ningún país, sea el mejor para vivir en el mundo. Cada uno tiene sus cosas y tiene su momento.

CORRUPCIÓN

La corrupción es muy española, latina e italiana. He vivido en Finlandia y me he sentido corrupta. Teníamos una tarjeta con la que pagabas un *buffet*, pero el café y postre los pagabas aparte, y como no había nadie que vigilara si cogías el café o no, yo estuve cogiendo café sin pagarlo casi hasta el final del Erasmus. Luego pensé que era muy feo lo que estaba haciendo, porque estaba traicionando la confianza que ellos me daban. Me sentí fatal. El país funciona porque la gente es honesta, y en el tiempo que estuve allí tenía la sensación de que eso sólo lo hacíamos los italianos, los portugueses y los españoles. Y me horrorizó darme cuenta.

NACIONALISMO

No soy nada chovinista, que significa que tu país es lo mejor. Pienso que cada sitio tiene sus cosas buenas y sus cosas malas, afortunadamente, y depende de tu momento y tu situación, estás mejor en uno o en otro.

Antes me sentía cero patriota, me daban bastante asquito las banderas, sean las que sean, pero claro, justo leí un artículo que se llamaba algo así como «Las cinco victorias de Cataluña», y hablaba de España como si fuera súper franquista, y, ¡eh!, ¡eh! ¡Para los pies! Yo también soy España y no soy franquista. Ha sido de las pocas veces que me he sentido española, no sé muy bien por qué, pero hasta me sorprendió la sensación. Supongo que fue porque lo sentí injusto, como si nos juzgaran a todos por lo que hacían unos cuantos.

España no es democrática, desde el momento en que se quiere hacer una consulta sobre el independentismo que no es vinculante, y se prohíbe de tantas maneras…

INDEPENDENCIA

Fui a votar la consulta sobre la independencia de Cataluña. Voté sí al Estado y no a la independencia. Un sistema de Estados tipo Estados Unidos igual podría estar bien. Voté porque no se sabía si hay una mayoría que quiere la independencia y creo que eso es lo primero que tenemos que saber todos. Pero se debería poder votar de una manera completamente legal, honesta y sin que se boicotee. No entiendo por qué no se ha permitido expresarse desde el principio.

Veo más razones motivadas por parte de los catalanes de por qué se quieren independizar, que por parte del Gobierno de por qué no deberían hacerlo. El Gobierno creo que aplica la política del miedo y la prohibición. Creo que no hay diálogo porque el partido que gobierna en España no es muy pro al diálogo. Pero también hay veces que tengo la sensación de que a las dos partes les interesa, por un lado, que estemos entretenidos en este debate, en vez de pensar en otras cosas, y por otro, que nos llevemos mal. Y no acabo de entenderlo.

Si hay una mayoría de independentistas no puedes obligar a un grupo de personas a que pertenezcan a otro grupo si ellos no quieren, la obligación nunca va a ser positiva porque no va a aportar nada bueno para nadie. Yo no quiero que se independicen, pero tampoco voy a obligar. Como un matrimonio, no voy a obligar a mi pareja que se quede a mi lado si quiere marcharse o está harto de mí.

Conozco gente de Madrid que vive aquí y es pro-independentista. El Partido Popular es una máquina infalible de generar independentismo. A veces te juro que pienso si no estarán todos compinchados para separarnos a los ciudadanos y mientras estamos distraídos en si somos catalanes o españoles, ellos nos mangonean por todos los lados.

Todavía hay mucho legado franquista, y para que eso vaya cambiando necesitamos gente que ayude. En Cataluña da la sensación que hay una mayoría que está más en contra de ese legado; ostras, vamos todos juntos a limpiar esto, quitar este sistema político que no está funcionando, y luego ya hablamos si seguís queriendo la independencia.

A unos amigos catalanes les decía que no abandonen el barco ahora, no seáis cobardes, quedaos, quitemos el sistema actual, lo que queda de franquismo y luego os vais si queréis. Pero ayudadnos, os necesitamos. No son los ciudadanos españoles los que están haciendo algo para joder a Cataluña, es un Gobierno que igual que te está puteando a ti me está puteando a mí.

A los políticos les interesa tenernos divididos porque el pueblo unido tiene demasiada fuerza. Si de verdad nos uniéramos todos se podrían cambiar las cosas.

MEDIOS DE COMUNICACIÓN

Creo que la televisión manipula, aquí y allí. Cuando veo noticias de TeleMadrid me aberra, y cuando veo Televisió de Catalunya, de vez en cuando, también me aberra. Pero considero que las personas que me rodean no me manipulan para intentar que yo sea independentista. Aparte, yo tengo el poder de poner un canal u otro, o de ver las versiones de los dos, o de apagar la tele.

Creo que a todos se nos trata de manipular de una manera u otra, dependiendo de lo que mamas a tu alrededor, lo que te enseñan, tu experiencia personal, adoptas unas ideas y unos sentimientos. Es inevitable. Creo que la mejor manera de saber cuál es verdaderamente tu opinión, es escuchar muchas ideas distintas, opuestas a ser posible, y mejor si vienen de gente que aprecias y valoras, porque entonces es más fácil que las tengas en cuenta. Y digo escuchar de verdad, e intentar entender. Poner etiquetas a los que piensan de forma distinta a ti es un gravísimo error porque desde ese momento podemos oír lo que dicen, pero ya no lo escuchamos, no lo intentamos entender, nuestra cabeza ya lo ha rechazado antes de darle una oportunidad. Y eso no nos permite evolucionar, sino que nos estanca. Creo que con el tema de la independencia esto ocurre mucho en los dos lados. Me pregunto si será que igual no interesa que se resuelva.

EDUCACIÓN, HISTORIA E IDIOMA

Estudié en un colegio británico. Al principio teníamos dos clases de español a la semana, y en mi casa se hablaba español, pero empecé a hablar en inglés y había cosas que no sabía decirlas en español. Entonces mis padres empezaron a plantearse si era buena idea. Pero para entonces en el *cole* ya habían introducido más español, porque estaba suponiendo un problema para muchos alumnos de familias españolas.

En mi escuela, recuerdo que la asignatura de Historia era muy distinta si nos contaban la versión británica o la española. La conquista de América fue donde más me perdí: para los profesores españoles

Colón era un héroe, y tampoco hizo tanto mal, y para los ingleses era un sanguinario. Algunas cosas eran tan contradictorias que al final cada departamento optó por contarnos una parte distinta de la historia: estudiamos la historia de los Estados Unidos en la asignatura inglesa, y el resto de la historia en la española. Pero esa sensación de y entonces qué es lo que verdaderamente pasó, se me quedó muy dentro y me hizo comprender que todo depende de cómo se mire, de quién lo cuente y de muchas cosas más. La «verdad» es algo bastante relativo al fin y al cabo.

¿En qué cierto punto no hay manipulación en todos los colegios de España?

A pesar de todo, creo que yo tuve suerte porque en mi escuela te enseñaban a pensar y no qué pensar. Te enseñaban a plantearte preguntas y a dudar. Creo que la educación a nivel español, incluyendo a Cataluña, no te enseña a pensar por ti mismo, sino a qué pensar, a memorizar. Yo sólo memorizaba para las asignaturas en español, para las inglesas nos pedían que comprendiéramos las cosas. En literatura, por ejemplo, se trataba de interpretar tú el poema, la obra o el libro, de saber encontrar lo que esconde y siempre que pudieras justificarlo y defenderlo; lo que sea que hubieras interpretado estaba bien, aunque fuera distinto a lo que interpretaba el profesor. Igual olvidaba cuándo nació el autor pero no su poesía. Y aquello te generaba interés. En literatura española me hacían memorizar datos y obras a la fuerza y no lo disfrutaba. De hecho a grandes obras les cogí manía. Tuve una educación Montessori que genera una curiosidad en el niño para que el niño vaya a buscar lo que quiere aprender. No sé, igual no funciona con todo el mundo, pero conmigo creo que sí.

En la escuela tuve una inmersión lingüística en inglés, en un colegio que no se hablaba prácticamente español. Cuando eres pequeño entiendes las cosas sin necesidad de entender el idioma, pero si de pronto llegaras a un colegio así en plena adolescencia, sin entender el idioma, puede ser un poco *shock* y creo que te podrías sentir muy perdido. A la gente que viene a estudiar a Cataluña sí les haría obligatorio recibir clases en catalán, porque el idioma es una parte importante de la cultura del sitio en el que estás viviendo. Si estás viviendo en un sitio, sea largo o corto el tiempo, para integrarte y comprender a la gente de la que estás rodeado, el idioma es súper importante.

Hablo el catalán muy bien, pero no lo he estudiado, lo he aprendido de oído. Pero tengo trampa, porque mi familia por parte de madre es ibicenca, mi padre hablaba castellano y mi madre hablaba ibicenco con su familia. A mí nunca me enseñó, pero al haberlo oído siempre, el catalán me resultaba muy natural.

Me he criado en un bilingüismo total: por un lado el ibicenco-castellano, por otro el castellano-inglés. He vivido con mi madre hablando con su hermana en ibicenco y girándose a hablar con mi padre en castellano, y luego otra vez en ibicenco y otra vez en castellano, y nadie se sentía ofendido. Entiendo que una vez que tú y yo hemos empezado hablando en un idioma, es muy difícil que porque venga una tercera persona lo cambiemos. Y no es porque no se quiera ni se pretenda hacer sentir mal al otro, es simplemente que sale solo.

Es verdad que el Gobierno ha toreado un poco al pueblo catalán. No me extraña que haya miedo de que les quiten el catalán.

No he conocido catalanes que no sepan hablar castellano, pero sí muchos que lo hablan muy mal, eso es verdad. Y otros catalanes que lo que hablan mal es el catalán.

TOROS

Estudié veterinaria, estoy bastante en contra de los toros. A pesar de que es cierto que el toro no sufre tanto como nos imaginamos, porque el toro es un animal tan bravo que la adrenalina que suelta en el toreo hace que se bloquee el dolor, eso es un hecho medible, pero aun así, humillar y hacer ese daño me parece una absoluta barbaridad. Pero si me dices el toreo sin hacerle daño, ningún daño, entonces igual sí lo vería como un espectáculo. Entonces también habría que ver cómo se les trata, por supuesto.

Me parece una sandez comparar lo bien o mal que mates a un animal para comer, que matarlo para hacer un espectáculo. Hay una normativa de bienestar animal que regula cómo se sacrifican los animales en las granjas, se ha ido mejorando, pero casi diría que el sacrificio es lo menos malo en la cría del ganado intensivo. Lo peor es, por ejemplo, cómo viven las gallinas ponedoras de huevos, cómo viven me parece mucho peor que cómo se las mata. Y también eso se está mejorando, pero claro, para eso todos tenemos que contribuir comprando huevos más caros de gallinas de corral o gallinas criadas en libertad.

FUNCIONARIOS Y EMPRESARIOS

Mi madre es empresaria y yo funcionaria, y ni mi madre ha explotado ni yo soy una vaga.

Creo que en España hay demasiados funcionarios y no está funcionando por la mentalidad que hay. Creo que el español es muy cómodo, y yo sufro de eso, porque opté por el funcionariado porque quería irme de casa y de pronto fue el camino que vi más rápido, aunque parezca mentira. Trabajaba en una clínica y ganaba una mierda, y me dije: «O me monto una clínica, que no me apetece, ¿o qué hago?». Estudié una oposición y la aprobé. Y sí es verdad que veo mucha frustración a mi alrededor por muchos motivos: por un lado, es muy difícil hacer trabajar a según qué personas, si se niegan, se puede exigir que cumplan el horario, pero que sean productivas es complicado muchas veces; y por otro, el funcionario demasiado a menudo se siente no valorado, menospreciado casi, y no se le da ningún aliciente para que se esfuerce, no se le premia cuando hace las cosas bien, así que muchos, llegada una edad, optan por pasar de todo. Es complicado, no entiendo por qué pasa.

MONARQUÍA

Monarquía fuera, todo el mundo dice que el rey jugó un papel importante en el pasado, bueno, pues ya lo jugó, ya está, ya no tiene más papel. Estar manteniendo a una familia a todo trapo, me apesta. No tiene ningún sentido. También te digo que me acojonaría mucho pensar que el máximo representante de España fuera el actual presidente del Gobierno, Rajoy, me muero también. Si tengo que votar entre Rajoy o el actual rey, voto al rey, que al menos está más preparado.

Adrià Alsina – 1982 – Catalán (Barcelona) – Emprendedor / Politólogo / Periodista

Mi padre es catalán con raíces valencianas, y mi madre es portuguesa.

NACIONALISMO

Siempre me he sentido muy catalán, pero también me siento español, en el sentido de que me siento partícipe de la cultura española. En casa hemos hablado siempre en castellano, por tanto me siento emocionalmente unido a una cierta españolidad cultural. Y también me siento muy unido a Portugal y a Brasil porque he vivido en Brasil. Estos tres mundos me los siento muy míos. Pero no me siento parte del Estado español, no siento que el Estado español tenga nada que ver conmigo, pero sí me siento español. En el sentido que sí me siento parte de cierta cultura española, como los grandes escritores españoles, y de una cierta manera de hacer mediterránea, latina.

Es imposible convencer a alguien para que se sienta algo diferente de lo que se siente. Igual que hay gente que no se siente nada y tampoco se le puede forzar a sentirse algo en particular. Es como si tú eres del Barça y tengo que convencerte para que seas del Madrid, ¿verdad que eso no tiene ningún sentido? Porque cada uno, por sus razones familiares, de apego a unos ciertos valores o historia, se acaba enganchando a un tipo de sentimiento nacional. Intentar decirle a alguien «usted debe sentirse "x"», me parece que es una forma de pensar extremadamente autoritaria, «supremacista», que además no ayuda en nada a la unidad de España, si eso es lo que pretende.

España son varias naciones encajadas de forma bastante compleja y dificultosa, y a través de muchas guerras e imposiciones. La única forma realista de abordar esto es poniendo los sentimientos de lado, poniendo la nación de lado, intentando desnacionalizar el Estado. Igual que se quitó la religión del Estado, en parte, y se dijo que era un Estado aconfesional; pero en cambio el Estado no ha conseguido desligarse del nacionalismo español. Y sigue hablándose de la nación, la nación y la nación, todo es nacional, todo es la policía nacional, cualquier órgano es el nacional, y es el Estado de la nación, y la capital nacional. Como si sólo hubiera una nación y como si eso además tuviera un valor intrínseco, cuando eso es un valor más personal, más del sentimiento de cada uno.

La gracia de Cataluña, entre otras cosas, es que se intenta que cada uno sienta lo que le parezca y vivamos juntos. Más allá de cuál sea la estructura política que se monte encima de esto.

ESPAÑA

Se podría hablar de una España central, que es la España resultado de las invasiones castellanas, que iría desde Asturias hasta Andalucía. Luego tienes el País Vasco con unas dinámicas muy propias, tienes Galicia con una dinámica muy marcada por la migración, por lo tanto es una región que se parece mucho a Portugal como estructura social, y luego tienes la sociedad mediterránea, que iría desde Málaga, Valencia y Cataluña, que son sociedades muy marcadas por el comercio, más tarde por la industrialización y después por el turismo.

Tienes las sociedades de río y las de mar. Las de río tienden a tener una estructura más piramidal porque provienen de una cultura donde lo importante es juntar muchos esfuerzos durante una época del año para la cosecha, y por tanto han evolucionado de forma que buscan poderes centrales muy fuertes; y tienes las civilizaciones de mar, que buscan más el comercio, el intercambio, por lo tanto son sociedades que tienen más tendencia a ser flexibles, más políticamente plurales, porque el comercio genera mucho dinamismo al favorecer una cierta distribución de riqueza entre muchas familias potentes. No significa que los catalanes en sí sean diferentes, pero sí que la sociedad catalana como grupo social funciona de forma diferente de la sociedad de la mayor parte de España.

Creo que la sociedad catalana se ha configurado de una manera diferente. En Cataluña tenemos una profundidad más fuerte de la sociedad civil con diversas asociaciones, tenemos una implicación más fuerte de la industrialización, del emprendimiento. Se ha configurado una sociedad mucho más mezclada que las sociedades que están más al centro de la península.

Creo que Málaga, Valencia y Cataluña comparten intereses muy parecidos. Es muy evidente que comparten un modelo social que es claramente diferente al modelo social del interior.

ANDALUCES

Los andaluces no son vagos. Las personas reaccionan de maneras diferentes cuando los confrontas en modelos sociales diferentes. Un ejemplo, el irlandés que no tenía para comer y que era católico en el siglo XIX, estaba considerado un vago dentro del Imperio británico. Ese mismo irlandés cuando cogió el barco y se fue a Estados Unidos, empezó a formar parte del sueño americano, y trabajó toda su vida para que sus hijos tuvieran una mejor vida que él. Ese irlandés era la misma persona. No es una cuestión personal, es una cuestión de si en la sociedad en la que te encuentras hay incentivos para el trabajo o no hay esos incentivos.

En Andalucía, en Extremadura y en buena parte del sur de España, lo que se ha hecho es perpetuar una cultura de la subvención, de la dependencia. Eso hace que las personas no tengan ningún incentivo para trabajar, porque es más fácil entrar en esta cultura de dependencia, ya sea a través de las subvenciones agrarias o del funcionariado, que ir por el sector privado del emprendimiento, de la creación de riqueza. Cuando estás en una situación como esta, es muy difícil salirse a no ser que salgas físicamente de ese espacio, como ir a Cataluña o a Alemania como iban en los años 60, o a Estados Unidos como hoy en día, donde conocí muchos andaluces que trabajan como los que más en cargos de gran responsabilidad.

FUNCIONARIOS

La forma clásica de prosperar en la España del siglo XIX para un español de provincias es irse a la capital provincial o a Madrid a hacer oposiciones. Mientras que en Cataluña lo socialmente aceptado como forma de progresar socialmente, siempre fue abrir una tienda o montar tu propio despacho de profesional liberal.

En España no hay un partido de empresarios, no hay un partido liberal. Hay un partido al que se le llama de derechas, que es esencialmente un partido del alto funcionariado y de los sectores conservadores; y otro partido que se le llama de izquierdas, que es un partido del pequeño funcionariado, pero que no es un partido de base obrera.

España es un país donde se ha atraído a las clases populares hacia el poder a base de convertirlos en funcionarios.

EMPRESARIOS

El empresario en España está muy mal considerado. Además las leyes van a saco contra el empresario y el emprendedor.

Resulta que nos hemos inventado la palabra emprendedor porque empresario es una palabra tan viciada que no se puede usar. Se ve como el mito, el empresario del puro, el explotador, el que se aprovecha de la renta generada por su trabajador, y la convierte en beneficio en vez de devolver la renta al trabajador.

La gente que tiene profesiones muy buscadas, por ejemplo los ingenieros de sistemas, está cobrando salarios que yo como empresario no ganaré en cincuenta años. Y los empresarios que se dedican a cosas que no se demandan, pues se arruinan. No somos tan diferentes. La única diferencia es que yo como empresario al final de mes tengo que preocuparme de pagar tres o cuatro salarios, y su correspondiente seguridad social e impuestos, y el trabajador de lo que tiene que preocuparse es de si su empresa continúa funcionando o no, o si su empresa le despide.

FÚTBOL

El fútbol siempre es un vehículo de expresión política por el que se aligeran tensiones latentes sobre todo del ámbito territorial. Los equipos vascos funcionan como una suerte de selección vasca, el Barça en Cataluña funciona como una especie de selección catalana, y es evidente que un Barça-Madrid es a todos los efectos un enfrentamiento entre dos formas de ver España y también un enfrentamiento entre una cierta Cataluña y una cierta España. No quiero decir entre Cataluña y España porque el Madrid también representa una cierta España que no es necesariamente como se siente todo el mundo en España. Pero las tensiones existen. Cualquier tipo de deporte o expresión artística siempre sirve como vía de escape para esas tensiones.

MEMORIA HISTÓRICA Y CATALUÑA

Hay tantas historias como personas cuentan la historia.

En Cataluña hay una memoria histórica que es diferente de buena parte de España, ¿por qué? Porque sea verdad o no sea verdad, se ha ido pasando generación en generación una cierta versión de la historia. Por ejemplo, la versión de la República que mayoritariamente hay en las familias catalanas, es que la República fue un oasis de libertad entre dos dictaduras tremendas. Además, todas las familias tienen alguien que estuvo en la guerra, normalmente del lado de la República. Eso en el resto de España no pasa, tienes a muchas familias divididas una en un bando y otra en otro, lo que lleva a una cierta relativización, tanto de la República como del Régimen franquista. Esa memoria histórica existe y no es que te la enseñen en la escuela, es que te la enseñan en la familia. ¿Las familias están manipulando? Hombre claro, como todo el mundo que te cuenta su versión. Si tu abuelo estuvo en la cárcel condenado a muerte como es en mi caso, pues evidentemente tienes una versión de esa memoria histórica.

Creo que en Cataluña hay una interpretación de que la Guerra Civil es una guerra entre Cataluña y España. Eso es tan verdad o mentira como interpretar la Guerra Civil como una guerra entre izquierdas y derechas, o laicos y católicos, o entre burgueses y proletarios. La Guerra Civil es una guerra en la que se juntan un montón de conflictos latentes en España. Y hay un bando, que se llaman los nacionales, que hacen su cruzada nacional, y hay pruebas de que desde ciertos estamentos franquistas se entendía la Guerra Civil también, y digo también y no solo, como una guerra de reinvasión de Cataluña. Una Cataluña que se había ido con el Estatuto de autonomía del 31, y por tanto «había que devolverla a la España, a la nación auténtica».

Hay interpretaciones de que la Guerra Civil empezó en Cataluña cuando Lluís Companys declaró su independencia.

En Estados Unidos conocí a una persona que era familiar del capellán de un monasterio de Pedralbes, en Barcelona, y para él la Guerra Civil era la salvación del catolicismo frente los desmanes del laicismo. Porque él tuvo que escaparse de Cataluña y de España porque los rojos le venían a violar a las monjas, a asesinarle a él y a quemar el convento. Esa es su interpretación de la Guerra Civil, que también es una parte de la Guerra Civil.

La Guerra Civil fue muchas cosas, y no tiene sentido decir que la Guerra Civil no fue una guerra de España contra Cataluña, porque también lo fue. La represión brutal que utilizó el Estado, sobre todo en las dos primeras décadas del franquismo, contra todo lo que fuera catalán, oliera a catalán, o sonara a catalán por el solo hecho de ser catalán, fue brutal.

FRANQUISMO

Claro que Cataluña aún tiene presente esa historia, estamos hablando de dos generaciones de diferencia, hay un montón de gente que todavía tiene a padres y abuelos en fosas comunes, catalanes y no catalanes, a los que el Estado se ha negado a buscar y dar una sepultura digna.

El Estado español no ha superado el franquismo. No ha habido un proceso equiparable ni al de Chile, ni al de Sudáfrica. En Chile se juzgaron a miles de personas relacionadas con la dictadura, en España no se ha juzgado ni a una sola persona por los crímenes relacionados con la dictadura. Los perdedores de la guerra han tenido que soportar ser perdedores durante el franquismo, y luego soportar cómo los que habían ganado la guerra continuaban en su lugar de poder durante la democracia. Eso me parece muy fuerte. Y explica en parte por qué España es tan inviable como nación.

LA CONSTITUCIÓN

Votar la Constitución para determinados grupos sociales era lo máximo a lo que estaban dispuestos para parecerse un poquito a Europa, y para otros era lo mínimo que podían aceptar para subir el primer peldaño de la democracia, sobre el que se suponía que se iba a evolucionar hacia algo completamente diferente. Unos estaban votando su punto de llegada y otros su punto de partida. Y de allí nacen muchos problemas. Si para ti la Constitución es lo mejor a lo que puede aspirar España, es lógico que no entiendas que alguien se quiera separar de allí.

POLÍTICOS Y CORRUPCIÓN

En España, con la Transición, se construyó todo un sistema descentralizado de Gobierno, pero sin tocar el anterior. Se construyó una especie de armazón alrededor del Estado franquista, con instituciones democráticas y con autonomías, pero sin embargo se mantuvo toda la estructura ministerial de delegaciones de Gobierno, diputaciones provinciales y lo más grave, todo el poder judicial que bebía del sistema anterior. Con lo que tenemos dos sistemas en paralelo, uno de los cuales está mucho más protegido y reforzado por la Constitución, que es el sistema provincial, que es por el cuál se cuela la gran mayoría de corrupción en España. Sólo hay que ver que sobre las comunidades autónomas tenemos muchas noticias, pero en cambio no tenemos casi ninguna información sobre los presupuestos de las diputaciones. ¿Por qué? Porque en vez de responder ante los ciudadanos, responden ante el Estado, los de arriba.

La corrupción siempre es un síntoma, un síntoma de que hay espacios de decisión que tienen demasiado poder y demasiado alejamiento de quienes están afectando esas decisiones. No es una cosa española, corrupción hay en todas partes, en Estados Unidos, en Suecia y cualquier país. ¿La diferencia cuál es? Que en países como en China todo el poder se concentra en Pekín, desde la dirección del partido hacia abajo y a través de los cabecillas regionales del partido; no es que haya corrupción, es que el Estado es corrupción. España tiene una estructura calcada a la de China, una estructura de partido que decide, y regiones que obedecen. Cuando hay elecciones cambia el partido que decide, pero el sistema se mantiene. Y en otros países donde la toma de decisiones está muy descentralizada, donde los ciudadanos tienen influencia directa en esa toma de decisiones, como en Estados Unidos, Canadá o en Finlandia, hay mucha menos corrupción.

Desde un punto de vista democrático liberal, es mejor que la mayoría de cosas se decidan desde la unidad gubernamental más cercana posible. Yo lo veo normal, hay gente que no. Hay gente que piensa que lo normal, o lo bueno, es que se decida desde una única unidad central. Creo que en general los estudios demuestran que cuanto más alejado está el Gobierno y la toma de decisiones de sus ciudadanos, hay más espacio para la corrupción.

Creo que en la cultura política española molesta cualquier tipo de diferencia. Es una cultura política que al largo de los años no ha tolerado bien la diferencia. Hemos vivido un montón de dictaduras, una tras otra, los momentos de democracia son cortos y desastrosos normalmente. Hay una cultura del autoritarismo y de la unidad. Hay ciertos dogmas que no se discuten. En la mayoría del resto de España se tiende a vivir como si el catalán y el vasco no existieran. Entonces, cualquier cosa que les recuerde que el catalán y el vasco existen se vive como una agresión.

MARCA ESPAÑA

En los años 60 España empezó a venderse al mundo básicamente con flamenco, toros, paella… Escogió cuatro cosas folclóricas de las varias identidades regionales españolas, y lo vendió como un *pack* entero que además tuvo un éxito tremendo con el famoso «*Spain is different*». Y España sigue vendiéndose como un Estado en el que se habla sólo una lengua, y una sola historia en común.

Trabajé con el Observatorio de Marca España, creo que era una operación interesante porque se intentaba desligar la marca España de lo que era la nación española. Y era muy interesante porque te permitía entrar en ámbitos que hasta entonces no se habían explorado: el de la innovación, el de las empresas, desligarse de lo de siempre, de la «ñ» de lo folclórico, e intentar vender una cosa que ya no era la nación hispanoparlante de mil años de historia del Imperio, sino que estabas vendiendo un colectivo de empresas, de gente, que sin tener en cuenta lo que pensaran, cómo hablaran y de dónde vinieran, lo que importaba era el proyecto común, y el proyecto era construir una España más moderna. Una España entendida como un conjunto de gente que hace cosas productivas. Fue muy interesante al principio, pero luego empezó a torcerse con los últimos años del Partido Socialista y sobre todo cuando volvió a entrar el Partido Popular. Empezaron a salir las cosas de siempre, las «ñ» enormes, volver a meter el rojo en todas partes, el fútbol, y empezar a mezclarlo todo. Eso empezó en la última fase del PSOE.

Estuve trabajando para la embajada de España en Brasil. En una época en la que yo creía que era posible construir una España diferente basada más en el razonamiento y no en los sentimientos. Y durante cierto tiempo me sentía cómodo ayudando a empresas españolas a instalarse en Brasil, vendiendo Marca España a nivel de empresa e innovación. Me sentía razonablemente cómodo porque sentía que con esa España me podía identificar. Pero varios episodios que me sucedieron en Madrid y durante mi estancia en Brasil, empezaron a convencerme de que, aunque esa España diferente de alguna forma existiera, era tremendamente minoritaria y no era la opinión de la mayoría de españoles, y mucho menos de los poderes del Estado.

El episodio que más me marcó fue estando en la oficina comercial de España en Brasil; se estaba discutiendo la cuestión del Estatut, el tema de la enseñanza en catalán. Y yo, que nunca me he considerado radical ni es un tema que me interese especialmente, me encontré que en una oficina de quince o veinte personas de varios perfiles y varias edades, todos españoles, yo era el único que defendía que la sociedad catalana tenía derecho a decidir de qué manera quería organizar su enseñanza, estuviera yo de acuerdo o no con la forma concreta de organizarse, pero la sociedad catalana tenía que poder organizar por lo menos su sistema educativo. Encontrar cero empatía, y que te digan incluso mentiras que de tanto repetirse llegan a parecer verdades, como que «en Cataluña no se aprende el castellano», y que «se está formando una generación de gente en el odio a España», y que vayan repitiendo todos los tópicos... Es que no hay debate posible. No estamos hablando de si el sistema educativo catalán es mejor o peor, si ha arrojado unos resultados más positivos o negativos, estamos hablando desde los sentimientos, desde el autoritarismo que dice que «en Cataluña se tiene que estudiar en castellano porque nosotros lo decimos, porque estamos en España». Eso no es un argumento, es una imposición, un autoritarismo.

INDEPENDENCIA

Es evidente que los españoles no entienden por qué Cataluña se quiere ir. Pero tampoco soy de la opinión de que tuvieran que entenderlo, de que tengamos que explicarnos y contar las cosas. Creo que eso ya se ha probado y es una vía fallida y que no lleva a ningún sitio. Al final aquí de lo que hablamos es de respeto, sobre el respeto a una decisión que toma la mayoría de un colectivo, sea sobre la inmersión lingüística o la independencia. El Estado español ha decidido que no respeta la opinión mayoritaria de los catalanes sobre una serie de aspectos.

Yo soy independentista. Si las reglas del juego en España son que todo hay que decidirlo por mayoría donde los catalanes siempre son minoría, pues más razones para marcharme.

Yo no me quiero independizar del Estado porque quiera el concierto económico o porque quiera más dinero. Me quiero independizar del Estado porque a lo largo del tiempo se han propuesto una serie de reformas, que a veces incluían el concierto económico y a veces no, y ante cada una de esas reformas se ha dicho que no. Ha habido momentos en que la mayoría de Cataluña quería inmersión lingüística, ¿y qué ha hecho el Estado? A través del Tribunal Constitucional, a través del Ministerio, intentar cargarse la inmersión lingüística. Ha habido momentos que en Cataluña se quería la gestión de los aeropuertos y de las infraestructuras claves de Cataluña, ¿qué ha hecho el Estado? Negarse en redondo.

Basar cualquier tipo de debate político en la identidad es un error, porque el sentimiento nunca es racional. Basarse exclusivamente en «Cataluña tiene que ser independiente porque así nos sentiremos todos catalanes», es un error. Como los políticos que obsesivamente van repitiendo que en Cataluña la mayoría de la gente se siente catalana y española, y por eso Cataluña debería seguir siendo española. Es un razonamiento que no tiene ningún sentido.

Para ciertos políticos es muy fácil abonarse al sentimiento, a la bandera fácil, a la emoción gratuita, porque de esta forma no tienen que entrar a discutir argumentos en serio.

No soy capaz de imaginarme una situación en la cual yo dejaría de pensar que la independencia es la solución óptima. A lo mejor si aparecieran unicornios rosas por la calle y me lo vinieran a contar... No estoy chantajeando, no estoy diciendo: «O me dais esto o me marcho». La negociación para mí es: a ver cómo hacemos la independencia sin que nada salga mal, a ver cómo nos ponemos de acuerdo en un reparto justo, en no hacernos daños en las instituciones internacionales, en pagar la deuda entre todos de una forma racional y llegar a una serie de acuerdos que nos permitan, entonces sí, ser los mejores aliados y los mejores amigos.

INDEPENDENTISMO Y VALENCIA

La actitud política nacional de «yo quiero que todo se decida en mi parlamento porque considero que mi parlamento de referencia es el de Barcelona y no el de Madrid», es un salto que sólo se puede dar si hay un sentimiento o una empatía nacional previa. Y eso ocurre en Cataluña y no ocurre en otros lugares.

En Valencia hay una parte de la sociedad que se considera muy valenciana, otra que siente que lo mejor que pueden hacer es ir a Madrid, y otra que se siente muy cercana a Cataluña. Valencia se comporta como varias sociedades en las que no hay una nación o una identidad común tan clara como en Cataluña. Y si no hay una identidad común muy clara, difícilmente va a aparecer un independentismo mayoritario.

IDIOMAS Y EDUCACIÓN

En España desde la Constitución se entendió que las lenguas no castellanas son una cuestión de su propia región y no merecen atención del Estado central. El Estado central se dedica básicamente a promover la lengua castellana, que es la lengua principal del Estado, el resto son lenguas de segunda.

Me sorprende que en España no haya una política de Estado con el vasco, porque el vasco es fascinante. España tendría que vivirlo como una riqueza espectacular y aprovechar cualquier foro internacional para presentar el vasco, su literatura, su cultura; porque es tan raro, tan impresionante que se haya mantenido y que siga allí… Me sorprende el nivel de dejadez que hay en el Estado con esas lenguas, especialmente con el vasco.

Empecé a estudiar en castellano en el primer y segundo curso, y luego cambiamos a catalán al aplicarse el sistema de inmersión lingüística. Recuerdo que con mi amigo de toda la vida, al ir juntos a la escuela empezamos hablando en castellano entre nosotros, y a partir de un cierto momento, creo que a los 11 años, empezamos a hablar en catalán. Llegó un momento en que la mayoría de nuestras amistades hablaban catalán y nos sentimos a gusto hablando en catalán, así que dijimos, «oye, ¿qué te parece si nos pasamos al catalán?». Y así fue. En casa hablábamos mayoritariamente en castellano y algo de catalán.

La escuela de por sí es manipulación, no es lo mismo estudiar tantas matemáticas que menos, no es lo mismo estudiar la historia de una forma que de otra. Cualquier escuela en cualquier espacio del mundo, siempre manipula. ¿Cuál era el objetivo del consenso escolar de Cataluña en los 80? Recuperar una escuela catalana en la que la gente viviera en un espacio más o menos cultural catalán, mientras en la mayoría de la sociedad catalana se vivía en un espacio cultural completamente español, por lo tanto poder compensar de alguna forma con la escuela. En los 80 casi todos los rótulos estaban en castellano, todas las teles menos TV3 estaban en castellano, casi todo el ambiente era en castellano. Se empieza por la escuela, porque es un ámbito en el que sí se puede recuperar un ámbito catalán. ¿Eso es manipulación? Hombre, claro que es manipulación.

Que la escuela te introduce en un ámbito nacional catalán, sí. Que la televisión catalana también tiene un marco de referencia catalán, sí. Igual que en España la televisión y la escuela tienen un marco nacional español.

Durante el franquismo la nación cultural catalana estaba escondida en casa de cada uno. El único espacio social en el que puedes dar expresión a ese ámbito cultural catalán es la escuela, porque es lo único que la Generalitat de Cataluña podía controlar de alguna forma.

Molesta que te digan que estás manipulado, porque al final manipulados lo estamos todos. Porque cualquier institución del Gobierno tiene interés en manipularnos, aquí y en Madrid.

Si yo no hubiera tenido inmersión lingüística en la escuela no sabría hablar catalán, porque todo el resto de mis horas eran en castellano. Los únicos espacios en los que podía vivir en catalán y por tanto normalizarlo, era en la escuela o la televisión catalana; si no los hubiera tenido no hubiera hablado catalán.

Mi abuela vivió un cierto tiempo en el Valle de Arán. Allí tienen una lengua diferente, un dialecto del occitano llamado aranés. Es un poco triste que el aranés esté más reconocido dentro de Cataluña que el catalán dentro de España. Cuando mi abuela se fue al Valle de Arán encontró lo más normal del mundo aprender el aranés, y de hecho estaba muy orgullosa de hablarlo. Nunca lo vivió como «estos araneses qué raros son y qué molesto tener que aprender».

En un escenario de una Cataluña independiente habría que replantearse varias cosas. Seguramente lo lógico sería que hubiera más castellano en la escuela, y que hubiera radio y televisión pública en castellano y en catalán, porque en otros ámbitos habría mucho más catalán.

PAÍS VASCO, VALENCIA Y CATALUÑA

Creo que es bastante evidente que en el País Vasco hay una sociedad dual, una parte en la que el euskera se ha casi normalizado y otra parte que vive completamente en castellano y al margen de ese grupo. Y en Valencia pasa un poco lo mismo: hay dos sociedades, una que vive en castellano y otra en valenciano o catalán, y no hay interrelación cultural. Además hay muchos problemas de cara al valencianoparlante, al dirigirse a alguien siempre tiene ese miedo de «¿y si no me entiende?». Eso genera una desigualdad brutal; si hay una parte de la población que es bilingüe y la otra no lo es, la que es bilingüe siempre está en inferioridad de condiciones. En Cataluña esto casi no pasa.

Generar una sociedad en la que los que hablan castellano sólo hablen castellano, y los que hablan catalán tienen que pasarse al castellano constantemente, además, por miedo a que no les entiendan, eso no es generar igualdad. El único sistema que se acerca a garantizar la igualdad, hoy por hoy, es la inmersión lingüística. Es Cataluña la única comunidad que proporciona un cierto equilibrio para que los que somos castellanoparlantes de partida podamos aprender el catalán con todas las garantías.

MEDIOS DE COMUNICACIÓN

Fui periodista en la tele catalana TV3, en el diario *Levante* de Valencia, en la agencia Bloomberg en Londres y en el periódico catalán *El Punt Avui*. He trabajado con varias líneas editoriales, y claro que los medios están politizados. El origen de los medios de comunicación es la politización. Desde el primer diario de avisos, desde la primera gaceta de Madrid y la gaceta de Barcelona, son vehículos para la influencia política. La prensa pública sale enmascarada como servicio público para llevar a acabo propaganda política del gobierno de turno, y la prensa privada aparece como un vehículo para vehicular ideas.

En Barcelona el diario más longevo que existe hoy en día es *La Vanguardia*, y apareció como un diario liberal pensado para apoyar al Partido Liberal en su momento. Y casi todos los periódicos en origen aparecen porque hay alguien con dinero que quiere vehicular unas ideas.

Cada redacción acaba cogiendo una cierta personalidad, y hay redacciones que funcionan con más autonomía y otras con menos autonomía. También hay redacciones más ideologizadas y otras menos ideologizadas. Cuando estuve trabajando en prensa, dentro de mi ámbito, siempre tuve una libertad razonable, hablaba de empresas y mercado de valores, y también hice información política de infraestructuras. Allí me divertí mucho más, porque allí empecé a sacar escándalos del Estado alrededor del aeropuerto o el tren de alta velocidad, y me lo pasé súper bien. Sacar escándalos del poder siempre es bueno.

Eso de la libertad del periodista siempre es un cierto mito, porque casi cualquier periodista te dirá que tiene mucha libertad. En general los periodistas acaban en periódicos de los cuales se sienten partícipes. No es que tú tengas libertad, es que opinas muy parecido a la línea editorial del periódico. En televisión es un poco diferente.

En Cataluña lo que sí hay es un mayor acceso a la información sobre la situación entre Cataluña y España. Sobre todo por una cuestión de lengua, podemos acceder a todos los puntos de vista, mientras que en el resto de España eso no existe. Por tanto, decir que en Cataluña hay una especie de censura en la prensa y la gente no está informada es bastante absurdo.

FUEROS VASCOS Y CANARIAS

Creo que mucha gente no conoce el concierto económico y además no hay mucho interés en que se sepa, porque es una de las grandes vergüenzas de la Transición. El concierto económico es un privilegio tremendo que tienen los ciudadanos del País Vasco y Navarra por el solo hecho de vivir allí. Pero igual hay otros privilegios: los canarios viven en un paraíso fiscal y tampoco se habla mucho de eso. ¿Por qué los canarios tienen un trato de paraíso fiscal y en cambio la gente de Baleares no? La gente de Baleares paga los mismos impuestos, pero la gente de Canarias paga muchos menos impuestos que el resto.

En España, aunque se habla mucho de unidad, lo que más prima es el caso por caso, y cada caso es completamente diferente. Y hay determinados sectores y territorios que son privilegiados en una serie de aspectos y otros que no. Y hay muy poco interés en que eso no se sepa.

El concierto económico es una cuestión más por la cual una parte significativa de los catalanes se siente estafada. Y es evidente que si a Cataluña se le diera el concierto económico hay una parte de catalanes que entenderían eso como un cambio radical en la postura de España, y por tanto es razonable pensar que eso podría hacer que el independentismo bajara significativamente.

El concierto económico para Cataluña es completamente inviable, a no ser que el Estado cambie de arriba abajo. El Estado, hoy en día, se sostiene en buena parte gracias a las aportaciones casi a fondo perdido de los catalanes.

EL ESTATUTO DE CATALUÑA

Creo que el Estatuto fue un intento para llegar a tener una discusión sana y tranquila sobre los asuntos importantes. Pero naufragó porque se recortó en el Congreso y porque incluso buena parte de la versión recortada fue otra vez recortada o anulada por el Tribunal Constitucional. Y allí es donde dices «hemos intentado avanzar y no se ha avanzado nada». No sólo no se ha avanzado nada, sino que el Partido Popular iba por Madrid pidiendo firmas contra los catalanes.

A lo mejor los catalanes estamos equivocados, y si estamos equivocados ¡pues oye, ya nos equivocaremos! Si Cataluña independiente acaba siendo un desastre, igual dentro de veinte años volvemos a hablar del tema y nos volvemos a unir. Y los españoles, que son gente de buen corazón, cuando vean que Cataluña ha sido un desastre y que pedimos por favor volver, pues ya llegaremos a un tipo de acuerdo. Ya veremos.

Zuzana – 1988 – Checa (República Checa) – Administrativa

Soy de la República Checa y hace seis años que vivo en Cataluña. Vine cuando tenía 21 años, pero aún no tengo nacionalidad española.

Nací en el 88, cuando había comunismo en la República Checa, en el 89 dejamos de ser comunistas.

NACIONALISMO

Me siento ciudadana del mundo, no tengo un sentimiento tan fuerte de patriotismo. Si dijera que no me siento checa sería como renunciar a mis padres y a mi familia, pero no siento un súper orgullo por mi país. Me gusta, hay cosas que sí hacen sentirme orgullosa, que sé que no están en el resto del mundo, pero si alguien me hace escoger entre Cataluña y Chequia, tengo el corazón partido.

No estoy acostumbrada a decir que vivo en España. Cuando llegué fui a vivir a un pueblo de la Cataluña central, y por todas partes escuchas Cataluña, Cataluña. Por lo que no estoy acostumbrada a

decir que vivo en España, incluso cuando voy a mi país y me preguntan dónde vivo digo que vivo en Cataluña, es la costumbre.
No me siento española. Nunca he salido de Cataluña, no he podido enamorarme de España. Cataluña es España pero lo veo como otro país.

Me siento catalana. Quiero mucho este país, Cataluña, su gente, su clima. No digo que no quiera España, pero es que no he salido de Cataluña, sólo he ido dos veces a Madrid y no vi nada, sólo el metro y la estación de Atocha.

Allí donde te encuentras cómodo, de allí eres.

IDIOMAS

Cuando llegué a Cataluña estaba enfadada porque hablaban catalán y no castellano. Vine aquí para aprender castellano. Sabía que en Cataluña se hablaba otro idioma, pero no sabía que era una cosa tan fuerte y común, creía que la gente al hablar entre ellos cambiaría al castellano por mí, porque sabían que yo no entendía el catalán. Pero al llegar aquí y ver que no era así, pues me enfadé, no me gustaba.

En el pueblo donde estaba si había tres catalanes y una checa que no sabe catalán, entre ellos hablaban catalán. Me decían que lo sentían pero que como no estaban acostumbrados a hablar entre ellos en castellano, pues seguían hablando en catalán. Sólo una vez me pasó que una chica les dijo que yo no lo entendía y que se esforzasen en hablar en castellano. No sé si pasa igual en Barcelona. Yo lo veo de muy mala educación, porque por ejemplo en mi país cuando traje unos amigos de aquí a Praga, con mi amiga de toda la vida que hablamos en checo y no somos bilingües, delante de ellos intentábamos hablar en castellano o en inglés para que nos entendieran, porque hablar en checo entre nosotras delante de ellos lo sentíamos de mala educación. Y ahora a lo mejor me he adaptado demasiado a Cataluña, porque hago lo mismo que los catalanes. Como ahora estoy tan acostumbrada a hablar en catalán se me escapa, no cambio el idioma si hay alguien que no lo entiende, lo hago inconscientemente, que imagino que es lo que les pasaba a los catalanes y por lo que yo me enfadaba. Pero sigo pensando que es de mala educación, aunque a lo mejor no es que sea maleducada, sino que estamos mal acostumbrados.

Ahora hablo mejor el catalán que el castellano, me siento más cómoda hablando en catalán.

Si vienes a Catalunya es mejor aprender catalán, porque así te integras mejor.

Creo que los catalanes estudian poco el castellano en la escuela. Quizás sí tendrían que hacerlo como antes, me explicó mi expareja que tenían algunas clases en castellano y otras en catalán. Ahora lo hacen todo en catalán menos una asignatura, y esto no lo veo correcto, porque es la riqueza del país, cuantos más idiomas hables mejor.

INDEPENDENCIA

La República Checa antes era Checoslovaquia y se dividió en dos países. No se votó, lo decidieron los políticos. Pasó cuando tenía 5 años, no lo recuerdo, pero me dijeron que los eslovacos siempre se sentían menospreciados por los checos. Porque los eslovacos eran más débiles económicamente, no es como en Cataluña, que es rica. Pero los eslovacos querían su propia identidad porque sentían que por el mundo los veían más checos. Incluso después de habernos separado a muchos políticos eslovacos les llamaban checos. Mi madre me dijo que les supo muy mal que se separasen porque los querían, iban de vacaciones, tenían muchos amigos, incluso ahora decimos que son nuestros hermanos. Pero cuando nos separamos, los checos que iban a Eslovaquia les pinchaban las ruedas de los coches, o no les querían servir en los restaurantes. Los eslovacos sentían que no les dejaban ser ellos mismos. Pero ahora nos llevamos bien y Eslovaquia mejoró económicamente.

Creo que los catalanes, si no hubieran sentido que les están robando y maltratando, quizás no querrían la independencia.

Yo voté la independencia de Cataluña; no quiere decir que no me gusten los españoles, quiere decir que he decidido vivir aquí y creo que sería mejor para mí. Ahora estoy pagando 400 € mensuales de impuestos que van a España, y me devuelven 100 € a Cataluña. Si Cataluña fuera independiente estos 400 € se quedarían aquí, entonces me quedaría más para mí, para mis hijos y familia, y Cataluña crecería. ¿Es poco solidario? Yo he crecido y he sido educada por un padre que creció en un comunismo, y creo que todo lo que tienes te lo tienes que trabajar. Yo no he conseguido nada porque alguien me lo dio o porque alguien fue solidario conmigo, todo lo que he conseguido ha sido por trabajo propio. Creo que cualquiera puede estar bien si quiere y se esfuerza, si se lo trabaja. El sur, por ejemplo, no trabajan tanto, seguramente hay gente trabajadora, pero se ve que en Cataluña se trabaja más. Incluso en el instituto en la República Checa, en mi primera clase de castellano nos dijeron que el norte de España trabaja para el sur.

He estado viviendo 5 años en una familia súper catalana e independentista. Supongo que si hubiera vivido en una familia contra la independencia a lo mejor ahora hablaría de otra manera. Pero intenté mirarlo objetivamente, me informé en diferentes periódicos, no españoles ni catalanes, sino extranjeros, y me hice mi propia opinión. Creo que económicamente no es justo lo que está pasando.

Mi expareja era independentista y toda su familia era muy independentista. Pero no me manipularon, sí me explicaron lo que les pasaba, pero me informé por mí misma, leí diferentes artículos en diferentes periódicos e intenté crear mi opinión. Al inicio a lo mejor sí que me influyeron.

COMUNISMO

Me contaron que el comunismo en la República Checa, la gente común se sentía como en una prisión. No podían salir del país, no había cosas en las tiendas, había colas infinitas, a nadie le gustaba, y sólo se beneficiaban los corruptos de los círculos más altos. La gente de España que quiera sentirse encerrada, pues que voten a los comunistas o que vayan a la prisión, que quizá es una manera más fácil de conseguirlo.

ESPAÑA

En Chequia conocemos España por el flamenco, tocar las palmas, decir olé, corridas, la Costa Brava, fiesta… De los vascos sabemos poquito, lo de su idioma, que es una rareza porque no se sabe de dónde viene, y también los conocemos por ETA. Y yo antes de llegar aquí sabía que los catalanes se querían independizar, pero no eran tan conocidos como los vascos.

La palabra «mañana» es conocida en Chequia, porque se dice que los españoles todo lo dejan para mañana.

MARCA ESPAÑA

La marca España era bastante conocida, y en mi país yo veía España como algo guay, y no entendía por qué los catalanes no querían ser españoles si España es guay. España significaba playa, sol y mañana. Pero ahora la marca España para mí es la reina Letizia y el rey Felipe, y una cosa que con Catalunya tiene poco que ver.

FRANCO

En el pueblo donde viví en Cataluña me decían de Franco que era un hijo de puta, que mató a mucha gente y que trajo mucha gente de España a Cataluña para mezclarlos, para que la cultura catalana no fuera tan fuerte. Que no se podía hablar catalán, que estaba prohibido, y que construyó algunos lagos.

MONARQUÍA

A mí me gusta que haya rey. Lo veo bonito como lo tienen en Inglaterra, que todos quieren a su rey, se sienten orgullosos.

No es democrático, pero en la República Checa tenemos uno escogido por votación y lía cada una... Que si uno es borracho, otro que roba bolígrafos...

CORRUPCIÓN

La corrupción no es sólo una cosa española, en mi país también hay. Pero la diferencia es que en Chequia había un político que robó 80.000 euros y lo metieron en la cárcel, y en España roban mucho más dinero y se van a las Bahamas. No veo que aquí encierren a los políticos, no les castigan.

TOROS

No me gustan las corridas. La gente dice que es cultura pero entonces también es cultura la ablación del clítoris en África. No me gusta la violencia.

MEDIOS DE COMUNICACIÓN

Fui a Madrid hace dos años y subí a un taxi, me preguntó cómo es posible que hablara castellano viviendo en Cataluña y si es verdad que los niños no saben castellano, que es lo que ha visto en la tele. Le dije que cuando llegué a Cataluña la gente sólo me hablaba en castellano, y por ejemplo mi expareja, que era muy catalán, sólo quería que aprendiera el castellano, y le dijo a su familia, que era independentista, que se esforzaran en corregirme el castellano. Y después de aprender el castellano aprendí el catalán.

CATALANES Y ANDALUCES

Me gusta cómo piensan los catalanes, cómo se comportan. En Andalucía te dicen que los catalanes son fríos, pero a mí, como soy del centro de Europa, no me lo parecen, me parecen un poco más abiertos que los checos. Y cuando he conocido gente de Andalucía era demasiado abierta para mí, se acercaba demasiado y a mí me gusta un poco de espacio. Los catalanes son más europeos.

En Cataluña no utilizan la palabra mañana, no son gente vaga. No he podido comprobar si lo son en otras partes, pero por ejemplo, no se si aún sigue en vigor, pero en Cataluña para tener un mes de paro tienes que trabajar medio año, y en Andalucía es al revés, un mes de trabajo y medio año de paro; algo así he oído. Pero no, no lo he comprobado, pero me lo dijo una malagueña.

No parece que los catalanes y el resto de España intenten comunicarse y al revés tampoco, parece que están más unos contra otros. He escuchado muchas veces «españoles de mierda» igual que he escuchado «catalanes de mierda» de boca de los andaluces.

Una vez en un aeropuerto conocí a un andaluz y me dijo: «Vente para Andalucía, que los catalanes son muy malos», y yo: «¿Por qué son malos?», y dice: «Porque son unos tacaños y nosotros somos más abiertos».

CANARIAS

Conocía Canarias antes de venir a España. Pero cuando tenía unos 13 años no sabía que Canarias era España. Creía que era otro país donde la gente con dinero de la República Checa iba de vacaciones.

Encarnación Rojas – 1926 – Andaluza (Cuevas de Almanzora) – Jubilada
Matilde Rodríguez – 1950 – Catalana (Manresa) – Ama de casa

Encarnación: Soy andaluza con toda honra. Vivo en Cataluña desde la edad de 6 años. Me siento andaluza, catalana y española.

Matilde: Yo me siento española y catalana, si oigo la sardana me siento muy catalana; de joven bailé sardanas.

FRANCIA, ARGENTINA Y CATALUÑA

Encarnación: Casi soy francesa de nacimiento. Mis padres, que eran de Andalucía, después de casarse se fueron a Francia a trabajar. Volvieron a España porque mis abuelos querían conocer a mi hermana, la primera nieta que había nacido en Francia. Pero en vez de volver a Francia se quedaron, y a los dos meses nací yo. Entonces mi padre se vino a Cataluña por el trabajo, y cuando ya encontró un trabajo fijo nos vinimos todos, a Fonollosa, un pueblo a 20 km de Manresa.

Encarnación: Antes de la Guerra Civil era normal ir a Francia para trabajar. Por ejemplo, mi tío era jefe de unas minas, pero no quería que sus hijos trabajaran en una mina y por eso se iba. Mi abuelo era arriero, que entonces iban con mulas para transportar, y tampoco quería que su hijo hiciera lo mismo, por eso se iban a Francia, porque había mejores trabajos. También iban mucho a Argentina, tenía un tío que había ido allí. Estaba allí una temporada y volvía con dinero y con un hijo.

CATALANES Y ANDALUCES

Encarnación: Me crié en el pueblo de Fonollosa hasta los 15 años. Ellos no hablaban castellano y nosotros no hablábamos el catalán. Pero al mes ya nos entendíamos. Recuerdo que al llegar al pueblo sólo nos entendían en castellano el médico, el cura y el maestro.

Encarnación: No recuerdo si la escuela enseñaba en catalán o en castellano. Mis padres entendían el catalán pero no lo hablaban. Yo sé hablar mejor el catalán que el castellano porque lo hablaba con todos. Cuando decía que era andaluza no se lo creían. Hasta en casa con mis hermanos les hablábamos en catalán a mis padres, y cuando llegó Franco hablábamos igual.

Encarnación: Al principio nos llamaban «castellanufos», no se aceptaban parejas en las que uno fuera castellano y otro catalán, pero fue por poco tiempo, estuvimos bien.
Matilde: Cuando decía mi apellido decían: «¡Ah! Eres castellana». Pero eso duró unos años, luego se mezclaron catalanes con castellanos y ya se olvidó. Si una familia era muy catalana no les gustaba que su hijo o hija se emparejara con un castellano. Pero eso eran sólo unas familias, no todas. Y algunos castellanos tampoco querían que se casaran con un catalán, los catalanes eran muy cerrados, quizás no eran tan alegres como el andaluz, no eran tan cariñosos, pero el catalán que te abría la puerta te la abría para siempre, pero le costaba abrir la puerta.

Matilde: Recuerdo que en una tienda cuando yo era joven estaban hablando de unos castellanos de manera despectiva y les dije que todos éramos iguales y me dijeron: «¿Pero tú no eres catalana?», y contesté que era catalana pero de padres andaluces, y se quedaron parados porque no se lo creían. El catalán era un poco reacio al español, decían que eran los charnegos.

Encarnación: ¿Andaluces vagos? Pues mira que mi padre era trabajador a morir.
Matilde: De vagos hay en todos lugares.
Encarnación: En mi familia no había vagos.

Matilde: Durante unos años el castellano era quien hacía los peores trabajos. Pero como en Cataluña había mucha industria textil, había mucho trabajo, mucha gente vino para acá.

Matilde: Franco no trajo a castellanos a Cataluña, es mentira. La gente venía aquí por su cuenta. Por desgracia tenían que dejar su pueblo, o ciudad, o su comunidad por trabajo.

GUERRA CIVIL

Encarnación: Recuerdo que cuando empezó la guerra, los rojos, que son los de izquierdas, entraban a las iglesias a tirar los santos, una cosa que no he entendido nunca.
Matilde: Dentro de los rojos había muchos ateos, y en una guerra pues iban en contra de la Iglesia. Mataban a curas y quemaban iglesias.

Matilde: Muchas zonas de Cataluña eran de rojos, que eran republicanos.
Encarnación: Pero no sólo en Cataluña, también en muchas partes de España. Y al bando de Franco los llamaban los nacionales.

Matilde: La Guerra Civil no fue contra Cataluña, fue contra todos, españoles contra españoles, todos recibieron.

Matilde: En casa nunca hablábamos de política. Yo sabía que mi padre era más de izquierdas que de derechas y luchó con los rojos, pero nunca se habló de política o de la guerra. Sólo recuerdo que

decían: «Os lo tenéis que comer todo que se ha pasado mucha hambre cuando la guerra».
Encarnación: Como ahora, que tambíén se dice lo mismo.
Matilde: Se repite la historia sin una guerra.

FRANCO

Encarnación: En la época de Franco se vivía bien, pero prefiero la época de ahora. Mi marido era más socialista, en la guerra los nacionales lo cogieron prisionero en un campo de concentración cuatro meses.
Matilde: Mi padre no podía ver a Franco, decía que era un dictador que tenía que ser retirado. Él ya había vivido en una república que era libertad.

Matilde: No es que vivieras bien con Franco, es que si tenías trabajo y no te metías en política ni te metías en nada, pues vivías bien. Pero a quien iba contra la dictadura lo encarcelaban y a algunos los mataban. Muchos intelectuales se fueron de España, había mucha represión. Ahora vivimos mejor, yo como no había conocido nada más, pues no podía opinar mucho, escuchaba a mi padre que no le gustaba el dictador, pero como yo no había vivido nada más, no le daba mucha importancia a lo que decía. Con el tiempo te das cuenta que es mejor la democracia.

Matilde: Creo que la época franquista ya se va olvidando, muchos que pueden recordarlo se han muerto. Los descendientes podemos recordar alguna cosa, pero no se puede vivir siempre con rabia, pensando en qué pasó hace 70 años.

LA TRANSICIÓN Y LA CONSTITUCIÓN

Matilde: La Transición fue muy bien. Aunque al año que empezó el cambio también había manifestaciones y gente de ultraderecha que no estaba de acuerdo.

Matilde: La Constitución creo que tiene cosas que hay que renovar. Con los años todo va cambiando, y de esto ya hace 40 años, se tiene que adaptar a los nuevos tiempos.

MONARQUÍA

Matilde: Se podría votar un referéndum, pero a mí no me estorba. El rey hizo una buena transición y ahora está el hijo, que lo está haciendo muy bien.

Matilde: España es democrática, pero hace muy poco que lo somos, 40 años, hay otros países que llevan años de adelanto. Pero los españoles nos adaptamos rápido a todo.

RELIGIÓN

Matilde: Creo que no estorba saber de religión. La asignatura de Religión debería estar en la educación porque somos un país católico, y ahora tenemos la suerte de que podemos escoger con o sin religión.

IDIOMA Y EDUCACIÓN

Matilde: El himno *Cara al Sol* no lo canté nunca, fui a un colegio privado. Sí había gente que lo había cantado en los colegios públicos.

Matilde: Nací en la época de Franco, que la enseñanza era toda en castellano, y fuera de la escuela con las amigas podías hablar en catalán. Donde no se podía hablar en catalán era en los lugares estatales, por ejemplo en el ayuntamiento o en el juzgado, o si ibas a hacerte el carnet de identidad. Allí siempre tenías que hablar en castellano.

Matilde: Una vez, al ir a hacer el carnet de identidad, la funcionaria insultó a una señora que era muy mayor y no sabía escribir en castellano. Entonces la defendí diciéndole a la funcionaria que tenía que tener un poco más de educación, y contestó que esta señora tenía que aprender a escribir en castellano. Al final me tuve que callar un poco porque te podían meter una multa o cualquier cosa, y ayudé a la señora a rellenar el papel. Pero eso era antes con la dictadura, pusieron unas normas de que toda España tuviera la enseñanza en castellano. Pero con la democracia ahora vas a hacerte un carnet y la gente te habla en castellano o catalán, lo que convenga.

Matilde: En tiempos de Franco, en Barcelona muchas familias burguesas catalanas empezaron a hablar en castellano en casa, porque hablar en catalán era de pueblo.

Encarnación: Con mi marido hablábamos más en castellano que en catalán. Él también hablaba catalán pero se le notaba un poco que era castellano.

Matilde: Mi padre tenía más el deje castellano.

Encarnación: A Matilde de pequeña yo le hablaba en castellano hasta que fue al colegio.

Matilde: Y luego en catalán. Pero con mis abuelos y con mi padre en castellano, y con mi madre que yo recuerde siempre en catalán. Y con mis primos también en catalán. Sin darnos cuenta fuimos hablando catalán y al final todos hablamos catalán, hasta mi padre. Todo esto en la época de Franco. Yo no estudié catalán en la escuela, se empezó a estudiar en la escuela creo que a partir del año 79, cuando ya había democracia. El catalán lo aprendí de oído, pero no sabía escribirlo, hice un curso ya de mayor porque quería aprender a escribirlo sin hacer faltas, porque el catalán no se escribe como se habla, como sí sucede con el castellano.

Matilde: Creo que en la escuela se tiene que estudiar catalán para no perder la lengua, pero también castellano, hacer mitad y mitad. Mis hijos han aprendido catalán y castellano, pero como en casa siempre hemos hablado en catalán, el castellano lo hablaban un poco mal, pero con los amigos van aprendiendo.

Encarnación: Hablas el castellano peor que yo.

Matilde: Porque no lo hablo nunca, si empiezo a hablar en castellano una temporada, cada día, entonces ya coges el hilo, pero si no lo hablas nunca traduces del catalán.

Matilde: Hay veces que hablas en castellano y la otra persona que habla en castellano te dice que hables en catalán, que te entiende. Porque a lo mejor es alguien que ha venido aquí a trabajar y aún no ha aprendido a hablar catalán pero lo entiende. Y a veces a los catalanes nos va bien hablar castellano para poder practicarlo.

INDEPENDENCIA

Matilde: La independencia es porque todo lo que se cobra de impuestos se va a Madrid y aquí llega muy poco. Claro, si tú tienes un trabajo y lo que ganas se va a otro lado y a ti te queda poco, pues tampoco te gusta. La independencia es para tener aquí nuestras finanzas. Como en el País Vasco, que ellos mismos se controlan las finanzas. Que en los tiempos que se le permitió al País Vasco, Cataluña también lo podría haber hecho igual, pero el expresidente Jordi Pujol dijo que no le interesaba. Aunque no lo preguntó a la sociedad.

Encarnación: Yo no soy independentista, porque tenemos que ser iguales todos. No creo que vayamos a estar mejor con la independencia. Eso creo por lo que escucho en la tele de gente más inteligente que yo.
Matilde: Yo lo que pienso es que se tiene que dar la oportunidad a los catalanes de poder votar.
Encarnación: Eso sí.
Matilde: Pero de momento no he visto ningún programa de un partido político que me convenza para la independencia.

Matilde: Ahora en las familias no se puede hablar sobre política catalana porque hay muchas diferencias y a veces las familias han quedado reñidas. No conozco ninguna pero se ve que sí, lo comentan. En mi familia se habla y hay diferencias, discrepan, pero seguimos igual, no se ha separado la familia por hablar de política. Tengo familiares que tienen diferencias, han discutido, pero bien, no se han dejado de hablar.

POLÍTICOS

Matilde: No me gusta ninguno, no hay buenos políticos, dicen mucho y cuando llegan al poder no hacen nada.

Matilde: La corrupción no es una cosa española, es mundial, hay en todos los lugares.

TOROS

Matilde: A mí los toros me han gustado mucho y he ido a ver algunas corridas, mi padre me llevaba. Antes mucha gente era muy aficionada a los toros y Cataluña era una de las comunidades más aficionadas. Por otro lado me sabe mal por el animal.

FÚTBOL

Matilde: El fútbol no me gusta, no le encuentro el sentido.

ESPAÑA

Matilde: El español es abierto, dado a la buena gastronomía, buenas fiestas y trabajador.

Matilde: España ya no es flamenco y toros, eso era antes. Ahora se conoce por una cultura variada. Es el mejor país del mundo para vivir. Tiene una cultura, una gastronomía y unos rincones únicos.

Diario de viaje

Durante el transcurso de mi viaje por España entrevistando a las más de 100 personas que has conocido, estuve escribiendo un diario de viaje con las experiencias que viví. Un diario que compartí en mis redes sociales personales para que lo siguieran amigos y donde contaba todo tipo de anécdotas, por ejemplo, cuando me detuvieron en el control de seguridad de Melilla al encontrar unas esposas en mi maleta, o como en Valencia terminé en medio de una pelea en una discoteca rodeado de alcohol, drogas y transexuales... Sin duda un viaje por España muy personal y diferente a lo que has leído en este libro. Si quieres adentrarte al mundo que viví durante la realización de este libro entra en el siguiente enlace, pero sobre todo, este diario es secreto, no lo compartas, que el diario de viaje quede entre los que tenemos el libro.

Enlace: joanplanas.com/diariodeviaje
Contraseña: ELMUNDODEJOANPLANAS